Materialität denken

CORINNA BATH, YVONNE BAUER, BETTINA BOCK VON WÜLFINGEN,
ANGELIKA SAUPE, JUTTA WEBER (HG.)

Materialität denken

Studien zur technologischen Verkörperung –
Hybride Artefakte, posthumane Körper

[transcript]

Bibliografische Information der Deutschen Bibliothek

Die Deutsche Bibliothek verzeichnet diese Publikation in der Deutschen Nationalbibliografie; detaillierte bibliografische Daten sind im Internet über http://dnb.ddb.de abrufbar.

© 2005 transcript Verlag, Bielefeld

Umschlaggestaltung: Kordula Röckenhaus, Bielefeld
Lektorat & Satz: Angelika Saupe, Bremen
Umschlagabbildung: Claudia Brenig, Tübingen
Druck: DIP, Witten
ISBN 3-89942-336-4

Gedruckt auf alterungsbeständigem Papier mit chlorfrei gebleichtem Zellstoff.

Besuchen Sie uns im Internet: http://www.transcript-verlag.de

Bitte fordern Sie unser Gesamtverzeichnis und andere Broschüren an unter: info@transcript-verlag.de

Inhalt

Vorwort

Das vorliegende Buch ist ein Produkt der langjährigen Forschungsarbeit des Projekts feministische Theorien im Nordverbund (ProFeTiN). Seit 1997 engagieren sich die „Profetinnen" in der feministischen Wissenschaftsforschung mit wechselndem Fokus und aus den unterschiedlichsten Disziplinen stammend. Getragen wird unsere Erkenntnisarbeit von der Überzeugung und der Erfahrung, dass es unerlässlich ist, „Dinge zusammenzubringen, von denen andere sagen, dass man sie auseinander zu halten habe" (Donna Haraway).

Die Forschungsarbeit der „Profetinnen" begann in einem Kreis interessierter Studentinnen und wissenschaftlicher Mitarbeiterinnen der Universitäten Bremen und Oldenburg mit dem Austausch über neuere feministische Theorien zum Subjektbegriff. Bereits zu diesem Zeitpunkt galt es, verschiedene Perspektiven, die den jeweiligen natur- und technikwissenschaftlichen wie sozial- und kulturwissenschaftlichen Fächern verpflichtet waren, miteinander zu verbinden, eine nicht selten konfliktreiche Aufgabe. Aus einer Winterakademie entstand die Veröffentlichung „SUBjektVISIONEN – VERSIONEN feministischer Erkenntnistheorien", herausgegeben im Jahr 2000 vom Projekt feministische Theorien im Nordverbund.

Im Anschluss an diese erste Phase der Arbeit widmeten wir uns vermehrt den Themen feministische Naturwissenschafts- und Technikkritik, Körperkonzepte sowie Theorien der Technoscience. Einen methodischen Ausgangspunkt für unsere inter- und transdisziplinäre Zusammenarbeit bildeten dabei sowohl die neuere Wissenschafts- und Technikforschung als auch die Cultural Studies of Science. Nicht immer einfach, aber außerordentlich fruchtbar waren die hierbei entstandenen Debatten über die Konstruktionen von „Körper", „Natur" und „Geschlecht" vor dem Hintergrund disziplinärer Deutungen und fachlich differenzierter feministischer Kritik. Sie erforderten u.a. die Ausarbeitung unseres Konzepts von Transdisziplinarität, welches in der Einleitung zu diesem Buch vorgestellt wird.

Einen transdisziplinären Dialog zu führen, erfordert von den Forschenden vor allem die Bereitschaft für eine zeitintensive Übersetzungsarbeit, die den Prinzipien einer outputorientierten Wissensproduktion nicht selten entgegensteht. Die Arbeit der Profetinnen zeichnet sich insbesondere durch die ambivalente Aufgabe aus, die hegemonialen Erkenntnisansprüche der ‚eigenen' wie der ‚anderen' Forschungsdisziplin zurückzuweisen, während das hervorgebrachte Wissen gleichzeitig anerkannt und im Verlauf der kritischen Reflexion weiter verwandt wird.

Unsere Auseinandersetzung mit den neueren, auch internationalen Theorieansätzen der (feministischen) Wissenschaftskritik – u.a. aus den Bereichen der Sexualforschung, Hormonforschung, Embodied Agents- sowie Artificial Life-Forschung – hat so zu immer wieder überraschenden Ergebnissen geführt. Mit unseren Reflexionen technowissenschaftlicher Entwicklungen, die wir in diesem Buch zur Diskussion stellen, möchten wir eine weiterführende Debatte zum Thema Materialität anstoßen.

Wir freuen uns, dass wir bereits im Vorfeld der Veröffentlichung ein großes Interesse an den *Studien zur technologischen Verkörperung* wecken konnten. Insofern gilt zuerst unser Dank allen KollegInnen, die mit ihren Beiträgen das Spektrum dieses Bandes erfreulich bereichert haben.

Bedanken möchten wir uns darüber hinaus für die Unterstützung des Projekts durch das Zentrum für feministische Studien der Universität Bremen (ZFS) – insbesondere Dr. Konstanze Plett, LL.M. – und durch das Zentrum für interdisziplinäre Frauen- und Geschlechterforschung der Universität Oldenburg (ZFG) sowie durch den Kanzler der Universität Bremen, Herrn Kück. Für die finanzielle Förderung des Buches danken wir der Sparkasse Bremen, dem Verein der Freundinnen und Freunde des Zentrums für feministische Studien e.V. (Uni Bremen) sowie Prof. Dr. Susanne Maaß vom Fachbereich Informatik an der Universität Bremen.

Besonderer Dank gilt jedoch unseren FreundInnen und LebenspartnerInnen sowie allen intellektuellen WeggefährtInnen, die uns immer wieder ermutigt und den – zeitweilig steinigen – Weg zu diesem Buch erleichtert haben.

Die Herausgeberinnen,
im Februar 2005

Materialität denken:
Positionen und Werkzeuge

CORINNA BATH, YVONNE BAUER, BETTINA BOCK VON WÜLFINGEN,
ANGELIKA SAUPE, JUTTA WEBER

In den letzten Jahrzehnten wird in der Logik der Technowissenschaften
Materialität immer wieder neu verhandelt. Es führen u.a. die abstrakten
Lebensprinzipien in der Artificial Life-Forschung, die situierten Maschinen der Embodied Cognitive Science oder auch der kybernetisch re-
interpretierte Lustkörper einer vermeintlich kritischen Sexualwissenschaft zu neuen Konfigurationen von Materialität und Verkörperung. Im
Zuge der Etablierung biodigitaler Maschinen entstehen andere Formen
von Kommunikation und Reproduktion. So sucht etwa der Diskurs des
Neurolinguistischen Programmierens die Signale des Körpers in radikal
konstruktivistischer Weise im Sinne eines erfolgreichen Selbstmanage-
ments zu nutzen. Gleichzeitig finden sich vermeintlich altvertraute Argumentationslinien von der Determination geschlechtsdifferenten sexuellen Verhaltens durch Hormone in neuen Kontexten wie aktuell in der –
ursprünglich per se als krank stigmatisierten – Homosexualität. Und der
lange ausgeblendete, als universal geltende Männerkörper wird in der
jungen Disziplin der Andrologie konstituiert, normiert und sexuell markiert.

Angesichts dieser vielfältigen Neukonstitutionen von Materialität
und technologischer Verkörperung finden die vorliegenden Studien ihren gemeinsamen Ausgangspunkt in der zentralen Frage: Wie lässt sich
das Verhältnis von Materialität und Technologien in der Technoscience
denken?

Unser Augenmerk richtet sich hierfür auf die unterschiedlichen
Formierungen von Materialität. Das Projekt verfolgt das Ziel, die Rhetoriken und Strategien der Technikentwicklung und -anwendung kritisch
zu beleuchten. Es wird auf deren Bedeutung für die Beschreibung und
Hervorbringung von Körpern im Kontext der gesellschaftlichen Eta-

blierung von Medizin, Gen- und Reproduktions- sowie der Informations- und Kommunikationstechnologien fokussiert. Dabei werden erforderliche Erweiterungen des Körperbegriffs ebenso reflektiert wie Einsichten in die komplexe, aber produktive Verwobenheit von Diskursen und Technologien. Aktuelle Bestrebungen, die mit Hilfe spezifischer Techniken Körper zu transformieren suchen, verweisen in ihren Argumentationen wie Praktiken auf den wissenschaftlichen Transfer von Leitbildern und Erkenntnismodellen zwischen Naturwissenschaft und Kulturwissenschaft. Insofern verfolgen diese *Studien zur technologischen Verkörperung* auch eine archäologische Arbeit an den Wurzeln wissenschaftlicher Körperkonzepte und damit eine Historisierung des gegenwärtigen Verhältnisses von Körper und Technologien.

Nicht nur die Bearbeitungen der Fragestellung, auch die Paradigmen unserer Forschungsarbeit gründen auf vielschichtigen historischen Fundamenten. Die folgenden Aufsätze lassen sich in besonderer Weise in einem Netzwerk feministischer, naturwissenschafts- und technikkritischer Positionen situieren. Im Zentrum stehen dabei Fragen, die auf den traditionsreichen Diskurs feministischer Naturwissenschafts- und Technikanalyse verweisen: Wie sind Normen und Strukturen eines gesellschaftlichen Geschlechterverhältnisses in Technologien eingelassen? Wie beeinflussen technologische Entwicklungen die Kategorie Geschlecht? Wie erfolgt eine Übertragung der „Logiken" des Lebendigen, der Natur und des menschlichen Körpers auf die Funktionsweisen von Maschinen?

Diese Fragen lassen sich nicht mehr befriedigend mit Positionen des älteren feministischen Naturwissenschafts- und Technikdiskurses beantworten, insofern dieser sein Augenmerk vornehmlich auf großtechnische Systeme fokussiert hatte, die primär top-down organisiert und häufig von Regierungen und Militär betrieben wurden. Man denke an Systeme wie etwa das Arpanet, Atomkraftwerke oder die Cruise missiles der Rüstungsindustrie (vgl. Weber 2005). Dieser historische Kontext und der damit verbundene Blick der Technikforschung ließ die These vom (patriarchalen) Herrschaftscharakter von Technik plausibel erscheinen: Natur würde durch Kultur, Leben durch Technik und der (weibliche) Körper durch eine (männliche) Rationalität erobert und schließlich ausgelöscht. In der Analyse dieser Herrschaftsverhältnisse konzipierten vor allem radikale und ökofeministische Ansätze Natur, Leben und den weiblichen Körper als das wesenhaft Andere einer technologisierten Kultur (vgl. Saupe 2002). Mit der umfassenden Ausbreitung neuer Medien, der Aufmerksamkeit für Alltagstechnologien und der Amalgamierung von Technowissenschaft und Alltag verloren diese Positionen und die mit ihnen partiell verbundenen Argumentationen vom radikal differenten zweigeschlechtlichen Körper, einer vergewaltigten ursprünglichen Natur etc. seit Ende der 1980er zunehmend an Glaubwürdigkeit.

Angesichts der Nutzung von Reprotechnologien, Körpertechnologien wie z.B. Schönheitschirurgie und neuer Cybertechnologien durch die Frauen selbst und der damit verbundenen These von der posthumanen bzw. hybriden Verfassung menschlicher wie nicht-menschlicher Akteure setzte sich zunehmend das Verständnis vom Körper als situierte und kulturell-technologisch formierte Entität durch.

Trotz der Kritik an der radikalen Entgegensetzung von Körper/Leben versus Technik/Technologien blieb aber die erkenntnisleitende These von der Überwindung des menschlichen Körpers – etwa in fortschrittsgläubigen Diskursen (u.a. Strömungen des Marxismus, des Transhumanismus und des Cyberfeminismus) – vor dem Hintergrund einer beschleunigten Technologisierung der Gesellschaft attraktiv. In zivilisationskritischen Ansätzen – nicht nur innerhalb der feministischen Naturwissenschafts- und Technikkritik – stärkte sich sogar im Verlauf der 1990er Jahre angesichts der umfassenden Bedeutung der neuen Technologien der apokalyptische Mythos vom Verschwinden des Körpers. Dabei spiegelte sich in der kritischen Beschreibung eines „Idealtypus der postmodernen Totalentkörperung" (Duden 1997: 490) oder in der Diagnose von der nanotechnologisch verursachten „Stillegung einer menschlichen Physiologie" (Virilio 1994: 131) der Traum von einer technik- und medienfreien Gesellschaft.

Allerdings findet sich sowohl in technikkritischen wie technikidealisierenden Rhetoriken trotz ihrer entgegen gesetzten Absichten eine Parallele: Während in so genannten transhumanistischen Positionen, wie sie z.B. bei einigen Robotikern (Moravec) oder in der Cyberspace-Kunst vertreten werden, eine technologisch gestützte Überwindung des als mangelhaft empfundenen Körpers explizit angestrebt wird, richtet sich radikale Technikkritik auf die Thesen vom Verschwinden einer Natur an sich und eines der Kultur bzw. der Kulturgeschichte vorgängigen Körpers. In beiden Fällen wird jedoch die Möglichkeit eines entmaterialisierten Geistes, eines entkörperten Selbst – ob befürchtet oder ersehnt – prophezeit bzw. in Aussicht gestellt. Diese Parallele resultiert bei genauerer Betrachtung aus einer polarisierenden Gegenüberstellung von Körper und Technologie, die sich zwar als altbekannte aber weiterhin wirkungsmächtige Dichotomie zwischen Körper und Geist bzw. Materie und Form rekonstruieren lässt. Sowohl technikeuphorische als auch technikablehnende Argumentationen erweisen sich damit als technikdeterministisch, denn während Technologien das Potential zugeschrieben wird, von sich aus formgebendes Herrschaftsinstrument zu sein, zeigt sich der Körper lediglich als unterworfenes Objekt, als passive und nicht selten ahistorische Materie und schließlich als stoffliche Grundlage einer sich einschreibenden technologischen Rationalität. (Vgl. Bauer 2003: 191ff.; Weber/Bath 2003 u. Barad in diesem Band.)

Um der Frage nach dem Verhältnis von Materialität und Technologie anhand aktueller und gesellschaftlich relevanter Phänomene nachgehen zu können, waren für unsere Studien Strategien erforderlich, die jedoch erst in der Reflexion deutlich zu Tage treten. Erstens wird das Verhältnis zwischen Körper und Technik nicht als ein reines Unterwerfungsverhältnis, sondern als eine vielschichtige Konfiguration mit sich gegenseitig konstituierenden, unterschiedlichen Akteuren gedacht. Hierbei gehen wir anders als in den dominanten Diskursen davon aus, dass der Körper als aktive, historisch situierte Entität zu verstehen ist, in die sich nicht beliebige Technologien gewissermaßen widerstandslos einschreiben lassen. Mit dem Begriff der technologischen Verkörperung wird insofern eine Konfiguration aus diversen nicht-menschlichen und menschlichen Akteuren, aus Hybriden zwischen Gesellschaft, Technik und Körper benannt. Zweitens motivierte uns diese Annahme, Ansätze jenseits technikidealisierender und technikablehnender Positionen zu entwickeln. Mit diesem Versuch soll das Projekt einer feministischen Technikkritik weiter voran gebracht werden, ohne auf ein naturalisierendes oder entmaterialisierendes Körperkonzept zurückgreifen zu müssen.

Transdisziplinäre Erkenntniswege

In dieser Absicht sehen wir uns einem transdisziplinären Forschungskonzept verpflichtet, das gleichsam den roten Erkenntnisfaden aller vorliegenden Beiträge bildet.

Die Frauen- und Geschlechterforschung hat sich im deutschsprachigen Raum seit jeher als interdisziplinär, später auch als transdisziplinär verstanden. Bereits auf der Berliner Sommeruniversität für Frauen 1976 wurde deutlich hervorgehoben, dass Frauenforschung weder aus der Perspektive einer einzelnen Disziplin noch mit einer spezifischen Methode betrieben werden könne (vgl. Bock 1977: 18). Lange Zeit begründet wurde die Notwendigkeit einer interdisziplinären Forschung aus dem emanzipatorischen Anspruch der feministischen Perspektive, der sich nur dann einlösen ließe, wenn „traditionelle Erfahrungsbarrieren und künstlich errichtete Einteilungen" gesprengt würden (vgl. AG II 1990: 234). Die Forderung nach einer interdisziplinären feministischen Wissensproduktion speiste sich aus historischen, wissenssoziologischen, epistemologischen und politischen Argumenten (ebd.).

War die Frauen- und Geschlechterforschung in ihren Anfängen ein relativ homogenes Projekt, das vor dem Hintergrund der Frauenbewegung durch gemeinsame Ziele motiviert war, traten im Zuge der Ausdifferenzierung der Geschlechterforschung und mit dem zunehmenden Bedeutungsverlust der Frauenbewegung deutliche Unterschiede innerhalb des Forschungsfeldes hervor. Diese begründeten sich einerseits in divergenten Theorieansätzen, andererseits in unterschiedlichen Ausgangsbedingungen für eine disziplinäre Verankerung feministischer Forschung. Hilge Landwehr kritisierte schließlich das implizite ‚Interdisziplinaritätspostulat' der Frauen- und Geschlechterforschung als normativ, da es Ausschlüsse von Wissenschaftlerinnen derjenigen Disziplinen produziere, die interdisziplinäre Kooperationen nicht anerkennen (vgl. Knapp/ Landwehr 1995).[1]

Zu Beginn der deutschsprachigen Debatte um die feministische Natur- und Technikwissenschaftskritik traten neben solcherart institutionellen Differenzen zugleich Unterschiede in den Erkenntnisinteressen und Fachsozialisationen hervor, welche den notwendigen interdisziplinären Dialog zwischen Natur- bzw. Technikwissenschaftlerinnen und Geistes- bzw. Sozialwissenschafterinnen erschwerten (vgl. Götschel 2001). Während die an der feministischen Theoriebildung interessierten Forscherinnen kritisierten, dass Natur- und Technikwissenschaftlerinnen häufig dilettantisch seien und nach vorschnellen Lösungen suchten, erschienen jenen die Diskurse der Frauen- und Geschlechterforschung zu metawissenschaftlich, um daraus konkrete Handlungsanweisungen für eine alternative wissenschaftliche Beschreibung von Natur oder eine feministische Technologiegestaltung gewinnen zu können. „Wer die Natur- und Ingenieurwissenschaften im Kern angreifen will", müsse jedoch „genug wissen über ihre Einzelheiten, um nicht im pauschalen Darüberhinwegschweifen stecken zu bleiben", betonte schon Rosemarie Rübsamen, eine der ersten deutschen feministischen Naturwissenschaftskritikerinnen (Rübsamen 1989, zit. n. Götschel 2001).

Auch wenn die Notwendigkeit und Produktivität der Auseinandersetzung mit den Technosciences von Geschlechterforscherinnen immer wieder eingeklagt wird (vgl. etwa Knapp 1998, Stephan 2000), stehen die Inhalte, Methoden und Vorgehensweisen der Natur- und Technikwissenschaften selbst bisher nur selten im Zentrum der Betrachtung. Die Analyse des mikropolitischen Verhältnisses zwischen Körper und Technologie, ist jedoch nur über das Erschließen der Innenperspektiven dieser Disziplinen und der darin ablaufenden Forschungs- und Konstruktionsprozesse möglich. In welchem Maße naturwissenschaftlich-technische Ansätze die sozialwissenschaftlichen beeinflussen können, hat Elvira Scheich am Beispiel der Systemtheorie herausgearbeitet (vgl. Scheich 1993). Ebenso deuten Donna Haraways Interpretationen des Netzwerk- und des Cyborgkonzeptes darauf hin, dass die Grenzen der Disziplinen in diesem Sinne fließend geworden sind. Das vielfältige Wandern von Konzepten, Denkstilen und theoretischen Ansätzen zwi-

---

1 Die damit aufgeworfene Frage der Institutionalisierung spitzt sich für das genuin interdisziplinäre Feld feministischer Natur- und Technikwissenschaftsforschung zu und ist bis heute – mit wenigen Ausnahmen, bspw. in der Informatik – noch immer ungelöst.

schen den Natur-, Technik-, Gesellschafts- und Kulturwissenschaften wird dabei als ein Charakteristikum der Technoscience immer expliziter.

An diese Überlegungen knüpfen die Beiträge dieses Bandes an. Indem die Aufsätze die vielfältigen Übersetzungsprozesse, Verschiebungen oder Transformationen von Körper, Technik und Geschlecht in, durch und zwischen den humanwissenschaftlichen und technowissenschaftlichen Auffassungen thematisieren, werfen sie die Frage nach der Interdisziplinarität neu auf. Denn feministische Natur- und Technowissenschaftsforschung wird nicht allein dadurch ermöglicht, dass sie eine Vielzahl und Vielfalt fachlicher Methoden, Konzepte und Theorien additiv zusammenführt. Vielmehr zeichnet sie sich durch die Reflexion der Tragweite, der Verkürzungen und der Widersprüchlichkeiten jeweiliger disziplinärer Zugänge aus, die erst in der Überschreitung der traditionell unterschiedlich begründeten Sichtweisen der Natur- und Technikwissenschaften sowie der Gesellschafts- und Kulturwissenschaften erkennbar werden. Konkret bedeutet das für die kontinuierliche Arbeit einer transdisziplinären Forschung nicht zuletzt die Bereitschaft, selbstverständlich geglaubte Begriffe zu hinterfragen und gegebenenfalls gemeinsam neu zu definieren.

So kamen wir in unserer Forschungsgruppe nicht umhin, gemeinsam neue Sprach- und Erkenntnisformen zu entwickeln. Unsere Analysen aus dem Feld der Wissenschafts- und Technikforschung konnten dabei Disziplingrenzen sichtbar machen und sie tendenziell überschreiten. Die Herausforderung für die hier versammelten Arbeiten bestand im Vorfeld der Veröffentlichung zunächst darin, uns gegenseitig die jeweils unvertraut erscheinenden Positionen, die in den angeblich stark differenten Feldern der so genannten ‚zwei Kulturen' (Snow 1959) beheimatet sind, nahe zu bringen. Dazu orientierten wir uns an folgenden Leitfragen: Welche erkenntnis- und gesellschaftstheoretischen Annahmen liegen den technowissenschaftlichen Forschungen und Entwicklungen zugrunde? Inwiefern werden sozial- oder kulturwissenschaftliche Konzepte in Körperpraxen oder technowissenschaftliche Artefakte übersetzt? Wie werden die dabei transferierten, z.B. soziologischen oder biologischen Begriffe, Konzeptionen und Theorien gefasst? Und finden Rückübersetzungen statt? Welche Positionen und Motivationen stehen hinter einzelnen Fragestellungen, Kategorien und Erklärungsansprüchen? Welche (beabsichtigten oder unreflektierten) Wirkungen haben die technowissenschaftlichen Praktiken und Produkte? Wie greifen technowissenschaftliche Entwicklungen und gesellschaftliche ineinander? Lässt sich die herkömmliche Trennung von technischen, wissenschaftlichen und gesellschaftlichen Prozessen angesichts der vielfältigen gegenseitigen Übersetzungen überhaupt aufrechterhalten?

Fallspezifische Antworten auf diese Fragen lassen die besonderen Prämissen, Gegenstände und Zugriffsformen hervortreten, die eine Disziplin oder ein Wissensgebiet konstituiert. Sabine Hark hat diese Fähigkeit zur (Selbst-)Reflexion und Vermittlung eigener disziplinärer Verortungen und Beschränkungen als „reflexive Transdisziplinarität" bezeichnet (Hark 2001). Ihr Ansatz weist zwar über viele Formulierungen des Interdisziplinaritätsanspruchs in der Frauen- und Geschlechterforschung hinaus, ohne sich jedoch explizit auf die Natur- und Technikwissenschaften zu beziehen.[2] Wir gehen dagegen davon aus, dass gerade die feministische Technowissenschaftsforschung einen Beitrag zur Entwicklung einer reflexiven Transdisziplinarität leisten kann. Denn die angestrebten Reflexionsprozesse sind hier geradezu als Ausgangspunkt der Untersuchungen vorausgesetzt (vgl. Weber/Bath 2003). Sie sind insofern in einem doppelten Sinne als transdisziplinär zu verstehen.

Notwendige Unterscheidungen – produktive Verbindungen

Für eine feministische kritische Technowissenschaftsforschung erweist es sich unserer Ansicht nach als effektiv, zwischen erkenntnistheoretischen, rhetorischen und ontologischen Annahmen von technowissenschaftlichen Theorien zu unterscheiden (vgl. dazu Weber 2003: 228ff.). Denn gerade mit Hilfe dieser Differenzierungen lassen sich in aktuellen Technodiskursen Widersprüche transparent machen, die keinesfalls zufällig sind. Ein Beispiel: in ihrem informell kommunizierten Selbstverständnis verstehen sich die Wissenschaftler der Artificial Life-Forschung nicht selten als KünstlerInnen bzw. KonstrukteurInnen von neuen Welten im Reich der Simulation. Sie folgen damit konsequent einer konstruktivistischen Verfahrensweise. Auf der erkenntnistheoretischen Ebene positionieren sich die Forscher keineswegs als außenstehende Erkenntnissubjekte, die die geheimen Gesetzmäßigkeiten der Natur erforschen. Vielmehr sind sie – wie ihre Objekte – innerhalb eines Forschungsprozesses als Beteiligte situiert (vgl. u.a. Risan 1996; Weber 2003a). Gleichzeitig finden sich in den technowissenschaftlichen Antragsrhetoriken oder in populärwissenschaftlichen Strömungen jedoch Aussagen, die deutlich machen sollen, dass die Forschungen in altbekannter naturalistischer Weise dem Ziel der Enträtselung einer vorgängigen Natur dienen – einer Natur, der durch die materialen Neukonstruktionen bei ihrer eigentlichen evolutionären Bestimmung „auf die Sprünge" geholfen werden soll. Wie different auch immer sich die erkenntnistheoretischen und rhetorischen Ebenen darstellen, ein jeder theoretischer

---

2   Für weitere Diskussionen von Inter- bzw. Transdisziplinarität in der Geschlechter-, Wissenschafts- und Technikforschung vgl. etwa das Heft 23 der ‚Philosophin' mit dem Schwerpunkt „Gender Studies und Interdisziplinarität" (Juni 2001), Nowotny 1997 sowie Weber/Saupe 2004. Dabei ist anzumerken, dass wir hier Transdisziplinarität nicht – wie beispielsweise im Nachhaltigkeitsdiskurs – als eine Überschreitung wissenschaftlicher Diskurse in dem Sinne verstehen, dass gesellschaftspolitische Gruppen, NGOs etc. einbezogen werden.

Erklärungsansatz verweist auf ontologische Setzungen, selbst wenn diese – bspw. in radikalkonstruktivistischen Theorien – vermieden werden sollen. Auf der ontologischen Ebene wird festgeschrieben, was z.b. als Ding, Entität oder System gilt.

Hier lässt sich zwischen erkenntnistheoretischem Ansatz und rhetorischer Praxis eine Widersprüchlichkeit feststellen: Während auf der einen Seite konstruktivistisch gearbeitet wird, erhalten sich auf der anderen naturalistische Rhetoriken. Letztere fungieren weiterhin als Legitimitätsressource. Nach dem Zusammenbruch metaphysischer und religiös fundierter Seinsgewissheiten in der Neuzeit und ganz besonders in der Moderne waren die vermeintlich objektiven Aussagen der Naturwissenschaften zur bevorzugten Quelle für die Begründung von Normen und gesellschaftlichen Verbindlichkeiten aufgestiegen. Was als natürlich oder unnatürlich, krank oder gesund, normal oder abweichend galt, wurde nun durch die Diskurse und Praktiken der Naturwissenschaften definiert. Insofern ist die rhetorische Strategie des ‚naiven Realismus' in den Naturwissenschaften – trotz ihrer konstruktivistischen Epistemologie – weiterhin eine beliebte und effiziente Verfahrensweise, die sowohl recht umfassende Definitionsmacht sichert, als auch dabei ein wenig Entlastung vom drückenden ethischen Vakuum der Moderne gewährt. In dieser Logik öffnet die Enträtselung einer geheimnisvollen „Natur" Zugang zu dem, was „die Welt im innersten zusammenhält": Natur ist unser Schicksal und das Wissen um die objektiven Gesetze der Natur sichert uns unser richtiges Verhalten. Andere verbindliche gesellschaftliche Werte scheinen kaum zur Verfügung zu stehen. (Vgl. Waltz 1993; Klinger 1996)

Neben der notwendigen Unterscheidung zwischen erkenntnistheoretischer, rhetorischer und ontologischer Ebene muss eine kritische Technowissenschaftsforschung aber auch produktive Verbindungen eingehen: Soll der Körper in der Geschichte situiert, Technikentwicklung und -anwendung als gesellschaftlich vermittelt betrachtet und die Oppositionsgefüge in unseren Bezeichnungspraxen sichtbar gemacht werden, erweist es sich als erforderlich, die Dimensionen des Materialen, Soziopolitischen und Semiotischen zusammenzubringen. In der kritischen und feministischen Wissenschafts- und Technikforschung liegen dazu vielfältige Ansätze vor. (Vgl. u.a. Haraway 1985; Traweek 1988; Barad 1996; Hayles 1999) In unserer Forschungsarbeit rekurrierten wir auf einige dieser Ansätze, die wir im Folgenden kurz skizzieren möchten.

Sozialkonstruktivistische Ansätze wie SST = social shaping of technology (Wajcman), SCOT = social construction of technology, ethnographische und so genannte Laborstudien (Latour/Woolgar 1979; Knorr-Cetina 1991/1981; Traweek 1988; etc.) oder auch Theorien zur Beschreibung von großtechnischen Systemen (Hughes 1987) rücken die Ebene des Soziopolitischen in den Vordergrund. Sie gehen davon aus, dass in der

Entwicklung von neuen Technologien ein komplexes Kräfte- und Wechselverhältnis von Wissenschaft, Technologie und Gesellschaft zu beobachten ist. Explizit distanzieren sie sich insofern von technikdeterministischen Positionen (vgl. Felt et al. 1995: 189), in denen Technik nicht selten als ein hegemonial wirksames Herrschaftsinstrument skizziert wird.

Weitere wichtige Konzepte, die auf soziale bzw. gesellschaftstheoretische Aspekte fokussieren, lassen sich in der Tradition der *Kritischen Theorie* verorten (vgl. u.a. Scheich 1993; Becker-Schmidt 1996; Saupe 2002). Hier stehen weniger empirische Forschungen in Form von Laborstudien und ethnographischen Studien als vielmehr umfassende theoretische Analysen der Technikentwicklung und -anwendung im Zentrum der Betrachtung. Ansätze, die nicht technikdeterministisch argumentieren, erwiesen sich für unseren Versuch, das Verhältnis zwischen Körper, Technologien und Diskursen als einen produktiven Interaktionszusammenhang zu untersuchen, als besonders anschlussfähig.

Im Besonderen bezogen wir uns in unserer Forschungsarbeit auf *Aktornetzwerktheorien* (Callon/Latour 1981; Haraway 1985; Law 1986), die ihren theoriepolitischen Ausgangspunkt nicht selten in einer Kritik an den sozialkonstruktivistischen – manchmal als ‚sozialdeterministisch‘ bezeichneten – Ansätzen finden. Im Zuge der Technoscience, die sich zunehmend als filigranes Netzwerk von wissenschaftlichen, gesellschaftlichen und ökonomischen Praktiken darstellt, erweist es sich der Aktornetzwerktheorie (ANT) zufolge als überholt, analytisch zwischen technischen, gesellschaftlichen, ökonomischen oder politischen Aspekten von technologischer Entwicklung zu unterscheiden. Auch die Trennung von Technik und Gesellschaft erscheint angesichts des systemischen Charakters von Technik, die auf das Engste mit Gesellschaft fusioniert ist, obsolet. Angesichts der Verflochtenheit der verschiedenen Gegenstandsbereiche entstand die Ansicht des explizit konstruktivistischen Charakters von Kategorien wie ‚Gesellschaft‘, ‚Technik‘, ‚Politik‘, ‚Technoscience‘ etc. Als Reaktion auf den radikal veränderten Charakter der Technik entwickelte sich zudem eine divergente erkenntniskritische Perspektive der Wissenschaftsforschung, die zu der Entwicklung neuer erkenntnistheoretischer und methodischer Herangehensweisen geführt hat: „Es reicht nicht aus, die Wissenschaft als kulturelle oder soziale Konstruktion zu entlarven und dabei so zu tun, als wären Kultur und Wissenschaft transzendentale Kategorien. Sie sind es ebenso wenig wie die Begriffe ‚Natur‘ oder ‚Objekt‘. Außerhalb der Prämissen der Aufklärung – d.h. der Moderne – verlieren all die binären Oppositionen wie Kultur/Natur, Wissenschaft/Gesellschaft, das Technische/das Soziale ihre gemeinsame konstituierende oppositionelle Qualität“ (Haraway 1995: 186, Fußn. 6). Entsprechend ist es für feministische Wissenschaftsforschung sine qua non, Geschlecht als Strukturkategorie zu denken und

Artefakte als Inkorporationen sozialer Beziehungen zu konzipieren: „Gender is a social achievement. Technology too" (Cockburn 1992, zit. n. Degele 2002: 105).

Während im anglo-amerikanischen Raum die Science und Technology Studies dominieren, ist für die Frage, welche Bedeutung dem Körper im Verhältnis zu Technologien und Diskursen zugesprochen werden soll, im deutschsprachigen Raum eher die *Wissenschaftsphilosophie* prägend. Sie findet ihre Wurzeln u.a. in der Phänomenologie – z.B. bei Merleau-Ponty – und in der Anthropologie von Gehlen und Plessner. Im Kontext einer zunehmend technologisierten Gesellschaft wird vehement auf der Wichtigkeit einer materialen Dimension beharrt (vgl. u.a. Böhme 1992; Becker 1997; Lindemann 2002), die im Konstruktivismus ihrer Ansicht nach lange vernachlässigt wurde, auch wenn sich das momentan ändern mag (vgl. Pickering 1995; Degele 2002). (Feministische) Wissenschaftsphilosophie will sicher stellen, dass auch das Außer-Diskursive (was nicht identisch ist mit prädiskursiv!) – etwa Natur und partiell auch Körper(erfahrung) – thematisiert wird. Wenn auch die Prämisse, dass dem Körper im Interaktionszusammenhang von Technologien und Diskursen eine Position als situierter Akteur zugeschrieben werden muss, zwar zu bestätigen und für eine feministische Technikforschung weiterführend ist, erscheint uns der Rückgriff auf phänomenologische Anleihen jedoch häufig problematisch. Denn im Zuge der diagnostizierten technologischen Durchdringung aller gesellschaftlichen Bereiche konzipieren kulturpessimistische und entfremdungstheoretische Studien (Böhme 1992; Duden 1996; List 1994, 1997) den Körper nicht selten als Zeichen und Garanten von Authentizitätserfahrungen und rücken ihn damit in ein utopisches Jenseits von Gesellschaft, Kultur und Technik (vgl. dazu Bauer 2003: 200).

Ein weiterführender Ansatz innerhalb feministischer Wissenschafts- und Techniktheorie ist auch in den *Cultural Studies of Science and Technology* zu sehen, da sie gesellschaftstheoretische und semiotische bzw. symboltheoretische Dimensionen miteinander zu verbinden suchen. Die Cultural Studies of Science and Technology haben ihren Ausgangspunkt in neomarxistischen Theorien zur Materialität von Kultur und Gesellschaftsgeschichte (vgl. Kellner 1995: 32) und verstehen sich selbst als „politische Intervention und als Projekte der Kritik" (Singer 2002: 43). Das Verhältnis zwischen einer zunehmend technologisierten Gesellschaft und den Technowissenschaften wird als ein produktives Wechselverhältnis untersucht. Die Praktiken und Normen der Technowissenschaften gelten weder als Effekt wissenschaftlicher Erkenntnis noch als ideologischer und von der Materialität der sozialen Strukturen unabhängiger Überbau. Vielmehr müssen sie in ihrem jeweiligen Kontext verortet werden. Durch die Prämisse der Kontextualität entsteht die theoriepolitische Forderung, die Materialität und Lokalität des technowissenschaftlichen Wissens genauer zu untersuchen. Damit unterscheiden sich die Cultural Studies of Science and Technology von kulturwissenschaftlichen Studien, in deren Zentrum die Betrachtung der medialen Repräsentationen von Wissenschaft und Technik stehen. Dass sich feministische Forschung innerhalb der Cultural Studies of Science and Technology (u.a. McNeil/Franklin 1991; Haraway 1995a, 1996; Rouse 1996) mit einem hohen Stellenwert verankert hat, lässt sich durch die gemeinsamen theoriepolitischen Forderungen (radikaler Kontextualismus, die Idee parteilicher Objektivität und des Empowerments) erklären. Die Cultural Studies of Science and Technology erwiesen sich für das vorliegende Forschungsprojekt nicht zuletzt dadurch von Bedeutung, dass sie neue Möglichkeiten des transdisziplinären Durchschreitens der Human- und Technowissenschaften bieten.

Materialität denken: Der Körper als situierter Akteur

Auf der Basis des skizzierten Tableaus an erkenntnisleitenden Annahmen bzw. Forderungen

- das Verhältnis zwischen Körper und Technologien jenseits technikeuphorischer und technikablehnender Positionen zu untersuchen,
- dabei transdisziplinäre Erkenntniswege zu beschreiten,
- in den Diskursen der Naturwissenschaften und der Technoscience zwischen erkenntnistheoretischen, rhetorischen und ontologischen Ebenen zu unterscheiden,
- dennoch die Perspektiven des Materialen, Semiotischen und Soziopolitischen miteinander zu verbinden

entwickelte sich unsere Forschungsfrage nach den Übersetzungsprozessen und Transformationen von Körper, Technik und Geschlecht zwischen Natur- und Humanwissenschaften. Dabei spielt die Position, die dem Körper in der Beziehung zu Technologien und Diskursen zugesprochen werden soll, eine entscheidende Rolle. Im Zentrum unserer Kritik an der These vom Verschwinden des Körpers steht das implizit fortgeschriebene hierarchische Verhältnis von Subjekt und Objekt. In technikeuphorischen wie technikablehnenden Strömungen wird der Natur wie dem Körper der Status als passives Wissensobjekt oder Materie und anzueignende Ressource zugeschrieben. Einmal festgelegt, wird dem Körper trotz unterschiedlicher Absichten in beiden Konzepten keine Handlungs- oder Gestaltungsmacht eingeräumt.

Dieser Bestimmung des Körpers entgegen wirken zu wollen, kann dazu motivieren, einen positiv besetzten Begriff von Natur und Körper zu entwickeln, wie er z.B. im Kontext von Befreiungsdiskursen der Frauenbewegung, Ökologiebewegung und des Ökofeminismus geprägt wurde (z.B. Merchant 1987; Mies 1988; vgl. auch Bauer 2003: 119ff.

19

und Bock v. Wülfingen in diesem Band zum aktuellen „femalism"). Natur und Körper erhalten hier nicht selten den Status eines autonomen Subjekts, das sich der Kultur, den Technologien oder den sie formierenden Diskursen widersetzt. Doch können mit den solchermaßen idealisierten Vorstellungen von Natur und Körperlichkeit unreflektierte Rückgriffe auf Konzepte verbunden sein, die einem naturwissenschaftlichen Kontext entstammen, den zu kritisieren sie angetreten waren. Mythologisierungen von Natur und Körper können damit ungewollt zu einer Naturalisierung bzw. Renaturalisierung von Weiblichkeit beitragen. Regine Gildemeister und Angelika Wetterer haben die Wirkungen dieser Verstrickungen als einen „bloß verlagerten Biologismus" bezeichnet (Gildemeister/Wetterer 1992: 206). Um der in den Biowissenschaften zwar nicht ausschließlich aber immer noch praktizierten Strategie der Naturalisierung von Körpern nicht mit der (feministischen) Antwort einer Renaturalisierung begegnen und damit die Konsequenzen der Essentialisierung und Romantisierung von Natur tragen zu müssen, arbeiten wir an dem Konzept eines denaturalisierten Körpers. Das bedeutet keineswegs, dass es nicht möglich sein sollte, zur Beschreibung von Vorgängen in menschlichen Körpern aus vielzähligen möglichen sozialen, historischen, materiellen und sonstigen Perspektiven eine *biologische* Perspektive zu wählen und entsprechendes naturwissenschaftliches Fachvokabular zu verwenden. Es sollen nicht biologische Darstellungen als solche vermieden werden, sondern *biologistische* Darstellungen, nach denen Körper primär oder ausschließlich durch ihre „Natur" erklärbar und in all ihren Seinsformen und Akten bedingt erscheinen. Der Körper gilt uns weder als Ausdruck einer determinierenden Natur, noch als Opfer repressiver Kulturpraktiken. Vielmehr gehen wir davon aus, dass Körper innerhalb von machtvollen, historisch sich verändernden Diskursen und Praktiken zugleich konstituiert werden und konstituierend wirken.[3]

Obwohl wir damit den hergestellten wie herstellenden Charakter des Körpers betonen wollen und die ontologische Setzung einer vordiskursiven Materialität ablehnen, unterscheiden sich unsere Perspektiven auf Materialität und Körper durchaus von denen poststrukturalistischer und radikalkonstruktivistischer Ansätze. Diese kritisieren die ‚Metaphysik der Präsenz' (Derrida 1994/1967: 11ff.) und fordern häufig ein neueuropäisches Denken, welches die Kategorien Natur und Körper angesichts ihrer diskursiven und kulturellen Konstruktion verwirft (vgl. Weber 2003: 64-73). Dagegen steht u.a. Haraways Forderung: „Wir müssen jenseits von Verdinglichung, Besitz, Aneignung und Nostalgie ein ande-

---

3   Da der Interaktionszusammenhang *Technoscience* nicht mehr auf die Erforschung einer vorgängigen Natur, sondern zunehmend auf die Produktion und Reproduktion von Naturen und Körpern gerichtet ist (z.B. Labortiere, genverändertes Material), spricht sich Haraway für den Begriff der „artefaktischen Natur" aus (Haraway 1995a: 44).

res Verhältnis zur Natur finden" (Haraway 1995b: 82). Ihr zufolge haben Körper und Organismen nicht von Natur aus eine bestimmte unveränderliche Form, sondern gewinnen diese erst durch stetig neu zu vollziehende Materialisierungen (vgl. Becker 2000: 47).

Wie Haraway in ihrer Erkenntniskritik sprechen auch wir dem Körper nicht-diskursive Anteile zu. Körper können Diskursen und Techniken zwar nicht einfach vorausgehen, da sie immer auch aus semiotischen und materiellen Praktiken hervorgehen. Wohl aber ist die Materialität von Körpern nicht deckungsgleich mit den sie hervorbringenden diskursiven und technologischen Praktiken (vgl. ebd.: 49). Insofern reden wir nicht von einer vordiskursiven, sondern von einer außerdiskursiven Materialität. Materialität wird nicht nur begrenzt, sondern wirkt ihrerseits begrenzend. Wir verstehen Körper als eigenständige, eigensinnige und nicht vollständig anzueignende Entitäten, statt sie nur als Produkt von kontrollierenden und normalisierenden Formgebungsprozessen zu verhandeln. Wir setzen auf die ontologische Option von Natur und Körpern als situierte Akteure und eigenwillige AgentInnen (vgl. Haraway 1995c: 93) – im Prozess der Wissensproduktion ebenso wie in den davon nicht trennbaren Materialisierungsprozessen.

Wir betrachten nicht nur die Beteiligung des Diskurses am Konstitutionsprozess von Materialität, sondern auch technologische Praktiken sowie Körper als machtvolle Effekte, welche in die Analyse von Technologie-, Natur-, und Körperverhältnissen einbezogen werden sollen. Mit ihrem Konzept des „situierten Wissens" (Haraway 1995c), dem Modell vom „Apparat der körperlichen Produktion" (ebd.: 91ff.) und ihrer Vorstellung von eigensinnigen nicht-menschlichen und menschlichen AkteurInnen versuchen Haraway und andere Theoretikerinnen der Cultural Studies of Science and Technology Antworten auf Fragen zu finden wie beispielsweise folgende: Welche nicht-diskursiven Aspekte lassen sich im Konstitutionsprozess von Materialität ausfindig machen? Wie ist der Körper an den Materialisierungsprozessen und Wissensproduktionen beteiligt, durch die er gleichsam konstituiert wird? Was ist dann als Körper zu verstehen?

Haraways Konzept einer Eigensinnigkeit von Natur und Körper gewinnt für uns aus zwei Gründen besondere Bedeutung. Erstens wendet sie sich damit gegen jene Entmaterialisierungsstrategie, die in Diskursen der Technoscience aber auch in zivilisationskritischen Ansätzen wirksam ist, wenn dort die Möglichkeit einer technologischen Überwindung des Körpers in Aussicht gestellt wird. Zweitens versucht Haraway, die durch die Technoscience neu geschaffenen Artefakte, Hybriden, Cyborgs, (Labor-)Tiere und ‚andere Andere' ebenfalls als handlungsfähige, politisch relevante Körper zu verstehen. Haraways erkenntniskritischer Ansatz ist als fruchtbarer Versuch zu werten, eine Analytik diskursiver wie technologischer Verkörperung zu entwickeln (vgl. Saupe 2002: 228ff.). Denn einerseits wird vermieden, Natur bzw. Körper der Herrschaft des Erkenntnissubjekts, des Diskurses, der Gesellschaft oder der Technoscience unterzuordnen. Andererseits wird darauf verzichtet, Natur und Körper den mythischen Status eines souveränen Subjekts zuzuschreiben, das gegen Technologisierung und Vergesellschaftung ein authentisches und freies Leben verspricht.

Dass dem Körper in den vorliegenden *Studien zur technologischen Verkörperung* der Status einer eigensinnigen Entität zugewiesen wird, markiert den wesentlichen Unterschied zu Entmaterialisierungsstrategien vieler technowissenschaftlicher Praktiken und Diskurse. Dass der Körper weder als Zeichen einer determinierenden noch einer unterworfenen Natur der technologischen Kultur gegenübergestellt wird, markiert den wesentlichen Unterschied zu vielen kulturpessimistischen Ansätzen. Im Moment der Normierung, Kontrolle und Disziplinierung von Körpern ist kein Verschwinden einer vorgängigen Natur, einer vordiskursiven Materialität, sondern eine Neuerfindung bzw. Neuformierung von Körpern angelegt, an der letztere mit beteiligt sind. Diese Körper sind als situierte und politisch relevante zu verstehen, es sind u.a. vergeschlechtlichte Körper. (Vgl. Balsamo 1999; Bath 2002; Wöllmann in diesem Band.) Als Verschwinden einer vorgängigen Natur bzw. eines vorgängigen Körpers – ob idealisiert oder abgewertet – wird oft nur bezeichnet, was als historisch je spezifische Materialität selbstverständlich und „natürlich" geworden ist. Damit wird deutlich, dass sich auch in unserer Technowissenschaftskultur neue, historisch spezifische Formen der Verkörperung konfigurieren.

Zu den Beiträgen

In der aktuellen empirischen Sexualforschung wird eine wachsende sexuelle Lustlosigkeit diagnostiziert, die u.a. durch den Rückgang der Koitushäufigkeit und der Orgasmusfrequenz bestimmt wird. Ein Grund dafür wird in dem Einfluss neuer Informations- und Kommunikationstechnologien gesehen, der vor allem in der jüngeren Generation eine zunehmende Bedeutungslosigkeit von zwischenmenschlicher Körperlichkeit bewirke. In der virtuellen Begegnung werde die sexuelle Leidenschaft verzichtbar. Vor diesem Hintergrund untersucht *Yvonne Bauer* – ausgehend von der Theorie Wilhelm Reichs – sexualwissenschaftliche Körpervorstellungen und stellt diese in ihren naturwissenschaftlich-technischen Kontext. Dabei zeigt sich ein paradigmatischer Wandel vom industriellen zum kybernetischen Lustkörper. Während im Verlauf der bürgerlichen Gesellschaft und der Etablierung der modernen Wissenschaften die Vorstellung vorherrschend war, dass der menschliche Körper wie eine Dampfmaschine funktioniert, zeigt Bauer, wie der Körper durch den Einfluss von Kybernetik und neuen Technologien zunehmend als vernetzte Informationsmaschine betrachtet wird. Ihre Perspektive ermöglicht nicht nur, die apokalyptische These vom Verschwinden der Sexualität und des Körpers in Frage zu stellen, sie hilft zudem, das offenkundig veränderte Verhältnis der jüngeren Generation zu Sexualität und Körperlichkeit zu erklären.

Der Blick auf die aktuelle technowissenschaftliche Logik in Life- und Cyberscience legt nahe, dass heute nicht mehr Selbstidentität, Stabilität und fixe Grenzen als die wesentlichen Merkmale von Körpern gelten, sondern eher ihre Fähigkeit, sich in einem evolutionären Prozess zu wandeln und innovative Formen zu generieren. *Jutta Webers* Untersuchungen zufolge werden vor diesem Hintergrund „Emergenz" und „Turbulenz" zu Schlüsselbegriffen in den Diskursen und Praktiken der Artificial Life – Forschung sowie der neueren Robotik. Diese beiden Forschungsrichtungen wollen die produktiven Prinzipien der Neuerfindung und Umformung für ihre Konstruktionsleistungen nutzen: Die unterstellte Offenheit und Dynamik des turbulenten, sich permanent reorganisierenden Körpersystems soll eine technowissenschaftliche Modellierung des Organismus als Ganzes erlauben. Diese spezifische technowissenschaftliche Nachkonstruktion des Lebendigen basiert auf Formalisierungen und setzt unvermeidlich der Vielfalt und Komplexität wiederum Grenzen. In welchem Verhältnis stehen aber Offenheit und Reduktion in den technowissenschaftlichen Körperkonzepten? Und welches sind die erkenntnistheoretischen und ontologischen Voraussetzungen der Technowissenschaften, mit denen die Formalisierung des so lange als unverfügbar geltenden Lebens nun doch möglich gemacht werden soll?

Bettina Bock von Wülfingen zeigt in ihrem Beitrag, dass derzeit Kategorien wie Verhalten und Begehren zwar mit emanzipatorischem Impetus, dabei in jedoch häufig übersteigerter Art und Weise, renaturalisiert werden. So stellte eine einschlägige naturwissenschaftliche Studie von 1999 (erneut) fest, männliches und weibliches Verhalten sei eine Frage von Hormonen und definierte anhand des Hormongehalts im Blut sogar, welche Frau in einer Frauenliebesbeziehung die männliche Rolle annehme. Anhand dieser Studie führt Bock von Wülfingen methodologisch vor, wie durch Forschungsfrage, Studienaufbau, Auswahl der Versuchspersonen bis hin zur Interpretation der Messergebnisse maskulinlesbische Geschlechterkonnotationen und damit auch Weiblichkeit materialisiert, also als molekulare „Gegebenheiten" produziert werden. Als theoretischer Hintergrund dient ihr die historische Konstruktion von „Homosexualität" seit den 1880er Jahren. Anhand der These, dass am Ende des zweiten Jahrtausends ähnliche soziale Verhältnisse auf die Materialisierung von Geschlechtlichkeit und Verhalten einwirken, wie zur Zeit der Einführung von Homosexualität als Krankheit des Körpers, verfolgt der Text die wissenschaftspolitischen Konsequenzen dieser neuerlichen Materialisierung sexueller Präferenzen.

23

Die Überlegungen von *Luciana Parisi* gelten der Bestimmung turbulenter Materialität im bioinformatischen Kapitalismus. Sie widerspricht der These, dass durch „cybernetic culture" Natur in die Logik der Informationsübertragung integriert worden sei; d.h. in den medialisierten Cyberspace, in welchem der Körper der technologischen Maschine der binären Codes substituiert wird. Sie interpretiert die Warnung vor dem letztendlichen Triumph des Immateriellen über das Materiale, des entkörperten Geistes über den fleischlichen Körper als einen Hinweis auf eine neue Phase kapitalistischer Organisation: die Bioinformatik, in der das Leben selbst den Gesetzen des Austausches und des Profits unterworfen wird. An Deleuze und Guattari anschließend argumentiert Parisi, dass die biodigitale Maschine – die maschinelle Verbindung des Biologischen und Digitalen – weder von der Materie noch von der Kultur determiniert wird. Vielmehr gehört sie zur virtuellen Materie („virtual matter"): das ist die Materialität von Potentialen, welche sich nicht verwirklicht, ohne die Emergenz neuer Potentiale zu beschleunigen („catalyse"). Parisi konstatiert, dass die bioinformatische Subsumption des Körpers die Emergenz neuer Weisen von Kommunikations- und Reproduktionsweisen impliziert. Ein Körper sei weder in erster Linie bedeutend („signified") noch strukturiert („structured"), sondern geschichtet („stratified") und im Ergebnis als turbulente Materialität bestimmt. Deshalb lege die biodigitale Subsumption des Körpers den Kurzschluss zwischen virtueller Materie und bioinformatischem Kapitalismus nahe.

Die sich abzeichnende Institutionalisierung der Andrologie durchbricht ein Schweigen, dass kennzeichnend für die moderne Medizin ist: Das Schweigen über den Männerkörper als biologischem Geschlechtskörper. *Torsten Wöllmann* zeigt in seinem Beitrag, wie die Andrologie mit der Tradition moderner Medizin bricht, den Frauenkörper als das zu medikalisierende „Andere" zu setzen. Mit gut 150jähriger Verzögerung und unter gründlich gewandelten Bedingungen erobert die Biomedizin aktuell den Männerkörper. Über die Einhegung und Ausweitung von Arbeits- und Wissensbereichen und unter Rückgriff auf vorgängige Wissensformen, neue Technologien und die Patientenkörper selbst konstituiert sich das Feld Andrologie als Technoscience und erfindet zugleich das materielle Substrat dessen neu, was üblicherweise „Mann" genannt wird. Vor diesem Hintergrund geht Wöllmann den Fragen nach, wie die Andrologie den Männerkörper als reproduktionsrelevanten Geschlechtskörper in den Blick der Biomedizin rückt und wie dort ein neues biomedizinisches Bild von ihm komponiert wird – wie sie ihn „neu erfindet".

„Modellbauer" nennen sich die Begründer des Neuro-Linguistischen Programmierens (NLP), denn sie bieten kurzzeittherapeutische Interventionstechniken, mit denen die Gefühlswelt von Menschen umzubauen und sie von drückenden Erfahrungen zu entlasten sind. NLP empfiehlt sich – so rekapituliert *Maria Osietzki* – als Strategie, psychische Gegebenheiten durch ein neues Modell des Menschen zu ersetzen, das entlang bewusster Wünschbarkeiten oder unter Anleitungen eines „allwissenden Unbewussten" konzipiert wird. Dabei wird das Subjekt als ein Kommunikationsraum entworfen, der durch körperliche Signale authentisch repräsentiert wird. In der Kommunikation zwischen dem Unbewussten und dem Körper wird eine Kongruenz hypostasiert, die den Relativismus, durch die neurolinguistischen Interventionstechniken eine wünschbare Subjektivität zu konstruieren, im Entwurf einer höheren unbewussten „Wahrheit des Selbst" aufhebt. Hierdurch wird NLP anschlussfähig für die esoterischen wie auch für die kybernetisch-informationsbasierten Menschenbilder und Verkörperungspraktiken in der Postmoderne. Osietzki diskutiert die Frage, inwieweit Spannungen, die sich zwischen diesen Positionen aufbauen, durch NLP überbrückt werden, da seinem Selbstverständnis nach die Dezentrierung des Subjekts in eine Rezentrierung überführt wird.

Karen Barad verweist auf eine bislang unbeachtete Gemeinsamkeit vieler Arbeiten der Wissenschafts- und Technikforschung, die sich gegen einen vermeintlich naiven Positivismus stellen: das ist die Annahme einer ontologischen Leerstelle („ontological gap") zwischen Dingen und ihrer Repräsentation. Dagegen stellt Barad den Unterschied in der Zugänglichkeit von Dingen und ihrer Repräsentation in Frage. Bei Foucault findet sie diese Lücke gegeben in der unbegründeten Bevorzugung von „materialisierender" politischer Macht in Kausalitätsketten; ihre Kritik an Butler bezieht sich im Wesentlichen auf deren Konzentration auf Performanz als Wirkung auf die Oberfläche des Menschen. Sie entwickelt daraus – anknüpfend an ihre früheren Arbeiten zu Niels Bohrs Studien zur Teilchenphysik – das Konzept des „agential realism" (agentischen Realismus), der „phenomena" als kleinste unteilbare Einheiten begreift, die aus der untrennbaren „intra-action" von Materie und Beziehungen hervorgehen. Materie wird als anteiliger Akteur bestimmt, der Einfluss auf die eigene Repräsentation nimmt, d.h. diskursive Deutungsmöglichkeiten begrenzt.

Literatur

AG II (1990): Interdisziplinarität feministischer Forschung. In: Arbeitsgemeinschaft für interdisziplinäre Frauenforschung und -studien (Hg.), Feministische Erneuerung von Wissenschaft und Kunst, Teilband 2, Pfaffenweiler, S. 234.

Balsamo, Anne (1999): The Virtual Body in Cyberspace. In: dies., Technologies of the Gendered Body. Reading Cyborg Women, Durham/London, S. 116-132.

Barad, Karen (1996): Meeting the Universe Halfway: Realism and Social Constructivism without Contradiction. In: Hankinson Nelson, Lynn / Nelson, Jack (Hg.), Feminism, Science, and the Philosophy of Science, Dordrecht/Boston/London, S. 161-194.

Bath, Corinna (2002): Was können uns Turing-Tests von Avataren sagen? Performative Aspekte virtueller Verkörperung im Zeitalter der Technoscience. In: Epp, Astrid; Taubert, Niels C.; Westermann, Andrea (Hg.), Technik und Identität. Tagung vom 7.-8. Juni 2001 an der Universität Bielefeld, IWT-Paper 26, Bielefeld, S. 79-99.

Bauer, Yvonne (2003): Sexualität – Körper – Geschlecht. Befreiungsdiskurse und neue Technologien, Opladen.

Becker, Barbara (1997): Virtuelle Identitäten: Die Technik, das Subjekt und das Imaginäre. In: Becker, Barbara; Paetau, Michael (Hg.), Virtualisierung des Sozialen. Die Informationsgesellschaft zwischen Fragmentierung und Globalisierung, Frankfurt a.m./New York, S. 163-184.

Becker, Barbara (2000): Cyborgs, Robots und „Transhumanisten" – Anmerkungen über die Widerständigkeit eigener und fremder Materialität. In: Becker, Barbara; Schneider, Irmela (Hg.), Was vom Körper übrig bleibt. Körperlichkeit – Identität – Medien, Frankfurt a.m./New York, S. 41-69.

Becker-Schmidt, Regina (1996): Computer Sapiens. Problemaufriß und sechs feministische Thesen zum Verhältnis von Wissenschaft, Technik und gesellschaftlicher Entwicklung. In: Scheich, Elvira (Hg.), Vermittelte Weiblichkeit: Feministische Wissenschafts- und Gesellschaftstheorie, Hamburg, S. 335-346.

Bock, Gisela (1977): Frauenbewegung und Frauenuniversität. Zur politischen Bedeutung der „Sommeruniversität für Frauen", In: Frauen und Wissenschaft. Beiträge zur Berliner Sommeruniverität für Frauen, Juli 1976, Berlin, S. 18.

Böhme, Gernot (1992): Natürlich Natur. Über Natur im Zeitalter ihrer technischen Reproduzierbarkeit, Frankfurt a.M.

Callon, Michel / Latour, Bruno (1981): Unscrewing the Big Leviathans: How Do Actors Macrostructure Reality. In: Knorr, Karin; Cicourel, Aron (Hg.), Advances in Social Theory and Methodology. Toward an Integration of Micro and Macro Sociologies, London 1981, S. 277-303.

Degele, Nina (2002): Einführung in die Techniksoziologie, München.

Derrida, Jacques (1994/1967): Grammatologie, Frankfurt a.M. (im Orig. 1967).

Die Philosophin (2001), H. 23: Gender Studies und Interdisziplinarität (Schwerpunkt).

Duden, Barbara (1996): „Das Leben" als Entkörperung. Überlegungen einer Historikerin des Frauenkörpers. In: Trallori, Lisbeth N. (Hg.), Die Eroberung des Lebens: Technik und Gesellschaft an der Wende zum 21. Jahrhundert, Wien, S. 99-110.

Duden, Barbara (1997): Der „Welcome-Körper", Das Argument 221, 39. Jg., H. 4, S. 485-493.

Felt, Ulrike / Nowotny, Helga / Taschwer, Klaus (1995): Wissenschaftsforschung. Eine Einführung, Frankfurt a.M./New York.

Gildemeister, Regina; Angelika Wetterer (1992): Wie Geschlechter gemacht werden. Die soziale Konstruktion der Zweigeschlechtlichkeit und ihre Reifizierung in der Frauenforschung. In: Knapp, Gudrun-Axeli; Wetterer, Angelika (Hg.), TraditionenBrüche. Entwicklungen feministischer Theorie, Freiburg, S. 201-254.

Götschel, Helene (2001): Vom „(un)heimlichen Inhalt der Naturwissenschaften" und dem „Geschlecht der Natur" In: Götschel, Helene; Daduna, Hans (Hg.), Perspektivenwechsel. Frauen- und Geschlechterforschung zu Mathematik und Naturwissenschaften, Mössingen-Talheim, S. 40-53.

Haraway, Donna (1985): Manifesto for Cyborgs: Science, Technology, and Socialist Feminism in the 1980s', Socialist Review 80, S. 65-108.

Haraway, Donna (1995): Die Neuerfindung der Natur. Primaten, Cyborgs und Frauen, Frankfurt a.M./New York.

Haraway, Donna (1995a): „Monströse Versprechen. Eine Erneuerungspolitik für un/an/geeignete Andere". In: dies., Monströse Versprechen. Coyote-Geschichten zu Feminismus und Technowissenschaften, Argument-Sonderband 234, Hamburg/Berlin, S. 11-81 (im Orig. 1984).

Haraway, Donna (1995b): Jenseitige Konversationen; irdische Themen; lokale Begriffe. In: dies., Monströse Versprechen. Coyote-Geschichten zu Feminismus und Technowissenschaft, Argument-Sonderband, AS 234, Hamburg/Berlin, S. 81-112 (im Orig. 1984).

Haraway, Donna (1995c): Situiertes Wissen. Die Wissenschaftsfrage im Feminismus und das Privileg einer partialen Perspektive. In: dies., Die Neuerfindung der Natur. Primaten, Cyborgs und Frauen, Frankfurt a.M./New York, S. 73-97.

Haraway, Donna (1996): Anspruchsloser Zeuge@ Zweites Jahrtausend. FrauMann© trifft OncoMouse™. Leviathan und die vier Jots: Die Tatsachen verdrehen. In: Elvira Scheich (Hg.), Vermittelte Weiblichkeit. Feministische Wissenschafts- und Gesellschaftstheorie, Hamburg, S. 347-389.

Hark, Sabine (2001): Diszipliniertes Geschlecht. Konturen von Interdisziplinarität in der Frauen- und Geschlechterforschung, Die Philosophin, II. 23/ 2001, S. 93-116.

Hayles, N. Katherine (1999): How We Became Posthuman: Virtual Bodies in Cybernetics, Literature, and Informatics, Chicago.

Hughes, Thomas P. (1987): The Evolution of Large Technological Systems. In: Bijker, Wiebe E.; Hughes, Thomas P.; Pinch, Trevor J. (Hg.), The Social Construction of Technological Systems, Cambridge, Mass./London, S. 51-82.

Kellner, Douglas (1995): Media Culture. Cultural Studies, Identity and Politics Between the Modern and the Postmodern, London/New York.

Klinger, Cornelia (1996): Der Diskurs der modernen Wissenschaften und die gesellschaftliche Ungleichheit der Geschlechter. Eine Skizze. In: Barta, Heinz; Grabner-Niel, Elisabeth (Hg.), Wissenschaftlichkeit und Verantwortung, Wien, S. 98-120.

Knapp, Gudrun Axeli (1998): Beziehungssinn und Unterscheidungsvermögen. In: Disziplinäre Quergänge. Un-Möglichkeiten transdisziplinärer Frauen- und Geschlechterforschung, Potsdamer Studien zur Frauen- und Geschlechterforschung, Heft 2/1998, S. 49f.

Knapp, Gudrun-Axeli / Landwehr, Hilge (1995): „Interdisziplinarität" in der Frauenforschung. Ein Dialog, In: L'Homme. Zeitschrift für feministische Geschichtswissenschaft, 6. Jg., H. 2, 1995, S. 6-38.

Knorr-Cetina, Karin (1991/1981): Die Fabrikation von Erkenntnis. Zur Anthropologie der Naturwissenschaft, Frankfurt a.M. (im Orig. 1981).

Latour, Bruno / Woolgar, Steve (1979): Laboratory Life. The Social Construction of Scientific Facts, Beverly Hills/London.

Law, John (1986): The Heterogeneity of Text. In: Callon, Michel; Law, John; Rip, Arie (Hg.), Mapping the Dynamics of Science and Technology, London, S. 67-83.

Lindemann, Gesa (2002): Die Grenzen des Sozialen. Zur sozio-technischen Konstruktion von Leben und Tod in der Intensivmedizin, München.

List, Elisabeth 1994: Wissende Körper – Wissenskörper – Maschinenkörper. Zur Semiotik der Leiblichkeit, Die Philosophin, H. 10 „Körper", Okt. 94, S. 9-26.

List, Elisabeth 1997: Vom Enigma des Leibes zum Simulakrum der Maschine. Das Verschwinden des Lebendigen aus der telematischen Kultur. In: List, Elisabeth; Fiala, Erwin (Hg.), Leib Maschine Bild. Körperdiskurse der Moderne und Postmoderne, Wien.

McNeil, Maureen and Franklin, Sarah (1991) Science and technology: questions for cultural studies and feminism. In: Franklin, Sarah; Lury, Celia; Stacey, Jackie (Hg.), Off-Centre. Feminism and Cultural Studies, London/New York, S. 129-146.

Merchant, Carolyn (1987): Der Tod der Natur. Ökologie, Frauen und neuzeitliche Naturwissenschaft, München.

Mies, Maria (1988): Gesellschaftliche Ursprünge der geschlechtlichen Arbeitsteilung. In: von Werlhof, Claudia; Mies, Maria; Bennholdt-Thomsen, Veronika (Hg.), Frauen, die letzte Kolonie, Reinbek, S. 164-193.

Nowotny, Helga 1997: Transdisziplinäre Wissensproduktion – eine Antwort auf die Wissensexplosion? In: Stadler, Friedrich (Hg.), Wissenschaft als Kultur. Österreichs Beitrag zur Moderne, Wien/New York, S. 177-195.

Pickering, Andrew (1995): The Mangle of Practice. Time, Agency and Science, Chicago/London.

Risan, Lars (1996), Artificial Life: A Technoscience Leaving Modernity? www.uio.no/~lrisan/Thesis/heliopg.html (gesehen am 2.5.2000).

Rouse, Joseph (1996): Feminism and the Social Construction of Scientific Knowledge. In: Hankinson Nelson, Lynn; Nelson, Jack (Hg.), Feminism, Science, and the Philosophy of Science, Dordrecht/Boston/London, S. 195-215.

Saupe, Angelika (2002): Verlebendigung der Technik. Perspektiven im feministischen Technikdiskurs, Bielefeld.

Scheich, Elvira (1993): Naturbeherrschung und Weiblichkeit. Denkformen und Phantasmen der modernen Naturwissenschaften, Pfaffenweiler.

Singer, Mona (2002): Epistemologie des situierten Wissens. (zit. n. Manuskript der Habilitationsschrift an der human- und sozialwissenschaftlichen Fakultät der Universität Wien; im Erscheinen unter dem Titel: Wissen –

Macht – Wahrheit. Epistemologie in feministischer und postkolonialistischer Absicht, Wien).

Snow, Charles Percy (1959): The Two Cultures and the Scientific Revolution, Cambridge.

Stephan, Inge (2000): Gender, Geschlecht und Theorie. In: von Braun, Christina; Stephan, Inge (Hg.), Gender Studien. Eine Einführung, Stuttgart/Weimar, S. 58-96.

Traweek, Sharon (1988): Beamtimes and Lifetimes: The World of High Energy Physics, Cambridge, Mass..

Virilio, Paul (1994): Die Eroberung des Körpers. Vom Übermenschen zum überreizten Menschen, München.

Waltz, Matthias (1993): Ordnung der Namen. Die Entstehung der Moderne: Rousseau, Proust, Sartre, Frankfurt a.M.

Weber, Jutta (2003): Umkämpfte Bedeutungen: Naturkonzepte im Zeitalter der Technoscience, Frankfurt a.M./New York.

Weber, Jutta (2003a): Hybride Technologien: Technowissenschaftsforschung als transdisziplinäre Erkenntnispolitik. In: Knapp, Gudrun-Axeli; Wetterer, Angelika (Hg.), Achsen der Differenz. Gesellschaftstheorie & feministische Kritik II, Münster, S. 198-226.

Weber, Jutta / Bath, Corinna (Hg.) (2003): Turbulente Körper, soziale Maschinen. Feministische Studien zur Technowissenschaftskultur, Opladen.

Weber, Jutta / Saupe, Angelika (2004): Wir sind immer mittendrin? Transdisziplinarität in der feministischen TechnoWissenschaftsforschung. In: Käthe und Clara e.V. – Verein zur Förderung von Frauen und Mädchen in Naturwissenschaft und Technik (Hg.), „Standard::Abweichung", Dokumentation 29. Kongress von Frauen in Naturwissenschaft und Technik v. 29.05.-01.06.2003 in Berlin, Berlin, S. 300-308.

Weber, Jutta (forthcoming): Science and Technology. In: Kathy Davis; Mary Evans; Judith Lorber (Hg.), Handbook of Gender and Women's Studies, London 2005.

Vom industriellen zum kybernetischen Lustkörper.
Zur Bedeutung erkenntnisleitender Körperkonzepte in der Sexualforschung

Yvonne Bauer

In sexualwissenschaftlichen Forschungen der Gegenwart gründet sich die Diagnose vom Verschwinden der sexuellen Leidenschaft auf verschiedenste Beobachtungen: Die Orgasmusfrequenz geht zurück, die Befragten äußern sich offen zu ihrer Asexualität und in der jüngeren Generation scheint sich das Interesse an Sexualität und zwischenmenschlicher Körperlichkeit durch den wachsenden Einfluss neuer Informations- und Kommunikationstechnologien in den virtuellen Raum des Cyberspace zu verflüchtigen. Angesichts dieser kulturpessimistischen und technikdeterministischen Einschätzungen stellt sich die Frage nach den erkenntnisleitenden Körperkonzepten der Sexualforschung.

In den folgenden Betrachtungen wird davon ausgegangen, dass diese in ähnlicher Weise wie das erforschte Sexualverhalten in einem historisch je besonderen Interaktionszusammenhang von Diskursen und Technologien zu verorten sind. Wurden die Funktionsweisen des menschlichen Körpers im Zeitalter der Industrialisierung mit denen der Dampfmaschine gleichgesetzt, etabliert sich ausgehend von der Technoscience zunehmend das Modell vom Körper als Computer bzw. als informationsverarbeitende Maschine. Der Blick auf die naturwissenschaftlich-technischen Kontexte der Sexualforschung zeigt einen paradigmatischen Wandel vom industriellen zum kybernetischen Lustkörper. Dieser könnte ein zentraler Ausgangspunkt für Studien zur veränderten Bedeutung von Sexualität und Körperlichkeit in der jüngeren Generation darstellen.

Die Diagnose vom Verschwinden der sexuellen Leidenschaft

> „In den 50er Jahren durften wir, 40 Jahre später wollen wir
> keinen Sex haben." (Gunter Schmidt)

Zu diesem Fazit kommt 1998 der deutsche Sexualforscher Gunter Schmidt in seiner Betrachtung spätmoderner Sexualverhältnisse (Schmidt 1998a u. 1998b; vgl. Schmidt 2000, 2004). Im Vergleich zu den 1960er und 1970er Jahren, die im Zeichen einer sexuellen Liberalisierung und der Emanzipation von bürgerlichen Normen standen, hat vor allem die jüngere Generation der 1990er Jahre das Interesse an Sex und leidenschaftlichem Körperkontakt verloren, so Schmidt. Auch die US-amerikanische, empirische Sexualforschung diagnostiziert ein Verschwinden sexueller Leidenschaft, das durch den messbaren Rückgang der Koitushäufigkeit und der Orgasmusfrequenz bestimmt wird. Die Forschungen offenbaren Schmidt zufolge

> „[...] verblüffend einhellig ein eher karges Sexualleben zwischen Männern und
> Frauen – und zwar von Helsinki bis San Francisco, von Marseille bis Inver-
> ness. [...] 80% der Befragten hatten im Jahr vor der Befragung keinen oder nur
> einen Sexualpartner; nur drei bis vier Prozent der Verheirateten hatten im Jahr
> vor der Befragung außereheliche Beziehungen; die Hälfte aller Befragten hat-
> ten seltener als einmal in der Woche Geschlechtsverkehr (wobei die modernen
> Untersuchungen hierzu auch Analverkehr und Mundverkehr, die allermo-
> dernsten auch nichtpenetrative Sexualpraktiken zählen)." (Schmidt 1998a: 23,
> Herv. i.O.)[1]

In vielen gesellschaftlichen Bereichen, beispielsweise an Hochschulen unter Studierenden, etablierten sich stattdessen Regeln, wie geflirtet, geküsst und gestreichelt, wie der sexuelle Kontakt organisiert werden soll. Sexuelle Begegnungen scheinen zunehmend zwischen den Beteiligten ausgehandelt werden zu müssen. Diese neue Verhandlungsmoral wird von dem Sexualforscher Volkmar Sigusch auch als „Konsensmoral" bezeichnet (Sigusch 1998 u. 2000). Sie soll seiner Einschätzung nach zwar dem löblichen Ziel dienen, eine herrschaftsfreie und vor allem geschlechterdemokratische Sexualitätskultur zu entwerfen, leiste letztlich aber einer Rationalisierung des „Sexuellen" Vorschub, die die Bürgerliche Gesellschaft in ihrer historischen Entwicklung von Beginn an kennzeichnete. Von einer „lustvollen Lustfeindschaft" spricht Sigusch bereits zu Beginn der 1980er Jahre (Sigusch 1984a: 97). „Es scheint, als seien die Menschen sexuell aktiv, doch sie vermeiden alles,

---

1   Schmidt verweist in diesem Zusammenhang z.B. auf die US-amerikanische Stu-
     die von John H. Gagnon von 1994, der feststellen konnte, dass viele Männer und
     Frauen „sexuell sehr inaktiv" seien (zit. n. Schmidt 1998a: 23).

was daran erinnerte: Spontaneität und Regellosigkeit, Hingabe und Ekstase, Risiko und Subjektivität" (ebd.).

Das Phänomen vom kargen Liebesleben ist längst nicht mehr nur in der Sexualforschung von Interesse (Stich/du Bois-Reymond 1999). Seit einigen Jahren wird zunehmend auch in öffentlichen Medien, im Fernsehen, in Printmedien und im Internet, der Frust mit der Lust thematisiert (vgl. Der Spiegel 9/2001; Fokus 11/2001; Welt am Sonntag 21.11.2004). So berichtet *Der Spiegel* von dem neuen Typus des „Lustlosen", der auf sexuelle Situationen nicht mehr reagieren kann und klagend oder klaglos keinen Sex mehr hat (Der Spiegel 48/2000: 180). Im Fernsehen beleuchten Experten aus unterschiedlichsten Perspektiven das Problem der sexuellen Langeweile und die „Lustlosen" können in wissenschaftlicher und therapeutischer Begleitung ihr Leid diskursivieren. Im Internet besteht die Möglichkeit, sich online im Schutz der Anonymität Rat von so genannten „Sexperts" zu holen (vgl. Levine 1998). Der Gründer des Internet-Forums AVEN (Asexual Visibility and Education Network), David Jay, ermutigt sich und andere, zur eigenen Asexualität zu stehen und der Öffentlichkeit klar zu machen, dass ein glückliches Leben auch ohne Sexualität möglich ist (vgl. Welt am Sonntag 21.11.2004).[2]

Darüber hinaus scheint sich die These vom Verschwinden der sexuellen Lust durch gegenwartsgesellschaftliche Untersuchungen der Medientheorie, Technikforschung und Kulturwissenschaft zu erweitern und zu erhärten (vgl. z.B. Virilio 1995 u. 1996). So wurde insbesondere die Technobewegung als die soziale Massenbewegung der 1990er Jahre zum Paradebeispiel für die fortschreitende Disziplinierung leidenschaftlicher Sexualität. Zwar präsentierten sich sexualisierte Körper in der Öffentlichkeit freizügiger denn je und Erotik werde auch jenseits traditioneller Geschlechterrollen von Männlichkeit und Weiblichkeit inszeniert. Der „sexuelle Vollzug" jedoch soll peinlichst vermieden werden, weil die damit verbundenen Kontrollverluste zunehmend gefürchtet sind, so die Erklärung des Technoforschers Patrick Walder (Walder 1998). Technojugendliche werden zum Teil äußerst abwertend als *„Laborkids"* bezeichnet (ebd.: 110, Herv. i.O.). Diese *„Gentech-Generation"* (ebd.) scheine sich massenweise einer technologisch gesteuerten Unterwerfung ihrer Lustkörper hinzugeben, wenn sie biochemisch erzeugte Drogen oder ‚unnatürlich' schnellrhythmische Klänge kritiklos konsumiere.

Auch in den virtuellen Welten des Cyberspace würden die NutzerInnen der Informations- und Kommunikationstechnologien zwischenmenschlich entsinnlicht und von ihrer ‚natürlichen Lebendigkeit' entfremdet, authentische Lust bereits im Keim erstickt. Der Cybersex, die

---

2   Damit sich Mitmenschen keine unerfüllbaren Hoffnungen machen, können Interessierte bei AVEN Bekennerkleidung mit der Aufschrift „Asexualität – nicht mehr nur eine Sache der Amöben" erwerben (Welt am Sonntag 21.11.2004).

Kopulation via eines elektronischen Datenanzuges, ersetzt dem Medien-theoretiker Paul Virilio zufolge eine ehemals vitale und intime Körper-lichkeit, ist letztlich aber doch nicht mehr als eine „ferngesteuerte Ma-sturbationstechnik" (Virilio 1996: 74). Am Ende der Geschichte von der rational-technologischen Entkörperung zeigt sich der Mensch als unbe-rührbare „seelenlose Sexmaschine" (Der Spiegel 48/2000: 181), unfähig, sich einer spontanen und selbstvergessenen, leidenschaftlichen Sexuali-tät hinzugeben. Obwohl KulturtheoretikerInnen wie kritische Sexualfor-scherInnen in ihrer Diagnose vom Verschwinden der sexuellen Leiden-schaft indirekt das Ideal einer regellosen Sexualität fortschreiben, stüt-zen sie sich in ihren Argumentationen nicht selten auf empirische Stu-dien, die der Regel ‚sexuelle Zufriedenheit durch häufige Orgasmen' folgen.

Die Erklärungen des Phänomens vom Verschwinden der sexuellen Lust sind vielschichtig: So haben vor allem Sexualaufklärung und sexu-elle Liberalisierung zu einer Enttabuisierung des Sexualverkehrs geführt, so dass das Ausleben der sexuellen Lust nicht mehr als Grenz- und Ver-botsüberschreitung empfunden wird (Schmidt 2000: 2004). Die Sexual-verhältnisse sind normalisiert, Sexualität hat ihre tabusprengende Kraft verloren, der Geschlechtsverkehr wird langweilig (Sigusch 2000). Gleichzeitig, so kann darüber hinaus erfahren werden, hat die Aids-Problematik seit den 1980er Jahren, vor allem aber die feministische Thematisierung der sexuellen Gewalt von Männern dazu beitragen, dass sexuelle Kontakte kompliziert und verregelt werden (Schmidt 1998a), Stress führt schließlich zum ungewollten bis freiwilligen Verzicht. Wäh-rend Asexualität bisher noch als Krankheit gilt, verspricht Sigusch nach dem nahen Ende des ‚sexuellen Zeitalters' und seinen Sexdiktaten Nor-malisierung (Welt am Sonntag 21.11.2004).

Eine Argumentationslinie scheint mir jedoch von besonderer Bedeutung zu sein, zumal sie diskurs- und disziplinübergreifend ist: Die zunehmen-de Bedeutungslosigkeit von Körperlichkeit und Sexualität sei die Folge des wachsenden Einflusses von neuen Technologien. Da der mensch-liche Körper im Zentrum der Rationalisierungsbestrebungen einer tech-nologisierten Gesellschaft stehe und sexuelle Lust und leidenschaftliche Ekstase als seine vitalsten Ausdrucksformen gelten, würden gerade sie zu begehrten Zielobjekten einer technologischen Entkörperungsmacht. Das Verschwinden der sexuellen Lust zeigt sich als Zwischenstadium in dem technologischen Projekt zur Überwindung des menschlichen Kör-pers. Die aktuelle kulturpessimistische Diagnose steht damit nicht nur im Kontext einer traditionsreichen Technikkritik, sondern verweist zu-dem auf die Wirkmächtigkeit sexueller Befreiungsdiskurse. Den er-kenntnisleitenden Gesetzmäßigkeiten ihrer rhetorischen Körperpolitik möchte ich im Folgenden mit drei Thesen begegnen:

1. Um innerhalb des selbst produzierten apokalyptischen Szenarios vom Verschwinden der Sexualität dennoch Hoffnung auf eine individuell wie gesellschaftlich befreite Lust geben zu können, wird mit dem Imperativ der Orgasmushäufigkeit ein Modell vom Lustkörper idealisiert, das in der industriellen Gesellschaft und durch den Einfluss naturwissenschaftlicher Erkenntnisse und Technologien des 19. Jahrhunderts hervorgebracht wurde.

2. Parallel zur Idealisierung dieses ‚alten' industriellen Lustkörpers etabliert sich in der aktuellen Sexualforschung jedoch gleichzeitig und unbemerkt ein kybernetisches Körperkonzept. Vorbereitet im Diskurs der Technoscience[3], wird die Theorie einer Entkörperung des Menschen durch Technik auch in der Sexualforschung für realistisch gehalten und legitimiert dadurch die These vom Verschwinden der sexuellen Lust.

3. Die historische Rekonstruktion des paradigmatischen Wandels vom industriellen zum kybernetischen Lustkörper gewährleistet innerhalb dieser Körperpolitik nicht nur eine kritische Reflexion sexualwissenschaftlicher Imperative. Sie eröffnet darüber hinaus eine zentrale Perspektive, um die sexuellen Ausdrucksformen und Körperkonzepte jüngerer Generationen erklären zu können.

Michel Foucaults Machtanalytik, die Diskurstheorie von Judith Butler und die Wissenschaftsforschungen der feministischen Biologin Donna Haraway dienen bei der Erhärtung meiner Thesen als methodologischer Hintergrund und begrifflicher Interpretationsrahmen. Ihnen gemeinsam ist die theoriepolitische Position, dass sie einerseits jede „Illusion eines natürlichen Körpers" zurückweisen (Haraway 1995e: 174; vgl. Butler 1997: 33; Foucault 1977 u. 1983), andererseits dennoch davon ausgehen, dass Körper und Materialität den sie hervorbringenden diskursiven und technologischen Praktiken nicht eindimensional unterworfen sind (Butler 2001: 81ff.; 1997a: 21; 1997b: 166; Foucault 1977: 37).

---

3   Der Begriff „Technoscience" geht auf den französischen Wissenschaftsforscher und Soziologen Bruno Latour zurück. Auf dessen Aktor-Netzwerktheorie greift die feministische Naturwissenschaftsforscherin Donna Haraway zurück, um in der Beschreibung von Hybridwesen zwischen Natur und Kultur (z.B. Embryo im Reagenzglas, Aids-Virus und Roboter) an den Grenzen zwischen Organismus und Maschine und zwischen männlich-weiblich kritisch arbeiten zu können (vgl. Becker-Schmidt/Knapp 2000: 95). Mit dem Begriff Technoscience soll des Weiteren auf die unlösbaren Verbindungen von Wissenschaft, Technologie und Ökonomie seit dem Zweiten Weltkrieg hingewiesen werden.

Die Renaissance des industriellen Lustkörpers

Eine historisch-diskursanalytische Betrachtung der Sexualforschung (Foucault 1983; Bührmann 1995; vgl. Bauer 2003) kann zeigen, wie sich die Thesen von der Repression der menschlichen Sexualität entsprechend des gesellschaftlichen Kontextes wandeln und welche Funktion sie erhalten, um das politisch-normative Projekt einer Sexualbefreiung voranzubringen.[4] Die Formen der Macht werden als ausnahmslos unterdrückend, nicht als hervorbringend beschrieben. Sie stehen einer zu schützenden und zu befreienden, oftmals natürlich gefassten Essenz des Sexuellen diametral gegenüber. Nur das sich den Regeln des Befreiungsdiskurses unterwerfende Subjekt (allen voran der kritische Autor) vermag es, die Wahrheit der Sexualherrschaft zu erkennen, sich dieser jedoch zu widersetzen und im Namen einer befreiten Lust und eines befreiten Körpers zu sprechen. Auch in der aktuellen Debatte über das Verschwinden sexueller Leidenschaft kooperiert die Repressionshypothese, in diesem Fall die Diagnose von der technologisch verursachten Entkörperung des Menschen, mit dem essentialisierenden Aufruf zur Befreiung, der auch heute nicht ohne Mythologisierungen und Naturalisierungen von Sexualität, Körper und Geschlecht auszukommen scheint.

Einerseits wird Technik (z.B. Gentechnologie oder die Kommunikationstechnik des Cyberspace) für so herrschaftsmächtig gehalten, dass sie die Materialität des menschlichen Körpers tatsächlich zu zerstören bzw. zu überwinden vermag. Virilio zufolge kann der Körper den „Ansturm der Techniken, den molekularen Einfall und das Eindringen der Biotechnologien" nur noch „hinnehmen" (Virilio 1994: 109, Herv. i.O.). Technik zielt auf die „Stilllegung einer menschlichen Physiologie", wobei „das Lebendige überhaupt, die ‚natürliche Vitalität'" disqualifiziert wird (ebd.: 131f.). Ein entkörperter Geist ist demzufolge zu einer vitalen Lust, zu einer körperlich-sinnlichen Verschmelzung nicht mehr imstande. Andererseits tritt nun – quasi als hoffnungsvolle Antwort auf die apokalyptische Analyse – der menschliche Körper, seine leidenschaftliche Sexualität, aber auch sein Geschlecht als Zeichen einer Natur auf, als das subversiv Andere einer unterdrückenden Kultur und schließlich als widerständige Rettungsfigur im Kampf gegen die zunehmend technologisierte Gesellschaft.

Dieser Argumentationslogik hat sich ebenfalls der Sexualwissenschaftler Volkmar Sigusch verpflichtet. So bezeichnet Sigusch mit dem Begriff des „Sexuellen" den authentischen Kern einer vergesellschafte-

---

4   In *Der Wille zum Wissen* hat Foucault die Sexualwissenschaften kritisiert, da sie entsprechend einer linearen Geschichtskonzeption einen Wandel von einer sexuellen Freiheit im Mittelalter hin zur Unterdrückung der Sexualität in bürgerlichen Gesellschaften skizzierten (Foucault 1983: 11). Statt von den negativen und verhindernden Effekten der Macht auszugehen, betont Foucault den produktiven und hervorbringenden Charakter von Diskursen ebenso wie von Technologien.

ten Sexualität, der durch die spätkapitalistische Entfremdung zwar un-wiederbringlich zerstört wird, zu dessen Befreiung er jedoch stetig ein-lädt (Sigusch 1984b; 1990; 2000). Das Sexuelle weist in Siguschs Aus-führungen einen Doppelcharakter auf. Es ist Objekt eines gesellschaftli-chen Überformungsprozesses, wenn die „Gesellschaft in das Sexuelle eindringt und aus ihm spricht" und es schließlich verdinglicht (Sigusch 1984b: 9). Gleichzeitig wird das Sexuelle als subversiver und nicht ver-gesellschafteter Rest konzipiert und gilt als „unverzichtbarer und unaus-rottbarer Teil unseres Lebens" (Sigusch 1990: 54). Die „Wahrheit des Sexuellen" steht der kapitalistischen „Unwahrheit der Sexualität" un-vermittelt gegenüber (ebd.). Paul Virilio wiederum, gefangen im Traum von einer technik- und medienfreien Gesellschaft, wendet sich gegen eine durch Technik größer werdende „Kluft zwischen dem männlichen und dem weiblichen Prinzip", gegen die durch den Cybersex ansteigen-den Scheidungen und fordert den Schutz des Vitalen, der Kopulation (Virilio 1996: 74).

Wissenschaftshistorische Studien wie die von Claudia Honegger, Phi-lipp Sarasin oder Donna Haraway zeigen jedoch, dass die Vorstellung von einer natürlichen Vitalität des Körpers, einer subversiven Sexualität oder eines weiblichen bzw. männlichen Geschlechts selbst erst in den modernen naturwissenschaftlichen Diskursen und durch die Anwendung entsprechender Körpertechnologien hervorgebracht wurden (Honegger 1996; Sarasin 1998; Haraway 1995a). Die Vorstellung beispielsweise, dass der menschliche Körper durch die Haut von der Außenwelt abge-grenzt wird und im Inneren ein nahezu geschlossenes Funktionssystem bildet, konnte paradoxerweise erst zu dem Zeitpunkt entstehen, als Techniken wie z.B. das Seziermesser der Anatomie des 18. Jahrhunderts oder das Mikroskop die vermeintlichen Grenzen des Körpers überschrit-ten und im Inneren Organe, Flüssigkeiten, Geschlechtshormone oder mechanistisch aufgefasste Funktionseinheiten ausfindig machen konn-ten.

Im Unterschied dazu war noch in der Volkskultur des Mittelalters und des Barock die Vorstellung von einem offenen und porösen Körper vorherrschend. Michail Bachtin hat eindrucksvoll rekonstruiert, wie das Konzept vom durchlässigen Körper die Selbstwahrnehmung anleitete und das Wissen generierte, der Mensch befinde sich stetig in Vermi-schungszuständen mit der Umwelt (Bachtin 1998: 345ff.). Der Körper galt als ein Mikrokosmos, über alle Körperöffnungen in unbegrenztem Austausch, Teil eines überirdischen Makrokosmos. Dieser „groteske Körper" verliert im Verlauf der folgenden Jahrhunderte an Bedeutung und weicht jenem bürgerlichen, abgegrenzten, individualisierten Körper, der nicht mehr im Austausch mit anderen Körpern steht, sondern zunehmend als Schutzraum für das fragile Subjekt wahrgenommen wird.[5] Typisch für das Körperkonzept der Moderne ist der „*fertige, streng begrenzte, nach außen verschlossene, von außen gezeigte, unvermischte und individuelle ausdrucksvolle Körper*" (ebd.: 361, Herv. i.O.).[6] Was demnach im Verlauf der bürgerlich-industriellen Gesellschaft als ganze und unversehrte ‚Natur des Körpers' präsentiert wird, ist einer machtvollen Diskurspraxis und einer naturwissenschaftlich-technischen Körperverobjektivierung geschuldet und nicht Abbild einer Naturtatsache. Wird der ‚vitale' und ‚natürliche' Körper in den Diskursen der sexuellen Befreiung als Repräsentant für leidenschaftliche Ekstase und sexuelle Freiheit vereinnahmt, wird die andere Seite der Medaille ausgeblendet und die Produktivität eines naturwissenschaftlichen Machtwissens bleibt unreflektiert.

Angesichts der Geschichtlichkeit von Körperwahrnehmung sprechen Foucault, Butler und Haraway zu Recht von der „Illusion eines natürlichen Körpers" (Haraway 1995e: 174; Foucault 1977; Butler 1997a u. 2001) und fordern konsequent, nicht nur Sexualität als gesellschaftliches Produkt aufzufassen, sondern auch den Körper und das Geschlecht im Kontext diskursiver und technologischer Praktiken zu situieren. Foucault folgend steht der Körper „unmittelbar im Feld des Politischen; die Machtverhältnisse legen ihre Hand auf ihn; sie umkleiden ihn, markieren ihn, dressieren ihn, martern ihn, zwingen ihn zu Arbeiten, verpflichten ihn zu Zeremonien, verlangen von ihm Zeichen" (Foucault 1977: 37). Doch ist der Körper nicht nur Machtobjekt, sondern vor allem auch „Produktionskraft von Macht- und Herrschaftsbeziehungen" (ebd.).

---

5   Sicherlich hat sich der historische Wandel von Körperbildern nicht geradlinig vollzogen, sondern ist vielmehr durch Ungleichzeitigkeiten charakterisiert. So weist Claudia Benthien beispielsweise darauf hin, dass die Vorstellung vom porösen Körper durchaus noch bis ins 19. Jahrhundert wirksam war. Das Einritzen und Einschneiden der Haut und das gewaltsame Öffnen von Hautporen galt medizinisch als Heilverfahren, um dem inneren Leiden einen Ausgang nach „draußen" zu verschaffen, damit dieses „abfließen" könne (vgl. Benthien 1999: 53).

6   Weiterhin charakterisiert Bachtin das Körperkonzept der Moderne folgendermaßen: „Alles, was absteht und vom Körper ausgeschieden wird, alle deutlichen Ausbuchtungen, Auswüchse und Verzweigungen, d.h. all das, womit der Körper über seine Grenzen hinausgeht und wo ein anderer Körper anfängt, wird abgetrennt, beseitigt, verdeckt und gemildert. Ebenso werden alle ins Körperinnere führenden Öffnungen geschlossen" (Bachtin 1998: 361). Der groteske Körper hingegen ist ein Körper im Übergang, „eine Durchgangsstation für das sich ewig erneuernde Leben", gekennzeichnet durch eine Zweileibigkeit, die auf das unlösbare Zusammenwirken von Leben und Tod, Zeugen, Gebären und Sterben verweist (ebd.: 359ff.). Die Durchlässigkeit zwischen Körper und Welt wird durch hervorstehende Körperteile, wie Geschlechtsteile, Ohren, Nase und Bauch, repräsentiert, sie zeigen die Verwobenheit mit der Welt an. Körperöffnungen aller Art symbolisieren die Überwindung der Grenze zwischen zwei Körpern. Essen, Verdauung, Geschlechtsverkehr, Schwangerschaft und Entbindung, Tod und Verwesung etc. stellen daher die „Hauptereignisse im Leben des grotesken Körpers" dar (ebd.: 359).

Die Historizität des Körpers müsste folglich ein zentraler Aspekt in der sexualwissenschaftlichen Betrachtung der Sexualität sein, gerade wenn ein Wandel der sexuellen Verhältnisse beobachtet wird und Sexualität womöglich eine andere Bedeutung erhält als in den 1960er und 1970er Jahren. Doch erscheint der Körper in der Sexualforschung als selbstverständlich, weder für Individuen noch als erkenntnisleitende Kategorie der eigenen Disziplin eine Rolle zu spielen. Dieser blinde Fleck führt in der aktuellen Debatte über das Verschwinden der sexuellen Leidenschaft durch den Einfluss neuer Technologien dazu, dass sich unreflektiert die Renaissance eines spezifischen Lustkörpers vollzieht, den ich als industriellen bezeichnen möchte. Auch wenn die aktuelle Sexualforschung nicht explizit auf ein industrielles Körperkonzept zurückgreift, setzt sich doch dadurch, dass die sexuelle Zufriedenheit durch die Häufigkeit der Orgasmen bestimmt wird, ein normierendes Ideal fort, dass sich auf den naturwissenschaftlich-technischen Kontext der Industrialisierung zurückführen lässt. Die Ausgestaltung des industriellen Lustkörpers erfolgte nicht zuletzt in den 1927 veröffentlichten Studien zur Funktion des Orgasmus von Wilhelm Reich (vgl. Reich 1965).

Reich, dessen gesellschaftskritisches Konzept von einer befreiten, d.h. natürlichen Sexualität entscheidenden Eingang in die Postulate der so genannten Sexuellen Revolution gefunden hat, versteht den männlichen Lustkörper seiner Zeit als eine mehr oder weniger funktionierende Dampfmaschine. Um die Gefahr einer gestörten Sexualität für das gesellschaftliche System zu veranschaulichen, vergleicht er diese mit der eingeschränkten Dampfzirkulation in den Fabriken der Jahrhundertwende:

„Die Zirkulation des Dampfes in den Dampfröhren einer Fabrik ist eine selbstverständliche Voraussetzung ihres Funktionierens. Die Arbeiter dieser Fabrik denken aber kaum je an die Zirkulation des Dampfes; sie sind restlos auf die Formung der Produkte konzentriert. Die Dampfenergie ist wirklich ‚nicht alles' an der Fabrik. Es gibt außerdem noch andere wichtige Interessen, z.B. das Herstellen von Maschinen und ähnliches. Man stelle sich nun vor, daß sich mit einem Male ein oder mehrere Dampfventile verstopften. Der Dampfenergiefluß würde sofort aufhören. Die Maschinenkolben blieben stehen. Die Räder hielten stille, und von Arbeit wäre keine Rede. Alle Arbeiter würden und müßten ihre Aufmerksamkeit unweigerlich und sofort auf den gestörten Dampffluß in den Röhren richten. Aller Gedanken würden sich nur um die eine Frage drehen, wie man am raschesten wieder zu geordneter Dampfzirkulation gelangen könnte. Man stelle sich nun weiter vor, daß es Arbeiter gäbe, die wie folgt dagegen argumentieren wollten: ‚Diese verdammte Wärmetheorie übertreibt die Rolle des Dampfes. Es ist ja richtig, daß der Dampf notwendig ist, aber er ist bei weitem nicht alles in dieser Fabrik. Seht ihr denn nicht, daß wir auch noch andere Interessen haben? Es gibt auch noch eine Wirtschaft, an die wir zu denken haben.' Im Falle dieser Betriebsstörung würde man solche Weisen auslachen und zunächst die Grundstörung in der

Dampfzirkulation zu beseitigen versuchen, ehe man an ,auch noch andere Dinge' denkt. Es würde nichts nützen, die hohen Interessen der Wirtschaft allein in Rechnung zu stellen, wenn es eine Störung in der Zirkulation des Dampfes gibt." (Reich 1975: 279)

Entsprechend der physiologischen Kräfteökonomie des 19. Jahrhunderts wandelt der menschliche Körper innere Antriebskräfte in Arbeit und Energie um und getreu dem thermodynamischen Denken plädiert Reich für einen geregelten Energiehaushalt in der Maschine wie im Körper. Die natürliche Sexualität wird hier mechanistisch gefasst. Erst die von ihm beobachtete Triebunterdrückung der bürgerlichen Gesellschaft gefährdet die sexuelle Natur des Menschen und führt zu Störungen in der Thermodynamik des Stoffwechsels. „Daß sich heute alles um das Sexuelle dreht, ist ja das sicherste Anzeichen dafür, daß es eine schwere Störung im sexuellen Energiefluß der Menschentiere, und damit auch in ihrem biosozialen Funktionieren gibt" (ebd.: 280). Es gilt, „die Ventile des biologischen Energieflusses in den Menschentieren freizulegen, so daß eben ,auch andere' wichtige Dinge, wie klares Denken, natürliche Anständigkeit, freudige Arbeit funktionieren können" (ebd., Herv. i.O.). Da der „Sexualökonom" im Dienste der sexuellen Natur steht, muss er sich als „Ingenieur des lebendigen Apparates" verstehen und als solcher handeln.

Die Wissenschaftshistorikerin Maria Osietzki hat rekonstruiert, dass die Analogie zwischen menschlichem Körper und Dampf- bzw. Wärmekraftmaschine paradigmatisch für die industrielle Gesellschaft war (vgl. Osietzki 1998). Vor allem in der Physiologie des 19. Jahrhunderts galt die Beschreibung dieser „Körpermaschinen" als Zeichen für Wissenschaftlichkeit und Fortschritt der naturwissenschaftlichen Erkenntnisse. Die Vorstellung, dass der Körper Wärme und mechanische Arbeit produziert, ist darüber hinaus bis in die Gegenwart hinein zentrales Merkmal der individuellen Körperwahrnehmung, wenn wir den ,Brennwert' unserer Nahrungsmittel im Begriff der Kalorien zählen (ebd.: 313ff.).

Um jedoch das Wirkungsverhältnis von sexuellen Spannungen und Entspannungen im Lustkörper in seiner psychischen wie physischen Vielfältigkeit zu erfassen und damit *Die Funktion des Orgasmus* erklären zu können (Reich 1965)[7], reiche die Vorstellung von einer „rein me-

---

7   Im Jahre 1926 schenkte Reich das Manuskript zu *Die Funktion des Orgasmus* Freud zu seinem 70. Geburtstag, erhielt jedoch keine große Anerkennung dafür. Freud bemühte sich darum, der Psychoanalyse eine wissenschaftlich legitimierte Grundlage zu verschaffen, während die sexualpolitisch motivierten Forschungen Reichs und besonders seine marxistisch beeinflussten Aufklärungsversuche der Arbeiterjugend zunehmend bedrohlich wirkten und schließlich 1934 zum Ausschluss Reichs aus der Internationalen Psychoanalytischen Vereinigung (IPV) führten (vgl. Mulisch 1997: 122). *Die Funktion des Orgasmus* ist nicht identisch mit *The Function of the Orgasm. The Discovery of the Orgone Vol. I* von 1942,

chanischen Natur" der Sexualität nicht aus, so Reich 1945 in *Die bio-elektrische Untersuchung von Sexualität und Angst* (Reich 1984: 12). Bereits 1936 in *Die sexuelle Revolution* kritisiert er das mechanistische Denken einiger „Psychoanalytiker" (Reich 1971: 23). Nun hinterfragt er den einseitigen Mechanismus einer reduktionistischen Physiologie, auf die er sich mit dem Denkmodell der Dampfmaschine in der *Charakter-analyse* von 1933 selbst noch bezogen hatte, und beharrt in neovitalisti-scher Art darauf, dass „*beim Lebendigen etwas zur mechanischen Span-nung hinzukommen* [muss, Y.B.], *um aktive Bewegung zu erzeugen*" (Reich 1984: 50, Herv. i.O.). Das mechanistische Körperkonzept, das entscheidenden Einfluss auf die Identitätsbildung des bürgerlichen, ar-beitenden und sein Triebgeschehen beherrschenden Mannes hatte, findet seine komplementäre vitalistische Entsprechung. Als Antwort auf das unterworfene Dasein eines entfremdeten Maschinenmenschen entsteht in Reichs Sexualitätsentwurf durch die Verknüpfung von mechanistischen und vitalistischen Körperkonzepten des 19. Jahrhunderts die Rettungsfi-gur eines Lustkörpers, in dem genitale Lust geregelt fließen soll.

Aus der wissenschaftshistorischen Betrachtung der Physiologie ist bekannt, dass sich mechanistische und neovitalistische Körperkonzepte immer wieder abwechselten und sogar in ein und derselben Theorie des Organismus eingesetzt wurden, um die Weiterentwicklung der Erklä-rungsmodelle des Lebens zu gewährleisten (vgl. Sinding 1998: 81). Be-reits seit Ende des 19. Jahrhunderts lässt sich im Zuge einer neovitalisti-schen Erforschung der Lebenskraft – z.B. durch den französischen Phy-siologen Claude Bernard – eine „Wiederverflüssigung" des Körperkon-zeptes feststellen, nachdem die naturwissenschaftlich-mechanische Medizin im ausgehenden 18. Jahrhundert eine „Trockenlegung" des auf Säftetheorien aufgebauten Körperkonzeptes betrieben hatte (vgl. Tanner 1998: 136). Auch Reich suchte nach einem anderen nicht-mechanis-tischen Erklärungsmodell, um zu beantworten, wieweit „die Funktion des Orgasmus in die biologische Tiefe" des menschlichen Organismus hineinreicht (Reich 1984: 9). Diese Frage bildet den Ausgangspunkt für die Abkehr von rein mechanistischen Körperkonzepten und erklärt, wa-rum Reich das Konzept des lustgestörten Maschinenkörpers vor allem im Kontext seiner experimentellen Orgasmusstudien mit Metaphern vom freien Fließen und Strömen der sexuellen Lust kombinierte.

So wird der Orgasmus im sexuellen Akt zwar mechanisch, d.h. durch Reibungen und Zusammenziehen der Genitalmuskulatur vorberei-tet, der Orgasmus selbst wird jedoch als eine „*bio-elektrische* Entla-dung" verstanden (Reich 1984: 16; Herv. i.O.), die wiederum eine zen-trale Voraussetzung für die mechanische Entladung, d.h. für den Samen-erguss beim Mann und für die „profuse Schleimproduktion" bei der

---

da Auszüge aus *Der triebhafte Charakter* von 1925 und *Der Orgasmusreflex* von 1937 mit veröffentlicht sind.

Frau, bildet (Reich 1965: 49). Die bio-elektrische Ladung und Entladung macht im Unterschied zur mechanischen Spannung und Entspannung die eigentliche Qualität des Orgasmus aus, und ist „nur bei muskulär gelösten und auch psychisch frei strömenden Menschen anzutreffen" (Reich 1984: 16). Den Orgasmus schließlich fasst Reich als „Verwandlung mechanischer Spannung in elektrische Ladung *(Spannungs-Ladungs-Vorgang)* und die der elektrischen Entladung in mechanische Entspannung *(Entladungs-Entspannungs-Vorgang). Der Orgasmus wäre somit der potenzierte Spezialfall vegetativer Strömung"* (Reich 1984: 56, Herv. i.O.). Durch die Transformationsprozesse von mechanischer Spannung in elektrische Ladung erhält der Orgasmus den Status als „Grunderscheinung des Lebendigen" (ebd.: 76) und wird im Vergleich zur unbelebten Natur das wesentliche Unterscheidungsmerkmal.

Das entscheidende Kriterium für die physiologische Qualität des Orgasmus bildet die Wahl des Sexualpartners. Beim heterosexuellen Geschlechtsakt handelt es sich um die Verschmelzung zweier „bioelektrisch hochgespannter Organismen" (Reich 1984: 20). Da nur das weibliche Vaginalsekret den elektrolytischen Kontakt zwischen Penisoberfläche und „Grenzfläche" (Vaginalschleimhaut) herzustellen vermag, wird Heterosexualität in den Sexualforschungen von Reich verabsolutiert und Homosexualität abgewertet (ebd.: 21). Die durch eine repressive Kultur verstopften Triebventile des Mannes können nur im osmotischen Flüssigkeitsaustausch mit den Vaginalsekreten eines weiblichen Gattungskörpers, also nur im heterosexuellen Geschlechtsakt, eine Gesundung erfahren. Der Transfer von naturwissenschaftlichen Körperkonzepten in die Sexualforschung half zudem, die soziale Norm der Heterosexualität und das zweigeschlechtliche Arrangement von Männlichkeit und Weiblichkeit zu stabilisieren.[8] Eine befreite und gesunde Sexualität konnte aus rein physiologischen Gründen nur durch häufige und heterosexuelle Orgasmen entstehen, da sich nur in ihnen die gesellschaftlich verursachten Triebspannungen entladen konnten und ein geregeltes Fließen möglich war.

In der aktuellen Debatte über das Verschwinden einer leidenschaftlichen Sexualität werden die traditionsreichen Thesen von der Sexualunterdrückung weiterentwickelt und neue Analogien zwischen Mensch und Maschine gefunden, um die wachsende technologisch verursachte sexuelle Entfremdung zu verdeutlichen. Der Technikkritiker Paul Virilio vergleicht den festgestellten Zerfall heterosexueller Praktiken mit der Explosion eines Atomreaktors:

„Wie bei einem Reaktor, der seine Produktion nuklearer Energie nicht mehr gewährleistet und sich anschickt zu explodieren, tritt der Paarungsmotor der

---

8 Vgl. den Beitrag von Bettina Bock von Wülfingen in diesem Band.

Geschichte in die Phase des Auseinandertretens ein und beginnt in dem Maße zu zerfallen, in dem die wechselseitige Abstoßung bereits den Sieg über die Anziehung, über die sexuelle Verführung davonträgt." (Virilio 1995: 196)

In wirkungsvoller Ergänzung zu aktuellen repressionstheoretischen Mensch-Maschine-Szenarien wie diesen, wird idealisierend auf eben jenen triebgesteuerten Lustkörper zurückgegriffen, den Reich im naturwissenschaftlich-industriellen Kontext der bürgerlichen Gesellschaft entworfen hatte. Die Renaissance des industriellen Lustkörpers vollzieht sich exemplarisch und mit besonderer Vorliebe in den Untersuchungen einer veränderten Bedeutung von Sexualität in der Technobewegung, um erneut die Hoffnung auf sexuelle Freiheit zu mobilisieren. Während eine technologisierte Gesellschaft die totale Disziplinierung des Körpers anstrebt und Jugendliche zu „*Laborkids*" werden lässt (Walder 1998: 110, Herv. i.O.), scheint sexuelle Leidenschaft universal, von Natur aus geregelt und heterosexuell zu sein. Implizit geht der Technoforscher Patrick Walder noch 1998 davon aus, dass ein nicht entfremdeter und nicht vergesellschafteter Körper nahezu naturwüchsig „nach lustvoller Entladung der aufgebauten Spannung" verlangt (Walder 1998: 111). Gefangen in der Repressionslogik eines sexuellen Befreiungsdiskurses und dessen These von der technologischen Überwindung des menschlichen Körpers, bleibt unreflektiert, dass sich das Postulat eines natürlichen und tabusprengenden Lustkörpers auf das naturwissenschaftliche Modell eines Dampfmaschinenkörpers stützt und bewirken kann, dass sich die tradierte Norm der Heterosexualität und der Orgasmushäufigkeit auch in der Untersuchung spätmoderner Sexualverhältnisse fortsetzt. In der Mehrzahl der empirischen Studien ist Orgasmushäufigkeit immer noch der zentrale Maßstab für sexuelle Zufriedenheit.

Die Schwierigkeit, der Repressionslogik und dem Mythos von einer befreiten Lust in der Betrachtung von Sexualität zu entkommen, zeigen auch die feministischen Untersuchungen der Frauenbewegung. Obwohl der politische wie wissenschaftliche Feminismus der 1970er Jahre die Befreiungsrhetoriken der Sexuellen Revolution hinterfragte und den „Orgasmusterror" als patriarchale Normierungsmacht kritisierte, verbleiben die Konzepte einer weiblichen Sexualität in dem Wechselspiel von Repression und universaler Befreiung (vgl. z.B. Bührmann 1995). Um einen Ausweg aus dem patriarchalen Herrschaftszusammenhang zu weisen, wird von der Existenz eines spezifisch weiblichen Sexualtriebes ausgegangen. Da Frauen und Männer von der gesellschaftlichen Deformierung der ‚Restnatur' in unterschiedlicher Weise betroffen sind, setzte die Befreiung der Frau eine Befreiung ihrer spezifisch weiblichen sexuellen Authentizität voraus (Bührmann 1995: 124; Bauer 2003: 137). Feministische Studien wie die von Andrea Bührmann zeigen, wie das ‚Sexuelle' in den Diskursen der Frauenbewegung naturalisiert und vergeschlechtlicht wurde. Als Kristallisationspunkt patriarchaler Sexualunterdrückung, wird es gleichzeitig zum subversiven Ausgangspunkt für die Befreiung einer universalen weiblichen Lust.

Durch die Verknüpfung von diskursanalytischen und körperhistorischen Perspektiven kann aufgezeigt werden, dass die These von der Repression der Sexualität und die These von der Überwindung des menschlichen Körpers durch Technologien zu einem problematischen Dilemma führt: um einen Ausweg aus dem vermeintlichen Verschwinden der sexuellen Lust zu eröffnen, wird unreflektiert auf essentialisierende Körperkonzepte rekurriert, die selbst in einem naturwissenschaftlich-technischen Kontext entstanden sind und durch die zudem nicht selten gesellschaftlich begründete Normen – wie z.b. die der Heterosexualität oder die der Orgasmushäufigkeit – naturalisiert werden. Doch zeigt sich in der aktuellen Debatte über das Verschwinden der sexuellen Lust nicht nur die subtile Renaissance eines industriellen Lustkörpers. Gleichzeitig ist die Konstitution eines kybernetischen Lustkörpers in sexualwissenschaftlichen Studien zu beobachten, wenn die beabsichtigte Kritik an der Repressionsmacht der neuen Informations- und Kommunikationstechnologien in die diskursive Hervorbringung einer asexuellen Technogeneration mündet.

Die Konstitution des kybernetischen Lustkörpers

Während sich der Mythos von einer geregelten Natur der Sexualität und das Ideal von der sexuellen Zufriedenheit durch häufige Orgasmen dem naturwissenschaftlich-technischen Körperbild des 19. Jahrhunderts verdankt, verweist die aktuelle Diagnose vom Verschwinden sexueller Lust infolge einer rational-technologischen Entkörperung darauf, dass sich parallel zur Renaissance des industriellen Lustkörpers ein kybernetisches Körperkonzept etabliert. Der technowissenschaftliche Transformationsprozess von einem organischen, geschlossenen und hierarchisch strukturierten Naturkörper hin zu einem artefaktischen, systemisch organisierten Netzwerkkörper bildet dabei die erkenntnistheoretische Voraussetzung.

Feministische Wissenschaftsforscherinnen wie Evelyn Fox Keller und Donna Haraway zeigen, dass sich in den Diskursen der Technoscience, d.h. in der Verknüpfung von wissenschaftlichen, ökonomischen und technologischen Praktiken seit dem Zweiten Weltkrieg, die Aussage als wahr durchzusetzen beginnt, dass der menschliche Körper wie ein Computer funktioniert. Die Funktionsweisen von lebenden Organismen und Maschinen wurden vor allem in der sich etablierenden Kybernetik[9]

---

9   Mit dem Begriff der Kybernetik beziehe ich mich auf die Definition von Evelyn
    Fox Keller (Keller 1998). Sie fasst darunter die mehr oder weniger miteinander
    verknüpften Disziplinen der Informationstheorie, Kybernetik, Systemtheorie, Un-

als ähnlich betrachtet, ehemalige Definitionsgrenzen zwischen Natur und Kultur verloren an Bedeutung. (Vgl. Haraway 1995b; Keller 1996; Keller 1998: 105ff.; Trallori 1996; Weber 2003: 230ff.) Im Verlauf der zweiten Hälfte des 20. Jahrhunderts entstanden verschiedenste Neukonzeptionen von Natur und Körper, die sich auf einen interdisziplinären Austausch von Begriffen und Metaphern zwischen unterschiedlichen Forschungsrichtungen der Kybernetik und der Molekularbiologie zurück führen lassen. Während in der Molekularbiologie eine kausallogische Auffassung von biologischen Lebensformen vorherrschend war, verstand die Kybernetik das biologische wie soziale Leben als organisierte Ganzheit. Die Organisation des Lebens beruhte ihrer Ansicht nach im Wesentlichen auf den Austausch von Informationen, also auf Kommunikation. Diese analysieren und vor allem steuern zu können, wurde in der Kybernetik als die zentrale wissenschaftliche Herausforderung seit dem Zweiten Weltkrieg verstanden. Im Unterschied dazu vertrat die Mehrheit der MolekularbiologInnen das Konzept der einfachen und hierarchischen Struktur des Lebens. Natur und Körper galten als durch die Macht der Gene[10] determiniert (vgl. Keller 1996: 324). „In den technisch-mythischen Systemen der Molekularbiologie kontrolliert der Kode die verkörperte Struktur und Funktion und niemals umgekehrt" (Haraway 1995c: 168).

Während die Molekularbiologie noch bis Ende der 1940er Jahre jegliche Diskursvernetzung mit der Kybernetik verweigerte, erfolgte in der Kybernetik zunehmend eine Annäherung an den Diskurs der Biologie. Soziale Organisationen, Maschinen, militärische oder wirtschaftliche Netzwerke sollten in ihren Funktionsmechanismen, Kommunikationsstrukturen und Entwicklungsprozessen verglichen werden. Die Transformation der biologisch-vitalistischen Metapher vom Organismus erlaubte eine Abkehr vom mechanistischen Denken in Ursache-Wirkungs-

---

ternehmensforschung und Computerwissenschaft zusammen, „denen eine Aufgabe (die Analyse komplexer Systeme), eine bestimmte Terminologie zur Bewältigung dieser Aufgabe (*Rückkopplung* und *Kommunikation* – Regelkreis) und eine besondere Art der Darstellung (von komplexen Systemen als interaktiven Netzwerken und Schaltkreisen) gemeinsam ist" (ebd.: 111, Herv. i.O.).

10 Seit den 20er Jahren des 20. Jahrhunderts entwickelte sich der „Diskurs der Gen-Aktivität" rhetorisch wie begrifflich zum führenden Diskurs in den naturwissenschaftlichen Definitionen von Leben, Natur und Körper, und verdrängte seit dem Zweiten Weltkrieg zunehmend die Disziplinen der Vererbungslehre und der Embryologie als bisherige Lebensleitwissenschaft. Dies begründete sich vor allem durch die Zuschreibungen von Handlungsfähigkeit, Autonomie und kausaler Verantwortung an Gene, die daraufhin sowohl die grundlegenden, den Menschen determinierende Bausteine als auch die „beseelende Kraft" des Lebens darstellten (vgl. Keller 1996: 314f.). In der Folge verloren die Gene jedoch zunehmend die Zuschreibung absoluter Kontrolle und wurden bis in die 90er Jahre des 20. Jahrhunderts statt dessen in komplexen biochemischen Prozessen verortet, die – verstanden als netzwerkartige Kommunikation – jene Genaktivierung erst ermöglichte.

zusammenhängen und die Entwicklung von Begriffssystemen, die in Maschinen- wie in Körperbeschreibungen Anwendung fanden (vgl. Keller 1998: 115). Die Kybernetik „nahm den Organismus zum Vorbild für eine neue Art Maschine, die andere [d.h. die Molekularbiologie; Y.B.] versuchte, den Organismus den Maschinen von gestern nachzubilden" (Keller 1996: 324). Während der Organismusbegriff in der Biologie nahezu in Vergessenheit geraten war, wurde er in der Kybernetik immer häufiger sowohl in der Analyse von lebenden Organismen wie Menschen und Tiere als auch in der Beschreibung von Apparaturen und von in Vorrichtungen integrierten Organismen, Automaten und Computern eingesetzt (vgl. Keller 1998: 117; Wiener 1968). Als gemeinsames Merkmal von lebenden Organismen und Maschinen galt fortan die Fähigkeit zur Weiterentwicklung, Kommunikation und Selbst- bzw. Fremdwahrnehmung. Diese Fähigkeiten nicht nur untersuchen und verstehen, sondern auch beeinflussen zu können, wurde als entscheidende Voraussetzung definiert, um die Produktivität und Reproduktion von lebenden und ‚zum Leben erweckten‘ Organismen kontrollieren zu können.

Parallel zum Siegeszug des Modells vom kybernetischen Organismus wurde infolge eines zentralen Bedeutungstransfers zwischen Kybernetik und Biologie eine neue Maschine zum vorherrschenden Denkmodell. Hatten Descartes und La Mettrie das Uhrwerk zur Veranschaulichung der Lebensprozesse verwandt (La Mettrie 1985)[11] und Wilhelm Reich die Analogie von Dampfmaschine und menschlichem Körper präferiert, wird in der Kybernetik die Netzwerkstruktur des Computers zum Vorbild, um die Funktionsweise von Natur und Körpern darstellbar zu machen. Weber sieht darin einen weiteren Versuch, „die Logik zeitgenössischer Technologie auf die Arbeitsweisen der Natur rückzuübertragen" (Weber 2003: 230f.). Die Molekularbiologie dagegen entdeckte ihre „Liebe zur Komplexität"[12] (Haraway 1995c: 163) erst ab Mitte der 1960er Jahre und bezog sich „mit dem Denkmodell des Computers indirekt – einem trojanischen Pferd gleich – auf ihren alten Organismusbegriff in seiner neuen kybernetischen Gestalt" (Bauer 2003: 186). Ob in der Biologie oder in der Medizin, der menschliche Körper wird seitdem immer seltener als hierarchisch strukturierter und arbeitsteilig organisierter Körper vorgestellt. Vielmehr setzt sich das Modell eines kommunikationsfähigen und sich selbst regulierenden Netzwerkkörpers diszip-

---

11 Vgl. dazu auch den Beitrag von Jutta Weber in diesem Band.
12 Haraway zeigt am Beispiel der verschiedenen Darstellungsformen des Immunsystems im mikrobiologischen Diskurs der 1960er, 1970er und 1980er Jahre den Wandel des Bildes vom Organismus. Der Organismus wurde zunächst durch die Harmonie einer zentralen Steuerung gekennzeichnet, bevor er zunehmend zu einem komplexen „postmodernen Objekt" geworden ist. (vgl. Haraway 1995c: 164ff.)

linübergreifend durch. Sowohl die mechanistischen Konzepte vom Maschinenkörper, als auch die eher vitalistischen „homöostatisch verflüssigten Körperkonzepte verflüchtigen sich nun in Informationskreisläufen und Kommunikationssystemen" (Tanner 1998: 167). Der Körper zeigt sich als „kodierter Text und kommunikationstechnisches System mit einem fließenden und verteilten steuer- und regeltechnischen Netzwerk" (Haraway 1995c: 173f.).

Insofern stellen der Transfer des Organismusbegriffs aus der Biologie in die Kybernetik und die Übertragung des Computers als Denkmodell für die Biologie die zwei entscheidenden Voraussetzungen dar, um das erkenntnisleitende Paradigma in der Technoscience entwickeln zu können: biologische und technische Entwicklungsprozesse können in eine gemeinsame Sprache übersetzt werden. Mensch und Maschine gelten zunehmend als kompatibel. Die Neukonstruktion von hybriden Körpern und Artefakten erfolgt durch die Verbindung einzelner Komponenten. Dabei verlaufen die gesteuerten Materialisierungsprozesse keineswegs nach dem Prinzip der Beliebigkeit, sondern entsprechend spezifischer Normen und Codes.

„Wie jede andere Komponente und jedes andere Subsystem auch müssen Menschen in einer Systemarchitektur verortet werden, deren grundlegende Operationsweisen probabilistisch sind. Kein Objekt, Raum oder Körper ist mehr heilig und unberührbar. Jede beliebige Komponente kann mit jeder anderen verschaltet werden, wenn *eine passende Norm oder ein passender Kode* konstruiert werden können, um Signale in einer gemeinsamen Sprache auszutauschen." (Haraway 1995c: 175, Herv.Y.B.)

In aktuellen postbiologischen Ansätzen (z.B. More 1997; More 2000; Stenslie 2000), aber auch in cyberfeministischen Debatten ist der bzw. die Cyborg aufgrund der gesellschaftlich weitreichenden Bedeutung zu einer politisch umstrittenen Metapher für Mensch-Maschine-Verbindungen geworden. (Vgl. Haraway 1995b; Wolmark 1999; Balsamo 1999b; Hayles 1999)

Um technologische Praktiken zur Neukombination von Artefakten und kybernetischen Organismen zu generieren, wurde der Begriff der „Information" bzw. der „Kommunikation" in dem interdisziplinären Austausch zwischen Molekularbiologie und Kybernetik zur zentralen Metapher (vgl. Haraway 1995c: 176). Während sich im molekularbiologischen Gendiskurs infolgedessen der Begriff von der „genetischen Information" durchsetzte, etablierte sich in der Kybernetik seit Norbert Wiener die Vorstellung vom Computer als einer Maschine, die hineinfließende Informationen in ausgehende Botschaften umwandelt (vgl. Wiener 1968). „Der binäre Code und der genetische Code – Konzepte und Verfahren zur Entschlüsselung von formallogischen und biologischen Daten – schließen den Zirkel zwischen den Bio- und den Computertechnologien" (Trallori 1996: 11). In den technowissenschaftlichen Konzepten wird der Körper folglich nicht mehr in Organe und Flüssigkeiten, sondern in genetische und digitale Codes fragmentarisiert. Der menschliche Körper wird als offenes Kommunikationssystem verhandelt, das die eindringenden und ausgehenden Informationssignale steuern muss. Diese Rhetorik erfordert einerseits, das bedrohlich fragile Netzwerksystem ‚Körper' mit Hilfe technologischer Praktiken zu schützen. Sie legt andererseits den Schluss nahe, den menschlichen Körper entmaterialisieren, in Information auflösen und sogar die humane Intelligenz auf elektronische Datenträger abspeichern zu können. Auf dieser erkenntnistheoretischen Folie hält es der Robotiker Hans Moravec für realistisch, dass unser Geist „von unserem ursprünglichen biologischen Gehirn in eine künstliche Hardware verpflanzt" wird (Moravec 1996: 111; vgl. Moravec 1998).

Dass die Logik der Entmaterialisierung in technikidealisierenden Konzepten wie dem des Cyberspace favorisiert wurde und wird, wundert nicht. Internetkünstler und Kybernetiker wie Kirk Woolford und Stahl Stenslie streben ausdrücklich eine Überwindung des als mangelhaft empfundenen Körpers an und beziehen sich dabei affirmativ auf die Tradition von Science Fiction, Robotik und Künstlicher-Intelligenz-Forschung. (Vgl. Woolford 1995; Stenslie 1995 u. 2000) Der Cyberspace könne dem Menschen ermöglichen, „über die physikalischen Begrenzungen hinauszugehen und dem Denken zu erlauben, aus dem einsperrenden Körper herauszuklettern" (Woolford 1995: 189). Die Freiheit des Ichs bestehe in der Transzendenz der begrenzenden Materialität. Das tatsächliche Verlassen des menschlichen Körpers wird als Voraussetzung dafür gesehen, in einen neuen „simulierten Körper hineinzuschlüpfen" (ebd.). Ähnlich wie Woolford verspricht auch der Künstler Stahl Stenslie die Zukunft eines neuen „Technokörpers" durch interaktive, computergenerierte Kommunikation (Stenslie 1995). In *Vernetzung des Fleisches* konzipiert er den Körper als „tabula rasa", den es erst im Kontext der neuen Medien zu erforschen und zu konstruieren gilt. Der dadurch entstehende „replikante Technokörper erzeugt sich selbst kontinuierlich in Hypergeschwindigkeit aus Samples. Er zerfällt und rekombiniert sich eher nach Prinzipien der Lust als nach solchen der Notwendigkeit" (Stenslie 1995: 179).

Die von Woolford und Stenslie entworfenen elektronisch gesteuerten Cybersex-Anzüge sollen einer reibungslosen Kopulation mit Orgasmusgarantie dienen, ohne dabei auf einen direkten Körperkontakt angewiesen zu sein. Nachdem Verhütungstechniken seit den 1960er Jahren eine Trennung von sexueller Lust und Reproduktion bewirkt haben und der heterosexuelle Geschlechtsverkehr für den Erhalt der menschlichen Gattung zunehmend überflüssig geworden ist, spricht für Stenslie nichts mehr dagegen, Fortpflanzung nun als künstlerisch-technischen Lustakt zu organisieren. Eine Vielzahl von Menschen könnte ihr Genprofil über ein multisensorisches „Cyber-Bio-Sex-System" erfühlen und sich in einer immateriellen Orgie an der Schaffung einer so genannten „Designer-Spezies" beteiligen (Stenslie 2000: 1). Die Materialität des Lustkörpers verflüchtigt sich in seinem Entwurf in Gencodes. Ein Wandel vom „Geschlechtsverkehr zum Datenverkehr" kann ausgemacht werden.[13] In seiner Schöpfungsphantasie wird die Zeugung von Leben mit dem Mixen von Cocktails verglichen. In technikeuphorischen Positionen zur Überwindung des menschlichen Körpers hat sich sowohl das kybernetische Körperkonzept als auch die Rhetorik der Entmaterialisierung durchgesetzt.

Dass jedoch die neuere Sexualforschung in ihrer nicht selten technikfeindlichen Rede vom Verschwinden der sexuellen Leidenschaft ebenfalls auf jene Logik von der Entkörperung des Menschen durch Technik zurückgreift, ist einmal mehr problematisch, da sie diesen Prozess gleichzeitig zu verhindern beabsichtigt. Der sich selbst als „kritisch" bezeichnende Sexualforscher Sigusch folgt in seinen aktuellen Studien der „Neosexualität" unreflektiert dem informationstheoretischen Modell vom immateriellen Netzwerkkörper (Sigusch 2000). Die organische Einheit der Sexualität zerfalle durch Bio- und Kommunikationstechnologie in ihre Fragmente. Cybersex, Klitorisstimulatoren und Gliedversteifungen gelten als Prothetisierung sexueller Funktionen, die „den Körper zur Leiche machen, also auch Entkörperungen sind" (ebd.: 233). Hatten Psychoanalyse und feministische Forschung zu Recht eine Biologisierung der Sexualforschung kritisiert, muss gegenwärtig eher von einer Kybernetisierung sexualwissenschaftlicher Theorien gesprochen werden. Dass sich das erkenntnisleitende Konzept vom kybernetischen Netzwerkkörper weit über die technowissenschaftlichen Diskurse der Molekularbiologie und der Kybernetik hinaus auch in anderen kultur- bzw. geisteswissenschaftlichen Disziplinen zu etablieren beginnt, haben kritische Technikforschungen wie die von Lisbeth Trallori bereits problematisiert (vgl. Trallori 1996: 8).

Während postbiologische und transhumanistische Ansätze explizit vertreten, den als defizitär verstandenen Körper getreu der Descartes'schen Tradition durch Technik zu transzendieren, wird von Kulturpessimisten genau dieser Anspruch für realistisch gehalten. In beiden Argumentationen wird jedoch ein technikdeterministischer Standpunkt vertreten, wenn davon ausgegangen wird, Technologien hätten von sich aus das Potential, in der Gesellschaft hegemonial wirksam zu sein und die Materialität des menschlichen Körpers endgültig zu überwinden. Den Körper zum passiven Objekt und zur Einschreibfläche einer technologischen Macht zu erklären, ist technikidealisierenden wie technikfeindlichen

---

13 Vgl.: http://www.kultur.orf.at/orfon/kultur/000919-4187/4155txt_story.html

Positionen gemeinsam.[14] Damit wird in beiden Denkströmungen glei-
chermaßen ein technologischer Entwicklungsmythos fortgeschrieben.

Im Unterschied dazu kommen feministische Technikkritikerinnen
wie Donna Haraway oder Anne Balsamo zu dem Ergebnis, dass technologische Macht keineswegs zu einem tatsächlichen Verschwinden von
Materialität führt. Der Blick auf die Wirkungsweise von neuen Bio- und
Informationstechnologien eröffnet vielmehr, dass erst die anthropologi-
sche Neudefinition, der menschliche Körper sei ebenso wie der Computer ein kybernetischer Organismus, die Voraussetzung dafür bildet, bisherige Grenzen zwischen Mensch, Maschine und Tier aufzulösen.

„Im späten 20. Jahrhundert, in unserer Zeit, einer mythischen Zeit, haben wir
uns alle in Chimären, theoretisierte und fabrizierte Hybride aus Maschine und
Organismus verwandelt, kurz, wir sind Cyborgs. Cyborgs sind unsere Ontologie. Sie definieren unsere Politik." (Haraway 1995b: 34)

Die Auflösung der anthropologischen Grenze zwischen Mensch, Maschine und Tier bildet somit die Voraussetzung dafür, durch genverän-
derte Organismen und technologisch gesteuerte Körperprothesen hybride Körper bzw. posthumane Artefakte hervorzubringen und Prozesse
von Verkörperung zu steuern.

Insofern ist gerade auch in einer Kritik an den Wirkungsweisen neuer Technologien erforderlich, zwischen den Rhetoriken der Entmaterialisierung einerseits und den technologisch gesteuerten Verkörperungen
andererseits zu unterscheiden.[15] Denn:

„The body may disappear representationally in virtual worlds – indeed, we
may go to great lengths to repress it and erase its referential traces – but it does
not disappear materially, either in the interface with the VR apparatus or in
systems of technological production." (Balsamo 1999a: 15)

Um das Verhältnis zwischen (Lust-)Körpern und Technologien adäquat
beschreiben zu können, ist ein Begriff wie z.B. der des „disembodiment"
notwendig, mit dem zwar die technowissenschaftliche, den Körper ent-
materialisierende Rhetorik kritisiert werden kann, mit dem aber nicht
behauptet wird, dass Materialität selbst verschwindet (Balsamo 1999a).

Stattdessen ist in sexualwissenschaftlichen Studien wie der von Sigusch zu beobachten, dass sich mit dem unbemerkten Rückgriff auf den
technologischen Entwicklungsmythos von der Überwindung des Körpers auch das entsprechend kybernetische Lustkörperkonzept durchzusetzen beginnt. Womöglich wird ein verändertes Sexualverhalten vor
allem in der jüngeren Generation gerade deshalb als ein Verschwinden
der sexuellen Leidenschaft gedeutet, weil das an den industriellen Lustkörper gekoppelte Ideal von der Orgasmushäufigkeit zunehmend ver-

---

14 Vgl. hierzu u.a. Saupe 2002, 50ff.
15 Vgl. hierzu die Einleitung in diesem Band.

blasst. Zudem verhindert die kulturpessimistische Diagnose, neue Verkörperungen der Lust und veränderte Selbst- und Körperwahrnehmungen beschreiben zu können. Denn dafür wäre nötig, nicht der These von der Überwindung des Körpers zu folgen, sondern dem Körper eine deutlich aktive Position im Verhältnis zu Diskursen und Technologien einzuräumen.

Lustkörper im Fluss der Informationen

Im Folgenden möchte ich die dritte These des vorliegenden Aufsatzes begründen, der zufolge die vorhergegangene Rekonstruktion des Wandels vom industriellen zum kybernetischen Lustkörper eine plausiblere Erklärung für die veränderte Bedeutung von Sexualität und Körperlichkeit in der jüngeren Generation liefert als die sexualwissenschaftliche Argumentation vom Verschwinden der sexuellen Lust infolge einer technologisch bedingten Überwindung des Körpers. Zuvor sollen jedoch zwei erkenntnistheoretische Forderungen vorweggeschickt werden.

Zum einen ist es aus meiner Sicht notwendig, die einfache These von der Repression der Sexualität und des Körpers durch gesellschaftliche Regeln, Verwissenschaftlichung und Technologien fallen zu lassen. Bereits in den 1970er Jahren hatte Michel Foucault die in der Sexualforschung vorherrschende Repressionshypothese kritisiert, der zufolge sich im Verlauf der europäischen Geschichte ein gesellschaftlicher Wandel von einer großen sexuellen Freizügigkeit im Mittelalter hin zur bürgerlichen Sexualunterdrückung vollzogen hätte, die schließlich in den „monotonen Nächten des viktorianischen Bürgertums" endete (Foucault 1983: 11).

„Man wird sich wohl der ‚Marcusereien' und ‚Reichianismen' entledigen müssen, da die uns einreden, daß die Sexualität von allen Dingen der Welt dasjenige sei, das von unserer ‚bürgerlichen', ‚kapitalistischen', ‚heuchlerischen', ‚viktorianischen' Gesellschaft am hartnäckigsten ‚unterdrückt' wird. Seit dem Mittelalter gibt es nichts, was mehr studiert, erfragt, zum Geständnis gezwungen, ans Tageslicht und in den Diskurs gezogen und in Lobpreisungen besungen wird. [...] Und dennoch glauben viele noch immer, subversiv zu sein, wenn sie dem Geständniszwang gehorchen, der uns Menschen des Abendlandes seit Jahrhunderten unterwirft, indem er uns nötigt, alles über unser Begehren zu sagen. In Inquisition, Beichte, Gewissensforschung, Seelenführung, Erziehung, Medizin, Psychoanalyse und Psychiatrie – immer stand die Sexualität unter dem Verdacht, eine entscheidende und tiefe Wahrheit über uns zu bergen." (Foucault 1976: 90)

Foucault zufolge besteht die Macht diskursiver und technologischer Praktiken nicht in der Verhinderung sexueller Begierden, sondern in deren kontrollierter Hervorbringung und Vervielfältigung. Soweit die erste erkenntnisleitende Prämisse der folgenden Ausführungen.

Zweitens resultiert darüber hinaus aus dem Abschied von der eindimensionalen Repressionshypothese, dass vor allem der Körper im Verhältnis zu technologischen und diskursiven Machtpraktiken eine deutlich aktivere Position erhält, als dies in technikidealisierenden wie technikfeindlichen Argumentationen der Fall ist. Hier wird der menschliche Körper nicht selten als determiniert durch die Natur verhandelt oder als passives Objekt einer technologisierten Kultur betrachtet (vgl. ausführlich Bauer 2003: 191ff.). Wird dem Körper jedoch der Status eines aktiven, selbst Macht ausübenden Akteurs zugesprochen (vgl. Haraway 1995d:93), kann er innerhalb eines technologisch-diskursiven Interaktionszusammenhangs als gleichsam hervorgebracht und hervorbringend untersucht werden. Anstatt von der Existenz einer vordiskursiven soll im Folgenden von einer außerdiskursiven Materialität des Körpers ausgegangen werden. (Vgl. hierzu die Einleitung in diesem Band.) Der Körper wird schließlich als eigenständige, nicht vollständig anzueignende und selbst formgebende Kraft konzipiert, anstatt nur Produkt von Formgebungsprozessen zu sein (vgl. Becker 2000: 49).

Entsprechend gehe ich davon aus, dass der individuelle Lustkörper immer schon in Diskursen z.B. der Zweigeschlechtlichkeit, der Heterosexualität oder der Technoscience situiert ist und auch in den Diskursen und Technologien in der Geschichte der bürgerlichen Gesellschaft situiert war. In der kontrollierten Hervorbringung von Sexualitätskulturen agiert der individuelle Körper folglich nur als historischer, politischer Körper. Entscheidend ist, dass diese erkenntnisleitende Annahme eine hierarchische Gegenüberstellung von Natur und Kultur oder Körper und Geist vermeidet. Der eigene Lustkörper wird in der Erfahrung der Sexualität entsprechend des je besonderen gesellschaftlichen Kontextes zu aller erst hervorgebracht, bevor die individuelle Wahrnehmung von sexueller Begierde und Körperlichkeit für selbstverständlich und womöglich naturgegeben gehalten wird. Technologische Praktiken, wissenschaftliche Erkenntnisse, aber auch Befreiungsdiskurse wie z.B. der Selbstbestimmungsdiskurs der Frauenbewegung können dabei ein Netz von Bedeutungen bzw. ein „Dispositiv der Macht" (Foucault 1978) bilden, in dem sich z.B. das Körperempfinden von Frauen und Männern als ‚weibliches' bzw. ‚männliches' Empfinden herausbilden können (Bauer 2003: 121ff.).

Dass sich spezifische Körperwahrnehmungen innerhalb von gesellschaftlichen und technologischen Kontexten entwickeln, zeigen z.B. Interviewstudien. So kommt die von der Sexualforscherin Cornelia Helfferich 1995 abgeschlossene vergleichende Untersuchung zu dem Ergebnis, dass westdeutsche Studentinnen ihren Körper vorwiegend als einen ‚natürlichen' hormonell gesteuerten Innenraum auffassen, in den durch die Einnahme der Pille ein kultureller Zwang von Außen eingreift. Das

Körperinnere sei symbolisch sogar in den sozialen Kampf um Gleichberechtigung einbezogen, „wenn Penetration oder Pille als Medien des Zwanges den Zwang von außen in das Körperinnere transportieren. Das Problem der Abgrenzung gegen Männer ist zugleich ein Problem der Abgrenzung des Körperinneren vom Außen" (Helfferich 1998: 80). Dagegen würden ostdeutsche Studentinnen in der Anwendung biomedizinischer Verhütungstechniken eher eine Möglichkeit zur Selbstbestimmung sehen, da der eigene Körper kontrolliert werden kann. Helfferich erklärt dies u.a. dadurch, dass die gesellschaftliche Trennung von privat und öffentlich in der ehemaligen DDR nicht bis in die Rollenverteilung des heterosexuellen Paares hineingewirkt habe. Es sei nicht notwendig gewesen, sich von einer Übermacht des Mannes abzugrenzen bis hin zum Schutz des eigenen Lustkörpers. Ungeachtet der Frage, inwieweit forschungsimmanente Zuschreibungen hinsichtlich des west- und ostdeutschen Geschlechterverhältnisses in dieser Studie Eingang gefunden haben, kann zumindest festgehalten werden, dass selbst die individuellen Wahrnehmungen von Körperlichkeit und Sexualität nicht naturgegeben sind, sondern geprägt sein können von kulturellen Körperkonzepten und diskursiven bzw. technologischen Praktiken.

Angesichts dieser aufgezeigten Situiertheit des Körpers in verschiedenen diskursiv-technologischen Interaktionszusammenhängen könnte die vorhergegangene Rekonstruktion des Wandels vom industriellen zum kybernetischen Lustkörper einen überzeugenderen Erklärungsansatz für die veränderte Bedeutung von Sexualität und Körperlichkeit in der jüngeren Generation liefern als die sexualwissenschaftliche Argumentation vom Verschwinden der sexuellen Lust infolge einer technologisch bedingten Überwindung des Körpers. In erst noch durchzuführenden Untersuchungen zum Sexualverhalten könnte der Frage nachgegangen werden, inwieweit das Konzept eines industriellen Lustkörpers und die daran gebundene Gegenüberstellung eines ‚männlichen' triebgesteuerten Maschinenkörpers im fundamentalen Unterschied zu einem ‚weiblichen' von Hormonen und Flüssigkeiten durchströmten Lustkörpers noch gegenwärtig die Körperwahrnehmungen regiert. Womöglich lässt sich die Etablierung eines kybernetischen Netzwerkkörpers nicht nur in natur- und kulturwissenschaftlichen Disziplinen, sondern auch in den Selbstbeschreibungen der Individuen nachweisen. Studien zur Wahrnehmungsweise des Körpers in der Tanzkultur der Technobewegung eröffnen bereits, dass der eigene Körper zumindest nicht mehr auf der Grundlage des bürgerlichen Konzeptes vom geschlossenen Gehäuse empfunden wird, in dem ein selbstbezogenes Individuum seine Innerlichkeit in einer Masse von Tanzenden genießt. Gabrielle Klein zeigt stattdessen, dass der eigene Körper zunehmend als informationsdurchlässiges Medium wahrgenommen wird. Der Körper gilt als Netzwerk, das ständig Signale aufnimmt, verarbeitet und aussendet. Der eigene Körper befinde sich im

Tanz permanent in Kommunikation – in Kommunikation mit Menschen ebenso wie mit licht- und musikerzeugender Technik, so die Selbstbeschreibungen von Technojugendlichen (Klein 1999: 166).

Des weiteren machen Interviews deutlich: der auf Orgasmen gerichtete so genannte Genitalsex ist eine, nicht aber die wesentliche Kommunikationsform. Der Ex-Kommunarde der 1960er Jahre und heutiger Techno-Aktivist Theo Altenberg begrüßt diesen Bedeutungsverlust, da Sex nicht mehr als Zwang empfunden werde und dadurch den zentralen Stellenwert in den Begegnungen der Geschlechter verliere:

„[...] während früher sex und aufriß das oberste ziel beim ausgehen waren, ist es heute ein element unter vielen anderen möglichkeiten. die partys eröffnen so variantenreiche, schöne gemeinsame zustände, da ist sex zur zeit für viele nicht das spannendste element, also keine wirkliche neuentdeckung." (Altenberg 1996: 102, Kleinschreibung im Orig.)

Aussagen wie diese sollten keinesfalls so gedeutet werden, dass hier eine Befreiung vom Diktat des Genital-Sexes vorliegt und damit eine traditionsreiche sexualliberale Forderung erfüllt wird, nämlich die Vielfalt polymorpher Lüste auszuleben. Auch in der Technobewegung herrschen Regeln für die zwischenmenschliche Begegnung, wenn z.B. die ‚ernst gemeinte sexuelle Anmache' zwar auf der Tanzfläche tabuisiert, in den so genannten Chill-Out-Räumen aber durchaus erwünscht ist. Womöglich verweisen diese Regeln jedoch nicht wie seitens der Sexualforschung angenommen auf einen zunehmend um sich greifenden Lustverlust. Um auf das sexualwissenschaftliche Beispiel der Verhandlungsmoral zurückzukommen: Dass jede Körperberührung, jeder Blick und jeder Kuss kommuniziert wird, zeigt meines Erachtens keine Rationalisierung eines vorgängig ‚Sexuellen' (Sigusch) und kein Verschwinden der sexuellen Lust (Schmidt), sondern die kontrollierte Hervorbringung interaktiver Sexualitätskulturen, in der zunehmend mit der kybernetischen Anweisung gearbeitet wird: ‚Verstehe deinen Körper als flexibles und sensibles Informationsmedium, befreie ihn nicht von Triebstörungen, sondern verhindere Kommunikationsstörungen'.

Insofern kann sowohl das Konzept des industriellen Körpers als auch der kybernetische Lustkörper weder als Beschreibung einer vordiskursiven Natur noch als ideologische Konstruktion aufgefasst werden, die den Individuen letztlich äußerlich bleibt. Womöglich wirkt das kybernetische Modell vom Netzwerkkörper, ebenso wie es Judith Butler für das biologische Geschlecht gezeigt hat, als ein regulierendes Ideal, durch das Identitätsbildungen wie individuelle Verkörperungen entsprechend bestimmter gesellschaftlicher Normen angeleitet werden (vgl. Butler 1997). Dieser Prozess funktioniert nicht als einfache Repression eines natürlichen Körpers, wie es eine entfremdungstheoretische Perspektive nahe legt. Vielmehr muss davon ausgegangen werden, dass die Etablierung des kybernetischen Netzwerkkörpers in der Technobewegung als komplexe Interaktion zwischen Diskursen, Technologien und Körpern erfolgt.

Festzuhalten bleibt: Sexualität wird immer weniger als das Ausleben von unterdrückten Trieben durch Orgasmen erlebt und immer seltener als eine Form individueller Befreiung von gesellschaftlichen Normen erfahren. Die Sexualforschung begründet ein Verschwinden der sexuellen Lust jedoch weiterhin durch den Rückgang der Orgasmushäufigkeit, anstatt in Erwägung zu ziehen, dass sich womöglich die anthropologischen Grundlagen ihrer Analyse aufzulösen beginnen. Kein Verschwinden, sondern eine Transformation sexueller Lust kann durch den Einfluss neuer Technologien und durch den Wandel vom industriellen zum kybernetischen Lustkörper aufgezeigt werden und dies könnte zukünftige Studien zum Sexualverhalten bereichern.

Literatur

Altenberg, Theo (1996): Situationistische Transglobale, Kunstforum International, Bd. 135, S. 97-129.

Bachtin, Michail M. (1998): Die groteske Körperkonzeption und ihre Quellen. In: ders., Rabelais und seine Welt. Volkskultur als Gegenkultur, Frankfurt a.M.

Balsamo, Anne (1999a): Technologies of the Gendered Body. Reading Cyborg Women, Durham, London.

Balsamo, Anne (1999b): Reading Cyborgs. Writing Feminism. Reading the Body in Contemporary Culture. In: dies., Technologies of the Gendered Body. Reading Cyborg Women, Durham, London, S. 17-40.

Bauer, Yvonne (2003): Sexualität – Körper – Geschlecht. Befreiungsdiskurse und neue Technologien, Opladen.

Becker, Barbara (2000): Cyborgs, Robots und „Transhumanisten" – Anmerkungen über die Widerständigkeit eigener und fremder Materialität. In: Becker, Barbara; Schneider, Irmela (Hg.), Was vom Körper übrig bleibt. Körperlichkeit – Identität – Medien, Frankfurt a.M., New York, S. 41-69.

Becker-Schmidt, Regina / Knapp, Gudrun-Axeli (Hg.) (2000): Feministische Theorien zur Einführung, Hamburg.

Benthien, Claudia (1999): Haut. Literaturgeschichte. Körperbilder. Grenzdiskurse, Reinbek bei Hamburg.

Bührmann, Andrea (1995): Das authentische Geschlecht. Die Sexualitätsdebatte der Neuen Frauenbewegung und die Foucaultsche Machtanalyse, Münster.

Butler, Judith (1997a): Körper von Gewicht. Die diskursiven Grenzen des Geschlechts, Berlin.

Butler, Judith (1997b): Geschlechtsideologie und phänomenologische Beschreibung. Eine feministische Kritik an Merleau-Pontys Phänomenologie der Wahrnehmung. In: Stoller, Silvia; Vetter, Helmut (Hg.), Phänomenologie und Geschlechterdifferenz, Wien, S. 166-186.

Butler, Judith (2001): Psyche der Macht. Das Subjekt der Unterwerfung, Frankfurt a.M.

Focus 11/2001: Wie viel Sex braucht der Mensch? Wissenschaftler erforschen die Quellen der Lust, München.

Foucault, Michel (1976): Mikrophysik der Macht, Berlin.

Foucault, Michel (1977): Überwachen und Strafen. Die Geburt des Gefängnisses, Frankfurt a.M. (Orig. Paris 1975)

Foucault, Michel (1978): Dispositive der Macht. Über Sexualität, Wissen und Wahrheit, Berlin.

Foucault, Michel (1983): Der Wille zum Wissen. Sexualität und Wahrheit, Bd. I., Frankfurt a.M. (Orig. Paris 1976)

Haraway, Donna (1995a): Die Neuerfindung der Natur. Primaten, Cyborgs und Frauen, Frankfurt a.M./New York

Haraway, Donna (1995b): Ein Manifest für Cyborgs. Feminismus im Streit mit den Technowissenschaften. In: dies., Die Neuerfindung der Natur. Primaten, Cyborgs und Frauen, Frankfurt a.M./New York, S. 33-72.

Haraway, Donna (1995c): Die Biopolitik postmoderner Körper. Konstitutionen des Selbst im Diskurs des Immunsystems. In: dies., Die Neuerfindung der Natur. Primaten, Cyborgs und Frauen, Frankfurt a.M./New York, S. 160-199.

Haraway, Donna (1995d): Situiertes Wissen. Die Wissenschaftsfrage im Feminismus und das Privileg einer partialen Perspektive. In: dies., Die Neuerfindung der Natur. Primaten, Cyborgs und Frauen. Frankfurt a.M./New York, S. 73-97.

Haraway, Donna (1995e): „Lieber Kyborg als Göttin! Für eine sozialistisch-feministische Unterwanderung der Gentechnologie". In: dies., Monströse Versprechen. Coyote-Geschichten zu Feminismus und Technowissenschaft, Argument-Sonderband, AS 234, Hamburg/Berlin, S. 165-184.

Hayles, Kathrine N. (1999): The Life Cycle of Cyborgs: Writing the Posthuman. In: Wolmark, Jenny (Hg.), Cybersexualities. A Reader on Feminist Theory, Cyborgs and Cyberspace, Edinburgh, S. 157-173.

Helfferich, Cornelia (1998): Weibliche Körperkonzepte. Nebenergebnisse einer Studie zu Sexualität und Kontrazeption. In: Schmidt, Gunter; Strauß, Bernhard (Hg.), Sexualität und Spätmoderne. Über den kulturellen Wandel der Sexualität, Stuttgart, S.71-85.

Honegger, Claudia (1996): Die Ordnung der Geschlechter. Die Wissenschaften vom Menschen und das Weib, Frankfurt a.M./New York.

Keller, Evelyn Fox (1996): Der Organismus: Verschwinden, Wiederentdeckung und Transformation einer biologischen Kategorie. In: Scheich, Elvira (Hg.), Vermittelte Weiblichkeit. Feministische Wissenschafts- und Gesellschaftstheorie, Hamburg, S. 313-333.

Keller, Evelyn Fox (1998): Das Leben neu denken. Metaphern der Biologie im 20. Jahrhundert, München.

Klein, Gabriele (1999): Electronic Vibration. Pop Kultur Theorie, Hamburg.

La Mettrie, Julien Offray de (1985): Der Mensch als Maschine. Mit einem Essay von Bernd A. Laska, Nürnberg (im Orig. 1748).

Levine, Deb (1998): The Joy of Cybersex: A Guide for Creative Lovers. New York, Toronto.

Marcuse, Herbert (1965): Triebstruktur und Gesellschaft, Frankfurt a.M.

Moravec, Hans (1996): Körper, Roboter, Geist, Kunstforum International, Die Zukunft des Körpers II, Bd. 133, S. 98-112.

Moravec, Hans (1998): Die Sinne haben keine Zukunft. In: Kunst- und Ausstellungshalle der Bundesrepublik Deutschland GmbH (Hg.), Der Sinn der Sinne, Göttingen, S. 319-334.

More, Max (1997): Beyond the Machine. Technology and Posthuman Freedom. In: Proceedings of the Ars Electronica, Wien/New York; www.maxmore.com/machine.htm (gesehen am 10.7.2003)

More, Max (2000): Transhumanists vs. Mysterians on The Posthuman Condition; www.maxmore.com/feedmag1.htm (gesehen am 10.7.2001)

Mulisch, Harry (1997): Das sexuelle Bollwerk. Sinn und Wahnsinn von Wilhelm Reich. München (im Orig. 1973).

Osietzki, Maria (1998): Körpermaschinen und Dampfmaschinen. Vom Wandel der Physiologie und des Körpers unter dem Einfluß von Industrialisierung und Thermodynamik. In: Sarasin, Philipp; Tanner, Jakob (Hg.), Physiologie und industrielle Gesellschaft. Studien zur Verwissenschaftlichung des Körpers im 19. und 20. Jahrhundert, Frankfurt a.M., S. 313-346.

Reich, Wilhelm (1965): Die Funktion des Orgasmus. Zur Psychopathologie und zur Soziologie des Geschlechtslebens, Amsterdam (im Orig. 1927).

Reich, Wilhelm (1971): Die sexuelle Revolution. Zur charakterlichen Selbststeuerung des Menschen, Frankfurt a.M.

Reich, Wilhelm (1975): Charakteranalyse, Frankfurt a.M. (im Orig. 1933).

Reich, Wilhelm (1984): Die bio-elektrische Untersuchung von Sexualität und Angst, Frankfurt a.M. (im Orig. 1934).

Sarasin, Philipp (1998): Der öffentlich sichtbare Körper. Vom Spektakel der Anatomie zu den „curiosités physiologiques". In: ders., Jakob Tanner (Hg.), Physiologie und industrielle Gesellschaft. Studien zur Verwissenschaftlichung des Körpers im 19. und 20. Jahrhundert, Frankfurt a.M., S. 419-452.

Saupe, Angelika (2002): Verlebendigung der Technik. Perspektiven im feministischen Technikdiskurs, Bielefeld.

Schmidt, Gunter (1998a): Sexuelle Verhältnisse. Über das Verschwinden der Sexualmoral, Reinbek bei Hamburg.

Schmidt, Gunter (1998b): „Wir sehen immer mehr Lustlose!" Zum Wandel sexueller Klagen, Familiendynamik H. 23, S. 348-365.

Schmidt, Gunter (2000): Spätmoderne Sexualverhältnisse. In: Schmerl, Christiane et al. (Hg.), Sexuelle Szenen. Inszenierungen von Geschlecht und Sexualität in modernen Gesellschaften, Opladen, S. 268-279.

Schmidt, Gunter (2004): Das neue Der Die Das. Über die Modernisierung des Sexuellen, Gießen.

Sigusch, Volkmar (1984a): Vom Trieb und von der Liebe, Frankfurt a.M.

Sigusch, Volkmar (1984b): Die Mystifikation des Sexuellen, Frankfurt a.M.

Sigusch, Volkmar (1989): Kritik der disziplinierten Sexualität, Frankfurt a.M.

Sigusch, Volkmar (1990): Anti-Moralia. Sexualpolitische Kommentare, Frankfurt a.M.

Sigusch, Volkmar (1998): Kritische Sexualwissenschaft und die große Erzählung vom Wandel. In: Schmidt, Gunter; Strauß, Bernhard (Hg.), Sexualität und Spätmoderne. Über den kulturellen Wandel der Sexualität, Beiträge zur Sexualforschung. Stuttgart, S. 3-16.

Sigusch, Volkmar (2000): Vom König Sex zum Selfsex. Über gegenwärtige Transformationen der kulturellen Geschlechts- und Sexualformen. In:

Schmerl, Christiane et al. (Hg.), Sexuelle Szenen. Inszenierungen von Geschlecht und Sexualität in modernen Gesellschaften, S. 229-249.

Sinding, Christiane (1998): Vitalismus oder Mechanismus? Die Auseinandersetzungen um die forschungsleitenden Paradigmata in der Physiologie. In: Sarasin, Philipp; Tanner, Jakob (Hg.), Physiologie und industrielle Gesellschaft. Studien zur Verwissenschaftlichung des Körpers im 19. und 20. Jahrhundert, Frankfurt a.m., S. 76-98.

Spiegel, der 48/2000: „HipHop der Hormone", Hamburg, S. 180-184.

Spiegel, der 9/2001: „Mangel an Begehren", Hamburg, S. 86-89.

Stenslie, Stahl (1995): Vernetzung des Fleisches, Kunstforum International. Die Zukunft des Körpers I, Bd. 132, S. 178-187.

Stenslie, Stahl (2000): Terminal-Sex. Der Sex der Zukunft als Kunstwerk. Vortrag anlässlich der Ars Electronica 2000 zu „Sex im Zeitalter seiner reproduktionstheoretischen Überflüssigkeit"; www.aec.at/festival2000/texte/stahl_stenslie_d.htm (gesehen am 11.8.2004)

Stich, Jutta / du Bois-Reymond, Manuela (1999): Jugendsexualität wird ein Thema der Soziologie, Diskurs, H. 1, S. 6-9.

Tanner, Jakob (1998): „Weisheit des Körpers" und soziale Homöostase. Physiologie und das Konzept der Selbstregulation. In: Sarasin, Philipp; Tanner, Jakob (Hg.), Physiologie und industrielle Gesellschaft. Studien zur Verwissenschaftlichung des Körpers im 19. und 20. Jahrhundert, Frankfurt a.M., S. 129-169.

Trallori, Lisbeth N. (Hg.) (1996): Die Eroberung des Lebens. Technik und Gesellschaft an der Wende zum 21. Jahrhundert, Wien.

Virilio, Paul (1994): Die Eroberung des Körpers. Vom Übermenschen zum überreizten Menschen, München.

Virilio, Paul (1995): Von der Perversion zur sexuellen Diversion, Kunstforum International. Die Zukunft des Körpers I, Bd. 132, S. 194-196.

Virilio, Paul (1996): Cybersex. Von der abweichenden zur ausweichenden Sexualität, Lettre International, H. 32, 1. Vj.1996, S. 74-77.

Walder, Patrick (1998): Körperkult und Sexualität in den neuen Jugendkulturen. Sex mit Tic Tac Toe und Tamagotchis. In: Schmidt, Gunter; Strauß, Bernhard (Hg.), Sexualität und Spätmoderne. Über den kulturellen Wandel der Sexualität. Beiträge zur Sexualforschung, Stuttgart, S. 103-117.

Weber, Jutta (2003): Umkämpfte Bedeutungen. Naturkonzepte im Zeitalter der Technoscience, Frankfurt a.M.

Welt am Sonntag 21.11.2004: Keine Lust auf Liebe. Ein Prozent aller Erwachsenen ist asexuell. Kein Interesse am Sex – doch den Betroffenen fehlt nichts; www.wams.de/data/2004/11/21363396.html?prx=1

Wiener, Norbert (1968): Kybernetik. Regelung und Nachrichtenübertragung in Lebewesen und Maschinen, Reinbek.

Wolmark, Jenny (Hg.) (1999): Cybersexualities. A Reader on Feminist Theory, Cyborgs and Cyberspace, Edinburgh.

Woolford, Kirk (1995): „VRB?". Kunstforum International. Die Zukunft des Körpers I, Bd. 132, S. 188-193.

Die Produktion des Unerwarteten. Materialität und Körperpolitik in der Künstlichen Intelligenz

JUTTA WEBER

> „We do not need to wait for the future to see the impact that the evolution of intelligent machines have on our understandings of human being. It is already here, already shaping our notions of the human through similarity and contrast, already becoming the looming feature in the evolutionary landscape against which our fitness is measured." (Katherine Hayles 2003: 116)

Was bedeutet es am Anfang des 21. Jahrhunderts einen Körper zu haben? Was verstehen wir heute überhaupt unter (unseren) Körpern? Viel war in diesem Zusammenhang in den letzten Jahren von Cyborgs die Rede, von Cyborgology und Mensch-Maschine-Fusionen. Eine Auseinandersetzung mit den Körperkonzepten vor allem neuerer Ansätze in der Künstlichen Intelligenz (KI) findet man aber trotz des großen Interesses für Cyborgs erstaunlicherweise kaum[1] – obwohl diese doch zentral sind für die Visionen vom Mensch-Maschine-‚Kontinuum'.

Im folgenden Beitrag möchte ich mich konkret mit dem Körperkonzept und dem Stellenwert von Körper und Materialität in der Künstlichen Intelligenz bzw. vor allem in der Artificial Life-Forschung[2] und Robotik auseinandersetzen, die sich in den letzten Jahren radikal gewandelt haben. Dabei sollen sowohl die beliebten Spekulationen über unser Cyborg-Dasein ein wenig mit Material unterfüttert werden als auch die

---

1 Ausnahmen sind hier Katherine Hayles 1999, 2003 sowie Barbara Becker 2000.
2 Der Abschnitt zur Artificial Life-Forschung beruht zu großen Teilen auf den Analysen in meinem Buch ‚Umkämpfte Bedeutungen: Naturkonzepte im Zeitalter der Technoscience' (Weber 2003).

Körperkonzepte der KI in ein Verhältnis zu den aktuellen kritischen Körperdebatten gesetzt werden.

Es gibt in der Moderne schon lange die Tradition, den Körper in den Begrifflichkeiten der jeweils vorherrschenden Technologie zu fassen, um sozusagen die Arbeitsweise der Natur mit der Logik der Technologie in den Griff zu bekommen.[3] Man denke an die klassischen Modelle vom Körper als präzise tickendes Uhrwerk oder als energiegeladene Dampfmaschine, für deren Energien immer wieder ein Ventil gefunden werden muss.[4]

Schon im 17. Jahrhundert hatte der Philosoph und Naturforscher René Descartes behauptet, dass Tiere und andere Organismen nur eine bestimmte Klasse von Automaten seien und damit den Spott seiner Förderin Christina, der Königin von Schweden, auf sich gezogen, die – auf eine Uhr zeigend – spöttisch erwiderte: ,Sehen sie zu, dass sie Junge bekommt. Im 19. Jahrhundert war dann wiederum die Dampfmaschine beliebt, um ihre Funktionsprinzipien auf den Körper zu projizieren.[5] Heutzutage aber gilt weder die Uhr noch die Dampfmaschine als geeignetes Modell um die Arbeits- und Funktionsweisen des Körpers adäquat zu beschreiben. In der Informationsgesellschaft gilt der Computer – in den 1970er Jahren noch sehr blumig als Elektronengehirn tituliert – als die vorherrschende Technologie.

Das erstaunt in gewisser Weise, denn Computern oder Robotern wird nun nicht gerade Stoffwechsel oder Reproduktion nachgesagt – Eigenschaften, die lange als unabdingbar für das Lebendige galt. Sicherlich gibt es schon seit den 1950er Jahren theoretische Modelle und Simulationen der Reproduktion – wie z.B. die berühmten Zelluläautomaten von John von Neumann, nichtsdestotrotz gelten bis heute weder Reproduktion noch Stoffwechsel als genuine Eigenschaften von Computern. So stellt sich die Frage, warum der Computer dennoch zu einem so überzeugenden Modell für den Körper in der Gegenwart wurde. Wieso erscheint er bei weitem ,lebendiger' als die Uhr oder die Dampfmaschine? (Vgl. hierzu u.a. Turkle 1996)

Der Computer als sich radikal durchsetzende ,transklassische Maschine' (Bammé et al. 1983) ist nicht mehr auf einzelne technische Zwecke und Lösungen ausgerichtet. Sie ist nun „die materielle Umsetzung eines sehr allgemeinen formalen Systems" (Bammé et al. 1983: 148), die inhaltlich nicht gebunden ist – Bauplan und Programm, Hardware und

---

3   „Mankind has a long history of attempting to map the mechanics of his contemporary technology on to the workings of nature, trying to understand the latter in terms of the former." (Langton 1996: 41)

4   Vgl. hierzu den Text von Yvonne Bauer in diesem Band.

5   Während früher die vitalistische Vorstellung vom Lebensfeuer der Organismen vorherrschte, wird nun das Konzept des Stoffwechsels zentral, das mit mechanischen Vorstellungen von Kraft und Widerstand gekoppelt wird; vgl. Osietzki 1998.

Software sind voneinander getrennt. Die transklassische Maschine ist universal geworden, insofern ihre formale Struktur die Umsetzung von den unterschiedlichsten Algorithmen erlaubt: Sofern etwas als Algorithmus beschrieben werden kann, lässt es sich auch durch den Computer umsetzen.[6] Transklassische Maschinen sind universale Informationsumwandler geworden und führen nicht nur wenige spezielle Algorithmen aus. Insofern sind sie nun ausgesprochen vielseitig, flexibel und multifunktional. Genau diese Universalität und Flexibilität ist wohl auch die Grundlage für die Hoffnung auf lebendige(re) Maschinen.

Insofern die klassischen modernen Maschinen weniger flexibel waren, erscheinen sie uns zumindest in der Retrospektive als weit weniger ‚lebendig‘ und die Versuche, die Maschinenmetaphorik auf das Lebendige zu übertragen weitaus weniger überzeugend. Der chamäleonartige Charakter des Computers (vgl. Langton 1996), seine Flexibilität, scheint heute eine mögliche Instrumentalisierung des Lebendigen plausibel werden zu lassen und unterstützt so Träume der Fusionierung von Organismus und Maschine.

Und genauso wie die Konstrukteure mechanischer Maschinen in der Moderne träumen die Kybernetiker, Artificial Life-Forscher und Robotikerinnen[7] im 20. Jahrhundert davon, organismus-ähnliche Maschinen zu bauen. John von Neumann, einer der Gründer der Kybernetik, stellte etwa die Frage, wie ähnlich ein mechanisches Simulakrum einem Organismus werden kann (vgl. Keller 2002: 269). Norbert Wiener, der Kybernetik als „the study of control and communication in the animal and the machine" (Wiener 1961) verstand, glaubte an die Kompatibilität und sogar Homologie zwischen Organismen und Maschinen: „[T]he distinction between material transportation and message transportation is not in any theoretical sense permanent and unbridgeable." (Wiener 1954: 136) Und lange vor dem beliebten ‚Beamen‘ des *Raumschiff Enterprise* behauptet er, dass es theoretisch möglich sei, einen Menschen durch eine Telegraphenleitung zu schicken (vgl. Wiener 1964).

Heute sind viele Forscher in der Robotik, Künstlichen Intelligenz und Artificial Life-Forschung davon überzeugt, dass die Grenzen zwischen Maschinen und Organismen fließend sind. Einige von ihnen halten sogar die inhärente Logik des Computers für identisch mit der von Organismen. Christopher Langton, ‚Gründervater‘ der Artificial Life-Forschung, schreibt hierzu:

„Organismen wurden mit extrem komplizierten und fein abgestimmten biochemischen Maschinen verglichen. Seit wir wissen, dass es möglich ist, die

---

6   Ausführlicher hierzu Heintz 1993; Weizenbaum 1994.
7   In loser Folge wird im Text sowohl das generalisierte Maskulinum wie Femininum gebraucht, um die nicht immer zufrieden stellende Lösung des großen ‚I‘s zu vermeiden. D.h., dass mit Robotikerinnen durchaus auch Robotiker gemeint sind, sowie mit Artificial Life-Forschern auch Artificial Life-Forscherinnen.

logische Form einer Maschine von ihrer physischen Hardware zu abstrahieren, ist es nur natürlich, sich zu fragen, ob es möglich ist, die logische Form eines Organismus von seiner biochemischen Wetware zu abstrahieren." (Langton 1996: 54f; Übers. J.W.)[8]

Könnte man die inhärente Logik eines Organismus von seiner physischen Grundlage abstrahieren, so wie die Software von der Hardware, ließe sie sich natürlich auch wunderbar in künstliche Systeme übertragen. Nicht zuletzt deshalb wird die Analogie zwischen Computer und Organismus gestärkt.

Bevor ich aber ausführlicher auf die Rekonfiguration von Körpern durch die Diskurse und Praktiken der Artificial Life-Forschung und Robotik eingehe, möchte ich diese kurz skizzieren und ein paar Bemerkungen zur Entwicklung des informationstheoretisch interpretierten und modellierten Körpers machen.

Artificial Life

Die Artificial Life-Forschung – oder kurz auch ALife oder AL-Forschung – entstand Ende der Achtziger Jahre des 20. Jahrhunderts und ist ein genuin interdisziplinäres Forschungsfeld zwischen Mathematik, Physik, Informatik, Kognitionspsychologie, Neurophysiologie und Biologie. Artificial Life ist eine Wissenschaft, die die „essentiellen Eigenschaften des Lebens – Eigenschaften die jedes lebende System *im Prinzip* teilen müsste" (Langton 1996: 39; Herv. u. Übers. J.W.) erkunden und in künstliche Systeme übertragen möchte. In der AL-Forschung geht es um die Implementierung oder doch Simulation von Lebensprinzipien, die die „synthetische Schaffung alternativer Lebensformen" (Dautenhahn 1995: 34) ermöglichen soll. Intelligente, nicht-organische Artefakte, d.h. Softwareprogramme und Roboter, sollen zu autonomem Verhalten in komplexen Umwelten befähigt werden (vgl. Becker 2000).

Auch wenn man sich in der AL-Forschung nicht auf eine einheitliche Lebensdefinition einigen kann (vgl. u.a. Boden 1996; Langton 1996), so *wird* Leben doch primär als ein allgemeines Prinzip verstanden, das sich in Selbstorganisation, genetischem Programm bzw. Informationsverarbeitungsprozessen manifestiert.

ALife-Ansätze und Methoden – wie z.B. genetische Algorithmen – sind heute wichtige Bausteine der Informatik. Kommerzielle Anwendungen findet man in der Robotik, der Computer- und Filmanimation, in der

---

8   „Organisms have been compared to extremely complicated and finely tuned biochemical machines. Since we know that it is possible to abstract the logical form of a machine from its physical hardware, it is natural to ask whether it is possible to abstract the logical form of an organism from its biochemical wetware." (Langton 1996: 54f.)

Telekommunikation, aber auch im Gesundheitswesen, in militärischen Anwendungen und in der Weltraumforschung. Die Implementierung von lebensähnlichem Verhalten in digitale Systeme erscheint heute so vielversprechend, dass die Artificial Life-Forschung und vor allem auch die neuere Robotik, die mit diesen Ansätzen arbeitet, sowohl von der Industrie, vom Militär wie vom Staat kräftig gefördert und gesponsert wird.

Gleichzeitig unterstützen AL-basierte Computerspiele (wie z.B. *Game of Life, SimLife, Tierra, Blind Watchmaker*) und Computeranimationen eine informationstheoretisch verstandene ‚Logik des Lebendigen‘, nach der Lebewesen „physikalische Verkörperungen von Information tragenden Wesen sind. [...] Ein großer Teil dessen, was sie tun, basiert auf der Weiterleitung von Informationen, also nicht nur auf der Weiterleitung von Materialien oder Energie, sondern von Informationen" (Langton, zit. n. Levy 1996: 135f.).

Informationsverarbeitung wird heute als das wesentliche Kontrollmoment in lebenden Systemen angenommen. Das Organisieren, Speichern, Modifizieren und Weiterleiten von Information gelten häufig als unabdingbare Eigenschaften des Lebendigen (vgl. Hayles 1999: 240f; Keller 1995; Kay 1998) – Eigenschaften, die günstiger Weise auch Computer aufweisen.[9]

Die AL-Forschung basiert auf Informationstheorie, Selbstorganisations- und Systemtheorie bzw. auf der Theorie komplexer Systeme. Sie will nicht nur Selbstorganisationsprozesse geschlossener Systeme beschreiben[10], sondern auch die spontane Entstehung von Neuem in nichtlinearen, dynamischen Systemen erfassen (vgl. Hayles 1999: 222). Das Phänomen der Emergenz, wie es von der Komplexitätstheorie bzw. der Theorie nichtlinearer Systeme beschrieben wurde, ist ein wesentlicher Fokus des Interesses. Emergenz bezeichnet einen qualitativen Sprung, die Entstehung von etwas qualitativ Neuem auf einer höheren und komplexeren Ebene, wobei sich dieser Prozess nicht kausal als linear verlaufende Höherentwicklung und stete Zunahme von Komplexität erklären lässt.[11]

Die AL-Forschung geht davon aus, dass dieses komplexe Verhalten, welches für nichtlineare dynamische Systeme wie z.B. Organismen, aber auch Strömungsvorgänge typisch ist, auf einigen wenigen simplen Re-

---

9 Im thermodynamischen Diskurs spielte der Stoffwechsel eine zentrale Rolle für die Funktion des Lebendigen. Diese verschwindet nun zunehmend und Information wird in den Mittelpunkt gerückt.

10 Des Weiteren geht auch Alife von einer engen Kopplung von System und Umwelt aus, wobei zwischen System und Umwelt nicht radikal unterschieden werden kann. Zwischen diesen liegt keine unüberwindbare erkenntnistheoretische Kluft vor (wie etwa bei der Autopoiesistheorie Maturanas; vgl. Boden 1996: 22; bzgl. der drei Stufen in der Kybernetik vgl. auch Hayles 1999, Kapitel 1.

11 Emergenz bedeutet, dass „[...] in einem strukturierten System auf höheren Integrationsebenen neue Eigenschaften entstehen, die sich nicht aus der Kenntnis der Bestandteile niedrigerer Ebenen ableiten lassen" (Mayr 1998: 42).

geln beruht. Allerdings erscheint es nicht so einfach, diese einfachen Regeln zu erkennen bzw. sie den komplexen Systemen abzuringen. Insofern wird nicht das klassische analytische Verfahren der Zerlegung eines Phänomens in seine kleinsten Teile beschritten, sondern das so genannte ,synthetische': Nicht die Reduktion komplexer Sachverhalte durch die Zerlegung des Gegenstands in kleinste Teile bestimmt das methodische Vorgehen, sondern einfache kleinste Bestandteilen werden kombiniert, die sich z.b. in und über Softwareprogramme aufgrund nichtlinearer und emergenter Prozesse ausdifferenzieren und zu immer komplexeren Formationen, ja sogar zu komplexen Welten fügen sollen.

„This is the key feature of linear systems: by studying the parts in isolation, we can learn everything we need to know about the complete system. [...] The key feature of non-linear systems is that their primary behaviours of interest are properties of the interactions between the parts, rather than being properties of the parts themselves, and these interaction-based properties neccessarily disappear when the parts are studied independently." (Langton 1996: 53)

Parallelrechner ermöglichen mit ihren gleichzeitig arbeitenden Prozessoren die parallele Abarbeitung von Softwareprogrammen, die zu neuen und komplexeren Softwarekonstellationen führen sollen.[12] Von ein paar *einfachen Regeln* ausgehend soll über endlos rekursive Schleifen Komplexität spontan emergieren.[13] Innerhalb dieser auf Parallelität und Emergenz aufbauenden biokybernetischen Logik sollen verschiedene Eigenschaften des Lebendigen wie z.B. die Fähigkeit zur Reproduktion, zur Evolution, zur Selbstorganisation oder auch Lernfähigkeit auf unbelebte Systeme übertragen und Artefakte ,lebendig' gemacht werden (vgl. Cordis 2000a).

Natürlich sind die Ergebnisse der Emergenz nicht vorhersehbar, doch das Phänomen selbst soll von den Technowissenschaften für ihre eigenen Zwecke dienstbar gemacht werden – und im Nachhinein im analytischen Verfahren rekonstruiert werden. Als einfaches und klassisches Beispiel für eine digitale Nachkonstruktion des Phänomens der Emergenz in der Artifical Life-Forschung möchte ich Craig Reynolds Computerprogramm zur Simulation von Flugverhalten bei Vögeln bzw. Boids vorstellen.

---

12 Diese „[...] bestehen aus Populationen von einfachen Programmen oder Spezifikationen; es gibt kein Programm, das die anderen Programme steuert; jedes Programm enthält Einzelheiten für die Reaktion eines einzelnen Wesens in lokal begrenzten Situationen; es gibt keine Regeln in diesem System, die das globale Verhalten bestimmen; jedes Verhalten, das auf einer höheren Ebene als das individuelle Programm abläuft, ist daher neu entstanden" (Levy 1996: 133).

13 Vgl. hierzu auch John von Neumanns Cellularautomaten, die ihr Vorbild in biologischen Neuronen-Netzwerken haben.

Biomorphe – z.B. Boids

Der Computer*animator* (sic!) Craig Reynolds wollte das Flugverhalten von Vögeln im Computer simulieren. Reynolds ging dabei vom synthetischen – oder wie er auch genannt wird –, vom Bottom-up-Ansatz aus. Für ihn beruhte das komplexe Verhalten eines Vogelschwarms auf dezentralen Aktivitäten und war das Ergebnis eines kollektiven Zusammenspiels, das keiner zentralen Lenkung bedurfte. Er ging davon aus, dass das komplexe Verhalten des Vogelschwarms das Produkt einfacher Regeln war, die von jedem Vogel im Schwarms befolgt wurden. Drei einfache Grundregeln des Flugverhaltens seiner Boids (Abk. von birdoid = Vogelartiger) formulierte Reynolds nun für seine Computersimulation des komplexen Schwarmverhaltens: Zum einen passt sich jeder Vogel der Fluggeschwindigkeit seiner Umgebung an; er hält einen Minimumabstand von jedem anderen Objekt und strebt tendenziell der Mitte des Schwarms zu.

Nachdem er sein Computerprogramm ‚zum Laufen‘ gebracht hatte, zeigte es beim ersten Versuch „[e]ine komische Art von Schwarmverhalten, das man in der Natur so nicht zu sehen bekam" (Reynolds zit. n. Levy 1996: 100). Doch stolz behauptete er: „(M)an wusste sofort, um was es sich handelte" (ebd.). Es bedurfte noch einiger Verbesserungen des Programms, doch dann waren die meisten Mitglieder der Artificial Life-Community (und später Zeichentrickfans) beeindruckt von seiner ‚naturgerechten‘ Simulation. Christopher Langton beurteilt das Schwarmverhalten der boids sogar als emergentes Verhalten, da es nicht zentral gesteuert sei, sondern auf der Korrespondenz der einzelnen Boids auf lokalen Bedingungen beruht (vgl. Langton 1996: 66). Nun ist er sich durchaus bewusst, dass Boids nicht den gleichen ontologischen Status haben wie Vögel, da erstere Informationsstrukturen seien, während zweitere eine reale physische Struktur hätten. Aber auf der Ebene des Verhaltens gäbe es eine Identität von Boids und Vögeln, da das Schwarmverhalten in gleicher Art und Weise in künstlichen wie natürlichen Systemen emergiere. Allein die Beschaffenheit der Bestandteile künstlicher Systeme sei eben künstlich, nicht aber die in ihnen entstehenden emergenten Prozesse (vgl. ebd.: 68). Damit wird ein radikaler Schnitt zwischen Materie und Form vorgenommen und *Leben* manifestiert sich in dieser Logik in der *Organisation* von Materie und deren emergenten Effekten:

„Leben ist eine Eigenschaft der Form, nicht der Materie, ein Resultat der Organisation von Materie und nicht von etwas, das der Materie inhärent ist. Weder Nukleotiden noch Aminosäuren sind lebendig, wenn man sie aber in der richtigen Art und Weise zusammenfügt, dann ist das dynamische Verhalten das aus ihren Interaktionen emergiert, das, was wir Leben nennen." (Langton 1996: 53)[14]

Diese Trennung von Stoff und Form, von Materie und Information ist ein altbekanntes Muster westlichen Denkens. In dieser polarisierenden und hierarchischen Logik ist Materie nichts als passives Material, welchem eine Form aufgeprägt wird. Und klassischerweise ist die Form das kreative, das entscheidende – eben aktive – Moment. Parallelisiert wurde dann häufig das passive Material mit dem ‚Weiblichen', während die Form und das aktive Moment als ‚männlich' gekennzeichnet wurde. Diese Argumentation findet sich von Aristoteles' Zeugungstheorie bis zur Entwicklungsbiologie und setzt sich auch in vielen kosmologischen Schöpfungs- und philosophischen Weltordnungsvorstellungen bis zur Gegenwart fort (vgl. Klinger 1995: 43ff). Nach altvertrautem Muster ist die Grundlage der Schöpferpotenz maskulinistischer Wissenschaft die Überlegenheit des Geistigen über das Körperliche, der Information über die Materie (vgl. Hayles 1999: 19) – wobei häufig zweiteres dem so genannten Weiblichen zugeordnet wird. (Vgl. u.a. Keller 1992; Saupe 2002)

Das Lebendige teilt sich in der Logik der Artificial Life-Forschung in dynamische und emergente und gleichzeitig probabilistisch nachvollziehbare Prozesse der Selbstorganisation auf der einen Seite und einer statischen, passiven und hinsichtlich der dynamischen Prozesse indifferenten Materie als Informationsträger. Die tote Materie liefert die kleinen und kleinsten Bausteine, die nach logischen Regeln im Rahmen komplexen Verhaltens organisiert werden. Die angebliche Irrelevanz der jeweiligen materialen Grundlage garantiert die Möglichkeit zur Übertragung dieser neuen ‚Naturgesetze' auf künstliche Systeme. Doch während hier auf der einen Seite klassische reduktionistische Politiken der Natur- bzw. Technowissenschaften fortgesetzt werden, wird nichtsdestotrotz ein neues Modell des Organismus formuliert, das auf dem Konzept der Emergenz – oder wie Luciana Parisi und Tiziana Terranova es nennen – das der Turbulenz basiert (vgl. Parisi/Terranova 2000).

Der Traum von der permanenten Erneuerung

Am Ende des 20. Jahrhunderts skizzieren Artificial Life-Forschung und neuere Robotik Natur und Körper als flexibel, als emergent und permanent verändernd und veränderbar. Das Moment des Neuen, der Spontaneität – eben der Emergenz – steht im Mittelpunkt.

---

14 „Life is a property of *form*, not of *matter*, a result of the organization of matter rather than something that inheres in the matter itself. Neither nucleotides nor amino acids nor any other carbon-chain molecule is alive – yet put them together in the right way, and the dynamic behaviour that emerges out of their interactions is what we call life." (Langton 1996: 53)

„Über komplexe Feedbackschleifen werden Abweichungen generiert, die die turbulente Maschine des Lebens in Bewegung setzen [...]. Leben tendiert [...] Richtung Abweichung, Mutation und Variation, was wiederum zu erhöhten Ebenen von Komplexität führt." (Parisi/Terranova 2000: 9; Übers. J.W.)[15]

Allerdings spielt sich die Spontaneität der Natur in den geordneten Bahnen der Selbstorganisation ab, so dass diese nicht mehr primär als unkalkulierbar und bedrohlich erscheint – wie etwa früher in alltagsweltlich geprägten vitalistischen Vorstellungen (vgl. Osietzki 1998). Emergenz verläuft nach – wenn auch noch nicht restlos aufgeklärten – informationstheoretischen Mustern, die sich probabilistisch einschätzen und vor allem auch rekonstruieren lassen. Innerhalb dieser Logik sind Natur wie Körper parallel konstruiert, dezentral organisiert und – mit Blick auf die Emergenz – vor allem innovativ. Sie werden verstanden als „fast, responsive, flexible and self-organizing system(s) capable of constantly reinventing itself, sometimes in new and surprising ways" (Hayles 1999: 158).

Diese Kreativität der emergenten Prozesse soll wiederum ‚abgeschöpft', für technowissenschaftliche Verfahren nutzbar gemacht werden. Das soll die Entwicklung komplexer Systeme mit der Fähigkeit zur permanenten Erneuerung, Neugestaltung und Spontaneität ermöglichen – eben komplexe lebendige Maschinen, die wachsen und sich entwickeln. Die *Produktion des Unerwarteten* wird als wesentliche Voraussetzung verstanden, um neue, vielfältige Artefakte entwickeln zu können, die komplexe Aufgaben übernehmen können und mit und an ihnen wachsen. So hofft z.B. die British Telecom auf Bottom-up-Ansätze in der Artificial Life-Forschung für die Entwicklung von Software, die riesige Telekommunikationssysteme mit permanent wachsender Komplexität managen kann.

Dynamische Körper ohne Begrenzungen?

Dieses neue Konzept eines dynamischen, turbulenten Körpers scheint trotz aller Einschränkungen bei weitem offener, vielfältiger und flexibler zu sein als klassische mechanistische Modelle. Donna Haraway (1995) hat vielfach beschrieben, wie in der Postmoderne der nun dynamische Körper zu einem multiplen, verteilten Netzwerk mit komplexen, miteinander verwobenen dynamischen Systemen wird, zu einer Art halbdurchlässigem Selbst, das sich permanent konstruiert und gleichzeitig konstruiert wird. Nun stellt sich die Frage, ob das Entstehen dieses neu-

---

15 „[C]omplex feedback loops are the means through which deviations are generated, therefore putting in motions the turbulent machine of life [...]. Life does not tend toward entropy but towards deviation, mutation and variation leading to increased levels of complexity." (Parisi/Terranova 2000: 9)

en Körperverständnisses den Zusammenbruch des alten humanistischen und hierarchisch organisierten Körpers bedeutet – und womöglich auch der damit verbundenen Dualismen.

Der turbulente Körper ist sicherlich offener und weniger starr konzipiert, aber nichtsdestotrotz wird er von Grenzen markiert, die helfen, Kontrollmechanismen jenseits klassischer Kontrolle zu etablieren. Manche dieser Grenzen sind altvertraut, andere neu. Einige der Grenzen habe ich schon angedeutet. Die Grenze zwischen Materie und Form bzw. Materie und Information wird auch in der Artificial Life-Forschung beibehalten und die beiden Pole werden in ein hierarchisches Verhältnis gesetzt. Dieser Dualismus wird nicht zuletzt durch ein dekontextualisiertes und abstraktes Verständnis von Information befördert, welches wiederum auf natürliche Systeme projiziert wird:

„[I]nformation wird zunehmend so wahrgenommen, als ob sie Materie durchdringt. Vor allem für jene Nutzer, die nicht wissen, was für materiale Prozesse involviert sind, entsteht der Eindruck, dass (Informations-)Muster die materialen Grundlagen dominieren. Dann ist es nur noch ein kleiner Schritt, Information als beweglicher, wichtiger und für wesentlicher zu halten als ihre materialen Grundlagen." (Hayles 1999: 19; Übers. J.W.)

Der Dualismus von Materie und Form ist eng verwoben mit dem der Partikularität und der Universalität, mit dem Besonderen und Allgemeinen. Dies wird deutlich, sieht man sich den so genannte holistischen Ansatz der Artificial Life-Forschung genauer an. Er geht von einfachen Regeln des Verhaltens paralleler, verteilter Systeme aus, um so emergente Effekte beobachten oder gar selbst produzieren, um sie sozusagen fungibel machen zu können. Dabei wiederholt Artificial Life „den alten Mythos der Wissenschaft, dass einfache Regeln und Formen der Ausgangspunkt für phänomenale Komplexität seien" (Hayles 1999: 232). Doch diese Annahme ist nicht weniger reduktionistisch als der analytische Ansatz. Dies liegt *nicht* daran, dass hier Modelle für die Simulation und Konstruktion dynamischer Prozesse entworfen werden – dies ist unvermeidbar –, sondern daran, dass einfache Regeln als reale und natürliche betrachtet werden und nicht als heuristische Hilfsmittel. Einige Artificial Life-Forscher glauben sogar daran, dass diese Regeln Teil einer allgemeinen mathematischen Struktur seien, die dem kompletten Universum zugrunde liegt. Die Herausforderung ist dann, diese ubiquitären und einfachen Regeln komplexen Verhaltens herauszufinden, welches die ganze Welt regiert. Die alte Hierarchisierung des Allgemeinen und des Besonderen wird wieder einmal vollzogen.

Bodypolitics

> „Der menschliche Körper bzw. das offene Kommunika-
> tionssystem des Körperinneren ist zu einem strategischen
> Feld der Praktiken und der Bedeutungen geworden. Er ist
> durch Verletzlichkeit, Kontingenz und Vielfalt gekenn-
> zeichnet. Durch die Transformation des Natur- und Körper-
> begriffs von einem geschlossenen und hierarchisch struktu-
> rierten Organismus zu einem dynamischen, aber auch be-
> drohlich offenen Netzwerksystem, hat sich die *Techno-*
> *science* jedoch gleichzeitig die Legitimationsgrundlage ge-
> schaffen, mit Hilfe technologischer Praktiken das System zu
> schützen bzw. lebensfähigere Körper zu produzieren."
> (Yvonne Bauer 2003: 190f.)

Die alten Trennungen zwischen Materie und Form, zwischen dem Besonderen und dem Allgemeinen setzen sich offensichtlich in der Artificial Life-Forschung fort. Doch der turbulente Körper wird nichtsdestotrotz als offenes, flexibles, netzwerkartiges Feld beschrieben, durchzo-
gen von zirkulären Feedbacks. Ließe sich hier nicht eine Möglichkeit
finden zur Überwindung des disziplinierten Körpers der Moderne?

Donna Haraway fragt im Rahmen ihrer Analyse postmoderner Körper, ob nicht „das Immunsystem – dieses fließende, verteilte und vernetzende technisch-organisch-textuell-mythische System, [...] das endgültige Zeichen einer altruistischen Evolution in Richtung Ganzheitlichkeit"
(Haraway 1995: 184) repräsentiert? Haraway beantwortet ihre Frage mit
Blick auf den Diskurs des Immunsystems mit einem klaren Nein. Aber
könnte nicht vielleicht das Verständnis des Körpers als offenes, parallel
arbeitendes und verteiltes System in der AL-Forschung ein möglicher
Ausgangspunkt für eine neue Körperpolitik jenseits disziplinierter Körper sein?

In den erwähnten technowissenschaftlichen Diskursen und Praktiken
wird der neue turbulente Körper mit seiner Produktion von Differenzen
und seiner Fähigkeit zu emergentem Verhalten als vielversprechend für
die Entwicklung flexibler und komplexer Maschinen und Technologien
betrachtet. Es wird sogar auf die Entwicklung ‚lebendiger Artefakte‘
spekuliert, die eine Auflösung der Grenzen von Menschen und Maschinen ermöglichen sollen. Aber das bedeutet noch lange keine postessenti-
alistische Körperpolitik jenseits der Kategorien von Geschlecht, Klasse
oder Rasse oder generell jenseits alter Hierarchisierungen und Polarisie-
rungen.

Das Interessante an der Rekonfiguration des Körpers durch die Artificial Life-Forschung ist u.a., dass im Zuge ihrer Konzeptionalisierung
des Körpers als offen und veränderbar, dieser gleichzeitig als sehr ver-
wundbar, noch mehr der Kontingenz unterworfen und gefährdet beschrieben wird. Der organische bzw. kohlenstoffbasierte Körper scheint

zunehmend Anlass zur Sorge und Beunruhigung zu geben. Einer der Hauptgründe hierfür scheint seine ganz konkrete und materiale Situiertheit zu sein. Während in künstlichen Organismen Prozesse der Emergenz, der Abweichung, Verschiebung und Mutation benutzt werden, um neue und bessere Softwareprogramme und Roboter zu entwickeln, scheinen ‚natürliche' emergente Prozesse den kohlenstoffbasierten Körper nur zu destabilisieren und zu bedrohen.

Die menschliche ‚Wetware' muss dieser Interpretation zufolge dann von künstlichen Systemen stabilisiert und geschützt werden. Letztere werden dann als robuster interpretiert oder auch imaginiert. Dementsprechend findet sich in der AL-Forschung auch häufig der Traum von der Ko-Evolution von Mensch und Maschine. So ist die transhumanistische Vision des Download des menschlichen Bewusstseins in robuste Soft- und Hardware sehr beliebt. In diesen Visionen wird das Bewusstsein zur entscheidenden Qualität des Mensch-Seins, das sich wiederum auf die Informationsstrukturen im Gehirn reduzieren – und als Struktur auf Siliziumbasis fortsetzen lässt, unabhängig vom materialen Substrat. (Vgl. Krempl 2000; kritisch hierzu Becker 2000)

Kohlenstoffbasiertes Leben erscheint vor dem Hintergrund transhumanistischer Phantasien als höchst gefährdet. Es gilt als „Fenster der Verwundbarkeit" – wie Haraway dieses Phänomen benannt hat. Und anstatt es offen zu halten und neue Formen der Körperpolitik zu finden, werden alte Muster reproduziert. Mit Blick auf den Immundiskurs und die Sehnsucht nach perfekter Immunität spricht Haraway von der schauderhaften, androzentrischen Phantasie der „Vollendung eines völlig verteidigten, ‚siegreichen' Selbst" (Haraway 1995: 190).

Im Artificial Life-Diskurs erscheint dies als Sehnsucht nach dem perfekten, unsterblichen Gehirn, das vor jeglicher Gefahr geschützt – gepanzert in seiner robusten und erneuerbaren Siliziumrüstung – endlos Information prozessieren kann.

Dieser Glaube an die Robustheit künstlicher Artefakte verwundert mich. Vermutlich basiert er auf einem ausgeprägten Glauben an den rapiden Fortschritt von Wissenschaft und Technik. Wie sonst könnte man unsere tagtäglichen massiven Kommunikationsschwierigkeiten, wenn nicht gar Kämpfe mit diesen neuen postmodernen Maschinen namens Computer übersehen – Maschinen, die doch bei aller Flexibilität im Vergleich zu den früheren Maschinen doch weiterhin ausgesprochen störanfällig und mit recht minimaler Intelligenz ausgerüstet sind. Doch vielleicht verleitet nach wie vor die alte Angst vor körperlichen Gebrechen, Autonomieverlust und Tod dazu, diese Maschinen als robuster als die biologischen Systeme zu imaginieren.

Künstliche Intelligenz, Artificial Life und Robotik in den 1990ern: ‚Materie von Gewicht'

Doch gegenläufig zu diesen alten, häufigen Ängsten in der Geschichte von Natur- und Technowissenschaften mit ihrer Stabilisierung altvertrauter geschlechtscodierter Dualismen lässt sich in neuerer AL- und Robotik auch und vor allem in den Neunzigern ein anderer Trend entdecken, der mich fragen ließ, ob hier weiterhin ‚Leben' mit dekontextualisierter Information parallelisiert wird, ob Information als jenseits von Materialität und Bedeutung interpretiert wird und von Materialität per se abstrahiert wird.

Der Grund dafür ist eine Verschiebung in neuerer Robotik hin zu Diskussionen über ‚Embodiment', Situiertheit und den Stellenwert materialer Grundlagen. Neue Ansätze unter dem Namen ‚situated robotics', ‚embodied robotics' oder auch Verteilte Künstliche Intelligenz betonen Gewicht und Bedeutung der Materie bei der Konstruktion von Artefakten: ‚Matter matters'.

Immer mehr Forscherinnen in diesem Feld betonen die Bedeutung der Konstruktion von *verkörperten* Agenten und Artefakten und halten die Simulation allein im Computer für unzureichend, um wirklich flexible und intelligente Artefakte hervorbringen zu können. Agenten und Artefakte sollen dieser neuen Logik zufolge mit ihrer ‚realen' Umwelt interagieren, um intelligent zu werden. Chris Adami und Titus Brown, Mitglieder des Artificial Life-Lab am California Institute of Technology in Los Angeles beschreiben die Verlagerung der Schwerpunkte in der Forschung folgendermaßen:

„Artificial Life zielt nicht nur auf die Konstruktion und Simulation lebendiger Systeme – egal ob nun künstliche oder lebendige; eine beeindruckende Anstrengung im Bereich der Technik in Richtung auf die Konstruktion adaptiver autonomer Roboter. Diese Arbeit unterscheidet sich vom klassischen Ansatz der Robotik insofern, als der Robotik-Agent mit seiner Umwelt interagiert und davon lernt, was wiederum zu emergentem Verhalten des Robot führt." (Adami/Brown 2000: 1; Übers. J.W.)[16]

Adami und Brown betonen die Relevanz des *verkörperten* emergenten Verhaltens des Roboters im Gegensatz zu traditionellen Ansätzen in A-Life und älterer Robotik, die sich primär auf die Simulation von Lebensprozessen innerhalb des Computers konzentrierten. Und gleichzeitig betonen sie die wesentliche Rolle der Technik bzw. des Engineering.

---

16 „[...] Artificial Life is not only about the construction and simulation of living systems, whether artificial or natural; an impressive engineering effort is geared towards the construction of adaptive autonomous robots. This work differs from the classical robotics approach, in that the robotic agent interacts with its environment and learns from this interaction, leading to emergent robotic behavior." (Adami/Brown 2000)

Die besondere Aufmerksamkeit für die Feinheiten technischer Umsetzung findet man etwa auch in einer Forschungsinitiative mit dem Namen ‚Neuroinformatics for Living Artefacts' im Rahmen des EU-Forschungsprogramms ‚Future and Emerging Technologies'. In dieser Initiative werden Forschungsprojekte zur Förderung gesucht, die Artefakte entwickeln wollen, die leben und wachsen, d.h. die sich selbst anpassen und entwickeln über – wie es heißt – die vorgegebene Programmierung hinaus. Anpassungsfähigkeit, Entwicklungsvermögen und (selbständiges) Verhalten in einer realen Umgebung sind die zentralen Themen (vgl. Cordis 2000a).

Simulationen wie die Boids von Craig Reynolds wären hier absolut irrelevant, aber etwa auch traditionelle Ansätze der Robotik, die mit dem alten kognitivistischen Paradigma arbeiten. Um die radikale Verschiebung im Forschungsparadigma verstehen zu können, ist es wichtig, sich einige der fundamentalen Annahmen der traditionellen Künstlichen Intelligenz-Forschung zu vergegenwärtigen.

Das traditionelle kognitivistische Paradigma der Künstlichen Intelligenz-Forschung verstand Kognition – und das heißt in diesem Kontext primär mentale Prozesse – als Rechenleistung. Intelligenz bzw. Kognition können dieser Logik zufolge auf der Ebene der Algorithmen bzw. als Rechenprozesse untersucht werden, ohne Notwendigkeit, sich mit der darunter liegenden Struktur – also der materialen Grundlage – zu beschäftigen. In gewisser Weise wird ganz bewusst von der physischen Ebene abstrahiert. (Vgl. hierzu kritisch Pfeifer/Scheier 1999: 43; Ziemke 2001) In der traditionellen Robotik wurde die entscheidende Eigenschaft von Intelligenz also in der internen symbolischen Verarbeitung gesehen. Roboter wurden mehr oder weniger als klassische Computer gedacht und gebaut, die nur zusätzlich mit ein paar Sensoren und Kameras ausgestattet wurden, um mit der Welt interagieren zu können. Die so gewonnenen Daten sollten dann über die interne Symbolverarbeitung prozessiert – eben berechnet – werden. Darauf basierend wurde dann ein Plan für die Handlungen des Roboters entwickelt. Das funktionierte allerdings nur sehr langsam und in sehr kleinen, festgelegten Settings bzw. Umwelten, wie z.B. in Fabriken. In komplexeren Umwelten waren Roboter noch in den Neunzigern – nach Jahren und Jahrzehnten von Forschung – immer noch nicht in der Lage, viele der simpelsten Aufgaben auszuführen, wie etwa die Vermeidung von Hindernissen, Navigation oder koordinierte Bewegung.

Vor diesem Hintergrund wurde auch der Ruf nach einer ‚embodied interaction' – also verkörperten Interaktion – mit der Umwelt laut und der zentrale Stellenwert einer ausschließlich internen Wissensrepräsentation wurde zunehmend in Frage gestellt. Rodney Brooks, der Leiter des MIT Artificial Intelligence Lab in Boston, forderte nun, autonome Systeme zu entwickeln, die in den unterschiedlichsten Umwelten interagieren und Aufgaben erledigen können, für die sie nicht explizit programmiert worden waren. (Vgl. Brooks 1991; Pfeifer 2001; Keller 2002) Sein Slogan für diese zukünftigen Roboter lautete: ‚fast, cheap and out of control'. Dieser Slogan deutet schon auf den Stellenwert der Idee der Emergenz, die auch in diesem – von der Artificial Life-Forschung inspirierten, neuen Ansatz – ein wichtiges Konzept wurde.

Aufgrund der Infragestellung der abstrakten Wissensrepräsentation im Sinne von Rechenprozessen und der Betonung auf Verkörperung gewann auch die Technik, das Rumbasteln und das so genannte ‚Tinkering' einen ganz anderen Stellenwert in der Robotik. Zentraler Ansatz war nun das Bauen von und Experimentieren mit künstlichen Systemen als Grundlage für ihr Verständnis. Dieser neue AI-Ansatz baute gewissermaßen auf die Methode des Tinkering, die wiederum von der synthetischen Methode der Artificial Life-Forschung inspiriert ist. Nun ging es auch in der Robotik darum, verschiedenste, kleine Bestandteile zu kombinieren, die sich dann – in und über Softwareprogramme – aufgrund emergenter Prozesse ausdifferenzieren sollen, um die Konstruktion von Robotern mit komplexerem Verhalten zu ermöglichen.

Zugleich wurde in diesem neuen Ansatz der AI Aufmerksamkeit für die biologischen Prozesse gefordert, die intelligentem Verhalten zugrunde liegen (Pfeifer 2001: 294f.). Zunehmend fand auch hier eine Annäherung an die Biologie statt, die den Forschern ein besseres Verständnis lebendiger Systeme und die Entwicklung neuer, erfolgversprechender Ideen für künstliche Systeme verhieß.

Am interessantesten in diesem neuen hybriden Feld der diversen Technowissenschaften zwischen Artificial Life, Robotik und neuer KI ist die Orientierung in Richtung auf Verkörperung und Situiertheit der Agenten in der ‚realen' Welt und das Wissen darum, dass diese Agenten eine Morphogenese und Neurogenese mitmachen müssen.

Embodiment und Situiertheit in der Cyberscience

In der neuen KI zielt die Forderung nach Verkörperung auf zwei Ebenen: auf die physikalische und die informationstheoretische. Die physikalische Dynamik eines Systems meint seine Kräfte, Energie, etc., aber auch „das Verhältnis von Sensorensignalen, Motorkontrolle und neuralem Substrat. Der Fokus liegt also nun weniger auf dem neuralen Substrat allein, sondern auf dem ganzen Organismus, einschließlich seiner Morphogenese, [...] seiner Materialien" (Pfeifer 2001: 297).

Das erscheint erst mal ein großer Schritt in Richtung auf die Überwindung des Dualismus von Materie und Form, Körper und Geist, wie er sich in der frühen Software-zentrierten Artificial Life-Forschung und der traditionellen KI-Forschung findet. Material bzw. materiale Beschaffenheit des Systems wird nun in vielen neuen Ansätzen als ein relevanter und wichtiger Faktor anerkannt. Das erklärt sich vor allem aus der Einsicht, dass die intrinsischen Eigenschaften des Materials nicht nur hinsichtlich natürlicher Eigenschaften ausgenutzt werden können, sondern vor allem auch bezüglich jener der Energie-Effizienz, der Vereinfachung von Kontrollmechanismen, usw. So argumentiert Rolf Pfeifer, der Leiter des AI Labors in Zürich, ganz offensiv mit den intrinsischen Kontrolleigenschaften des Materials:

„[W]enn das Gesichtsgewebe eines Roboters die richtige Art von Materialeigenschaften hat in Hinblick auf Elastizität, Verformbarkeit, Steifheit, etc., dann wird auch die neuronale Kontrolle für die Gesichtseigenschaften (=ausdrücke) einfacher." (Pfeifer 2001: 302; Übers. J.W.)

Offensichtlich werden hier immanente Eigenschaften des Materials als wichtige Faktoren für das Bauen von intelligenten künstlichen Systemen erkannt. Die Forscher wollen diese ausnutzen, um komplexere und effizientere Systeme zu bauen.

Was heute als intuitiv einsichtig erscheint, wird erstaunlicherweise erst allmählich realisiert: nämlich dass Intelligenz nicht auf Symbolverarbeitung bzw. Rechnen reduziert werden kann und dass die Abstraktion von körperintrinsischen Eigenschaften kein überzeugendes Konzept ist, will man lebende Systemen nachbauen bzw. konstruieren. Man fragt sich, wie es jemals dazu kam, dass die traditionelle KI und Robotik Symbolverarbeitung und Prozessieren von Information als die allein entscheidenden Eigenschaften für intelligentes Verhalten annehmen konnte. Vor allem dann, wenn Information rein quantitativ jenseits jeglicher Bedeutung (Semantik) und ihrem jeweiligen Anwendungskontext (Pragmatik) verstanden wird. Die bis heute in der Informatik entscheidende Definition von Information von Claude Shannon und Warren Weaver erlaubt aufgrund dieser Ausblendung von Semantik und Pragmatik eine strikte Verallgemeinerung des Informationsbegriffs und die Abstraktion von Kontextualität und Materialität.[17] Doch diese Abstraktion und Ver-

---

17 Der Grund für die Abstraktion von materialen Grundlagen wird auch deutlich mit Blick auf den klassischen Informationsbegriff in traditioneller KI und Artificial Life-Forschung. In der Cyberscience hat sich das quantitative Konzept der Information durchgesetzt. Shannon und Weaver definieren Information als eine Wahrscheinlichkeitsfunktion und reduzieren sie auf Signale und Muster. Nur das ermöglicht eine Quantifizierung von Information. Bedeutung von Information – die nicht quantifizierbar ist – wird in diesem Ansatz ausgeblendet. Um die Universalität von Information und die Möglichkeit ihrer Übertragung zu sichern, wird Information von ihrer materialen Basis abgespalten. Dadurch wurde Information frei verfügbar und blieb unberührt vom jeweiligen Kontext. „Die technische Hebelkraft, die dieses Konzept dadurch erhielt, war beeindruckend, denn durch die Formalisierung von Information in eine mathematische Funktion, wurde Shannon in die Lage versetzt, allgemeine Theoreme zu entwickeln, die sich

allgemeinerung macht die Anwendung des Informationsbegriffs auf biologische Systeme fraglich.

Aber vermutlich gibt es eine einfache Antwort auf die Frage, wie sich ein derartiger Reduktionismus durchsetzen konnte. Neben den bekannten Sehnsüchten nach Transzendenz, Autonomie und der Überwindung von Gebrechlichkeit spielt hier sicherlich auch ein ganz pragmatischer Grund eine große Rolle: Die Abstraktion von der materialen Beschaffenheit der Artefakte, von ihrer semantischen Dimension und ihrer kontextuellen Einbettung war (und ist?) wesentlich, will man Prozesse des Lebendigen formalisieren. Vermutlich wäre es aufgrund der immanenten Komplexität nicht möglich bzw. zu kompliziert gewesen, Fragen der materialen Beschaffenheit und der Verkörperung in die Forschung mit einzubeziehen. Kontextualität, Materialität und damit auch Historizität schienen in ihrer Komplexität und Widersprüchlichkeit weder theoretisch noch technisch umsetzbar bzw. ausnutzbar.

Und auf der anderen Seite wäre es vermutlich auch nicht sehr überzeugend gewesen, die Konstruktion künstlicher Systeme auf Silizium-Basis in Angriff zu nehmen – und zwar nach dem Vorbild natürlicher Systeme –, wenn man von der Dignität der materialen Grundlage der natürlichen Systeme ausgeht. Wenn die Materialität der Systeme eine gewisse Eigenlogik, ein eigenes Momentum besitzt, lassen sich schlecht Prinzipien des Lebendigen, die man aus natürlichen Systemen gewonnen hat, stante pede auf künstliche Systeme übertragen.

Die entscheidende Frage lautet nun aber: Warum werden in den letzten Jahren Materialität, Situiertheit und damit Kontextualität und Verkörperung zu zentralen Themen in diesen jungen Technowissenschaften?

Zum einen liegt das Interesse sicherlich an den vielen Misserfolgen in der KI in den letzten Jahrzehnten, am Scheitern an relativ einfachen Aufgaben (wie z.B. Treppensteigen, Navigation etc.) in KI, Artificial Life und Robotik, die eine Öffnung für das Problem der Situiertheit und Materialität zumindest beförderten.

---

als wahr unabhängig von dem Medium erwiesen, in dem sich die Information jeweils ‚realisierte‘" (Hayles 1999: 19; Übers. J.W.). Die von Shannon und Weaver formulierte Definition von Information gilt bis heute in der Informatik, aber auch in der Artificial Life- und KI-Forschung. Interessanterweise wird dies Konzept allmählich von Forschern aus diesen neuen, transdisziplinären Technowissenschaften in Frage gestellt – z.B. von jenen, die an der schon erwähnten Initiative ‚Neuroinformatics for Living Artefacts‘ beteiligt sind. In einem Bericht heißt es: „Wir sind immer noch weit entfernt von umsetzbaren und nützlichen Definitionen von semantischer und pragmatischer Information. Um genauer zu sein: die klassische Definition von Shannon und Weaver ist auf Annahmen gegründet, die sich nicht in entwickelnden und dynamischen biologischen Systemen finden. [...] Um unser Verständnis von Informationsprozessen in biologischer Materie vorantreiben zu können, müssen wir die derzeitige Definition von Information revidieren." (Cordis 2000b: 4f; Herv. und Übers. J.W.)

Zum anderen scheint mir das gegenwärtige Interesse für die materialen Grundlagen der technowissenschaftlichen Artefakte auch in aktuellen technowissenschaftlichen Entwicklungen begründet zu sein, die über die alte Zentrierung auf Silizium in der Cyberscience hinausweisen.

Neue Materialien

Die aktuelle, post-traditionelle Forschung bezüglich möglicher Verbindungen von biologischem Material bzw. Körpergewebe und Hardware des Computers (Siliziumchips, etc.), im Bereich der so genannten smarten Materialien und im Bereich der evolvierenden und selbstreproduzierenden Computer und Roboter ist eine Entwicklung, die die wachsende Aufmerksamkeit für die materialen Grundlagen der technowissenschaftlichen Artefakte unterstützt und vermutlich zugleich aus ihr resultiert. Die Palette der Materialien für die Technofakte scheint sich in den letzten Jahren zunehmend zu verbreitern. Mit der größeren Spielbreite und den erweiterten Möglichkeiten der Materialien für künstliche Systeme verändert sich aber auch der Stellenwert von Materialität in der neueren KI- und AL-Forschung und wird als zentraler Faktor für lebendige Systeme anerkannt.

Neue schnelle Rechner

In den Bereichen des Molecular bzw. DNA Computing, genauso wie in Quantencomputing und Nanotechnologie werden derzeit durchgängig Versprechungen gemacht, demnächst unglaublich schnelle und leistungsstarke Rechner zu entwickeln. In einem Bericht der National Science Foundation mit dem Titel *Beyond Silicon Computing* wird über die bahnbrechenden Dimensionen von Nanotechnologie, Molecular, DNA und Quantencomputing spekuliert. Es ist bemerkenswert, dass die USA im Jahre 2002 insgesamt 30 Millionen Dollar Forschungsgelder nur für diesen Bereich zur Verfügung gestellt haben. Im Jahre 1995 war es nur eine einzige Million.[18] Laura Landweber, eine der führenden Wissenschaftlerinnen im Forschungsbereich Molecular Computing preist das Potential dieser neuen Richtung als eine Möglichkeit des höchst schnellen und parallelen Rechnens an:

„[…] DNA Computer werden womöglich nur ein Milliardstel der Energie von elektronischen Computern brauchen und dabei nur drei Billionstel soviel Platz brauchen. Des Weiteren ist Rechnen mit DNA höchst parallel: Im Prinzip können Milliarden bis Billionen von DNA oder RNA Molekülen gleichzeitig chemische Reaktionen eingehen und d.h., dabei Berechnungen vollziehen." (Landweber 2000: 2; Übers. J.W.)

---

18 Vgl.: http://www.nsf.gov/od/lpa/congress/106/hs_beyondsilicon.htm (gesehen am: 3.5.2002)

Es ist fragwürdig, was von diesen Versprechungen zu halten ist, nichts-destotrotz erinnern sie mich an die Debatten um das Phänomen der Emergenz und die Entwicklung des Parallelrechners. Während in der Kybernetik und im frühen kognitivistischen Paradigma z.B. Rechenprozesse primär als linear gedacht und auch so von den Computern abgearbeitet wurden, entstand in den 1970er Jahren ein zunehmendes Interesse für dynamische, nonlineare Systeme und für das Phänomen der Emergenz: Gleichzeitig dazu entstanden die Parallelrechner. Mit Hilfe dieser Parallelrechner ließen sich dann ja auch so genannter Lebensprozesse bei weitem besser simulieren und visualisieren.[19]

So scheint die vermehrte Aufmerksamkeit für Verkörperung und Materialität in neuerer Cyberscience einem altbekannten Muster in der Geschichte von Wissenschaft und Technologie zu folgen: In der Hoffnung auf neue technische Möglichkeiten, auf neue Computer, die wesentlich schneller und intensiviert parallel arbeiten sollen, wird es auch denkbar, neue Entitäten und Faktoren in die Forschung einzubeziehen. Man gewinnt den Eindruck, dass ein neuer Abschnitt in der Instrumentalisierung und Nachkonstruktion des Lebendigen eingeläutet wird bzw. werden soll.

Interessant ist an dieser Stelle, dass Materialität und Verkörperung nicht nur in der neueren KI einen wichtigen Stellenwert erhalten haben. Sie waren und sind es in der Technikkritik und vor allem auch in der Tradition feministischer Theorie. Was aber bedeutet diese – wenn vielleicht nicht unbedingt Koinzidenz, aber doch zumindest – Parallelität?

Natürlich kann man dieses Phänomen mit dem Verweis auf die Seite schieben, dass hier mit extrem reduktionistischen Konzepten von Embodiment und Situiertheit gearbeitet wird – im Gegensatz zu denen der feministischen Theorie. Und das ist sicherlich zum Teil auch richtig. Schließlich ist Technowissenschaft darauf angewiesen, mit Annahmen zu arbeiten, die sich formalisieren und generalisieren lassen – und zwar hier auch in algorithmischer Form. Wirft man z.B. einen Blick auf die Arbeit der anerkannten Artificial Life-Forscherinnen Kerstin Dautenhahn und Tom Quick, wird schnell deutlich, dass ‚Embodiment' in diesem Kontext etwas anderes bedeutet als etwa in den Arbeiten von Rosi Braidotti oder Donna Haraway. So suchen Tom Quick und Kerstin Dautenhahn nach Parametern, um ‚Embodiment' messbar zu machen. In ihrem Ansatz wird Embodiment generell definiert als „dasjenige, das eine Basis bereitstellt für die strukturelle Koppelung von System und Umwelt im Sinne eines Potentials für die gegenseitige Beunruhigung/

---

19 Vgl. hierzu u.a. Levy 1996 bzgl. der Umsetzung von Conways' Game of Life im Computer.

Beeinflussung" (Quick/Dautenhahn 1999: 2; Übers. J.W.).[20] Spätestens seitdem Organismen als offene Systeme gedacht werden, ist die Frage nach dem Verhältnis von Organismus und Umwelt zentral. Und auch Dautenhahn und Quick räumen ein, dass dementsprechend ihre Definition von Embodiment etwas minimalistisch bzw. sehr allgemein ausgefallen ist, aber sie wollten ganz bewusst höhere Ebenen theoretischer Überlegungen ausblenden. Der Grund dafür wird am Ende ihres Aufsatzes mehr als deutlich. Sie schreiben: „Erstens, Embodiment wird messbar gemacht, da das Verhältnis ein quantifizierbares ist [oder sein soll; J.W.]. [...] Zweitens, die Idee des Embodiment wird so befreit von materialen Beschränkungen" (ebd.: 5f).

In gewisser Weise scheint hier also der etwas absurd anmutende Versuch vorzuliegen, mit der Idee von Verkörperung als strukturelle Koppelung von Umwelt und System zu arbeiten, aber dabei die Frage der Materialität auszublenden. Gleichzeitig finden sich aber auch die Ansätze von Rolf Pfeifer und Rodney Brooks, die Materialität als zentralen Baustein für die Konstruktion lebendiger Artefakte betrachten und morphogenetische und neurogenetische Prozesse in diese implementieren wollen.

Vielleicht ist in vielen neueren Ansätzen der KI und AL auch die Tendenz zur Abstraktion von Materialität – und damit verbunden von Kontextualität und Partikularität – geringer, insofern die Aussicht auf immer schnellere und leistungsstärkere Computer die Verarbeitung von immer mehr und ausdifferenzierteren Datenmengen versprechen. Und zudem schürt vielleicht auch die Entwicklung von hybriden Bausteinen aus organismischem und nicht-organismischem Material Hoffnungen, neue Möglichkeiten zu finden, um Materialität bei der Konstruktion von Artefakten einzubeziehen und für die Optimierung zu nutzen.

Andererseits bleibt Formalisierung und Reduktion ein notwendiger Baustein wissenschaftlichen Vorgehens, aus dem unvermeidlich Limitierungen erwachsen: So wird z.B. auch im Feld des DNA/Molecular Computing weiterhin die *Notwendigkeit einfacher Regeln* betont. Ähnlich wie die Artificial Life-Forschung gründet also auch DNA Computing seine Vorgehensweise auf eine einfache Analogie zwischen zwei Prozessen – einem biologischen und einem mathematischen. So gewinnt es:

„[...] a) die komplexe Struktur eines lebenden Organismus letztendlich über die Anwendung von einem Set von einfachen instruierenden Operationen (wie z.B. Kopieren, Markieren, Verbinden, Einfügen, Löschen, etc.) auf die Information in der DNA Sequenz, und es wird b) jegliche Berechnung, wie auch

---

20 „[T]hat which establishes a basis for structural coupling by creating the potential for mutual pertubation between system and environment" (Quick/Dautenhahn 2002: 2).

immer komplex, als Resultat einer Kombination von sehr einfachen basalen arithmetischen und logischen Operationen verstanden." (Landweber 2000: 2.; Übers. J.W.)

Auch wenn Materie von Belang ist, werden unsere Körper noch immer als Maschinen bzw. Computer betrachtet, die auf der Basis einiger weniger, einfacher Regeln – wenn auch parallel – arbeiten. Ohne diese Regeln könnte Materie auch nicht in diesen Technowissenschaften von Belang sein, da sie dann nicht berechenbar und instrumentalisierbar wäre in all ihrer Vielschichtigkeit und Kontingenz. Nichtsdestotrotz sind offensichtlich die Grenzen hin zu dem, was für die Technowissenschaften beschreibbar, formalisierbar und instrumentalisierbar ist, in permanenter Bewegung.

Einerseits werden krude Verallgemeinerungen und die Abstraktion vom Kontext fortgesetzt, andererseits wird in der Forschung deutlich, dass die rigide Trennung von Materie und Form, von physischer Grundlage und informationsverarbeitenden Prozessen nicht hilfreich ist für die Konstruktion intelligenter Artefakte. Die Abstraktion von Kontextualität, Materialität und Besonderheit der jeweiligen Situation und Einbettung scheint nicht mehr das eindeutige Paradigma in der Cyberscience zu sein – nicht zuletzt, weil gewisse Abstraktionen aufgrund der technischen Entwicklung vielleicht auch nicht mehr nötig sind.

Embodiment in Feminismus und Robotik[21]

Angesichts dieser Ambivalenz und ‚neuen Unübersichtlichkeit' bezüglich Materialität und Kontextualität in neueren Technowissenschaften fragte ich mich, was denn nun die spezifische Differenz feministischer Konzepte zu denen der Robotik seien. Zuvor habe ich darauf hingewiesen, dass Donna Haraway (1995) den postmodernen Körper als multiples, verteiltes Netzwerk mit parallel verteilten, dynamischen Systemen skizziert, das in ständiger (Konstruktions-)Bewegung ist. Auf einer theoretischen Ebene formuliert sie ihr Konzept von Embodiment folgendermaßen:

„Feministische Verkörperung handelt also nicht von einer fixierten Lokalisierung in einem verdinglichten Körper, ob dieser nun weiblich oder etwas anderes ist, sondern von Knotenpunkten in Feldern, Wendepunkten von Ausrichtungen, und der Verantwortlichkeit für Differenz in materiell-semiotischen Bedeutungsfeldern." (Haraway 1995: 88f)

Dementsprechend versteht sie den Körper als komplex, widersprüchlich und zugleich als strukturierend und strukturiert. Hier wird also Verkörperung als ein dynamischer Prozess der permanenten Veränderung, der

---

21 Teile dieses Abschnittes sind erschienen in Weber 2003a.

Unsicherheit und Verschiebung verstanden. Wobei auch Spontaneität und Verschiebung offensichtlich wesentliche Faktoren sind – ganz wie in der auf Emergenz fokussierten Artificial Life- und neueren Robotikforschung.

Allerdings beharrt Haraway darauf, dass es kritische Praxis auszeichnet, dass sie – wie schon erwähnt – auf Verwundbarkeit besteht im Widerstand gegen eine „Politik der Abgeschlossenheit, der Endgültigkeit oder [...] der ‚Vereinfachung in letzter Instanz'" (ebd.: 90). Auch der Verweis auf die Widersprüchlichkeit der Körper ist sicherlich wichtig. Dennoch stellt sich die Frage, inwieweit sich diese Politik der Verweigerung fixierter Identität und Offenheit von einer – an neoliberale Ideale erinnernde – Konzeption von Körpern als flexibel, spontan und dynamisch unterscheidet. Wo sind die Grenzen zu ziehen zu den aktuellen technowissenschaftlichen Praktiken des Shapeshifting, der Produktion von Differenzen durch Mutation und Verschiebung?

Das Körperkonzept der Robotik im Sinne eines offenen, fluiden und permanent sich verändernden und veränderbaren Systems erinnert an die Beschreibung des Körpers bei Haraway, in der er zu einem Feld geworden ist, ein ‚Knotenpunkt in Feldern', ein ‚Wendepunkt von Ausrichtungen', der sich permanent ausdifferenziert.

Und es finden sich weitere Anschlüsse: Haraway kritisiert die alte hierarchische Struktur von Forschenden und ihrem Forschungsobjekt und entwickelt die Vision von der Auflösung des klassischen, distanzierten und hierarchischen Subjekt-Objekt-Verhältnisses und von Wissensobjekten als aktiven Entitäten. Obwohl die Kritik am hierarchisch strukturierten Verhältnis vom aktiven Wissensproduzenten und (angeblich) passiven Wissensobjekt nur allzu berechtigt erscheint, erinnert die Kritik doch wiederum an die Träume der Robotiker. Oder wie weit sind die anvisionierten, autonomen, lernfähigen und selbständigen Agenten von Haraways Wissensobjekten entfernt, die ihr zufolge als Agenten und Akteure zu denken seien und nicht als Leinwand oder Ressource? (vgl. Haraway 1995: 93) Autonom agierende und sich selbst weiterentwickelnde Roboter untergraben perfekt die Idee von der Autonomie des vormals selbstherrlichen Forschers: Der alte Dualismus von Subjekt und Objekt würde sich in diesem Falle auflösen.

Aber was würde es nun in kritischen Modellen heißen, das Fenster der Verwundbarkeit offen zu halten, von dem Haraway spricht? Vielleicht weist dieses Plädoyer Haraways in die richtige Richtung:

„Vor allem beansprucht rationales Wissen nicht, frei von Engagement zu sein, etwa von überall und folglich von nirgendwo her zu kommen, frei von Interpretation zu sein und davon, repräsentiert zu werden, vollkommen distanziert oder vollständig formalisierbar zu sein." (Haraway 1995: 90)

Nichtsdestotrotz werden aktuell Körper in den Technowissenschaften, aber auch in Ansätzen feministischer Theorie, die sich mit den neuen

Technologien auseinandersetzen, weiterhin oder sogar noch radikaler als flexibilisiert und fragmentarisiert verstanden. Zusammengebaut aus den unterschiedlichsten Bausteinen und unter Zuhilfenahme neuer Konzepte, Methoden und Bausteine scheinen sich unsere Körper genauso wie die künstlichen Systeme neu zu rekonfigurieren. Vermittels emergenter Prozesse bringen sie Neues und Unvorhergesehenes hervor – zumindest, wenn die aktuellen Versprechungen in diesen jungen Technowissenschaften wahr werden, aber auch neuere Ansätze feministischer Identitätspolitik.

Literatur:

Adami, Chris / Brown, Titus (2000): What is Artificial Life? www.alife7. alife.org/whatis.shtml, 1 (gesehen am 2.5.2002)

Bammé, Arno / Feuerstein, Günter / Genth, Renate / Holling, Eggert / Kahle, Renate / Kempin, Peter (1983): Maschinen-Menschen, Mensch-Maschinen. Grundrisse einer sozialen Beziehung, Reinbek.

Bauer, Yvonne (2003): Sexualität – Körper – Geschlecht im Kontext von Befreiungsdiskursen und Neuen Technologien, Opladen.

Becker, Barbara (2000): Cyborgs, Robots und Transhumanisten. Anmerkungen über die Widerständigkeit eigener und fremder Materialität. In: Becker, Barbara; Schneider, Irmela (Hg.), Was vom Körper übrig bleibt. Körperlichkeit – Identität – Medien, Frankfurt a.M./New York.

Boden, Margaret A.(1996): Introduction. In: dies. (Hg.), The Philosophy of Artificial Life, Oxford University Press, S. 1-35.

Brooks, Rodney (1991): New Approaches to Robotics, Science 253, S. 1227-1032.

Cordis (Community Research & Development Information Service) (2000a): Information Society Technologies. Future & Emerging Technologies – Proactive Initiative 2000: Neuroinformatics for „living" artefacts (NI). Position Paper; www.cordis.lu/ist/fetni-4.htm, 1 (gesehen: 11/2000)

Cordis (Community Research & Development Information Service) (2000b): Information Society Technologies. Future & Emerging Technologies – Proactive Initiative 2000: Neuroinformatics for „living" artefacts (NI). Strategic Planning Workshop. Future Research Domains at the Frontiers of Science and Technology, Brussels, 26./27. April 2001, Report on Discussions held in Panel 1: Physical Sciences.

Dautenhahn, Kerstin (1995): Artificial Life = Künstliches Leben? In: KI 2/1995, S. 34.

Haraway, Donna (1995): Die Neuerfindung der Natur. Primaten, Cyborgs und Frauen, hrsg. von Carmen Hammer und Immanuel Stieß, Frankfurt a.M./ New York.

Hayles, N. Katherine (1999): How We Became Posthuman: Virtual Bodies in Cybernetics, Literature, and Informatics, Chicago.

Hayles, N. Katherine (2003): Computing the Human. In: Weber, Jutta; Bath, Corinna (Hg.), Turbulente Körper, soziale Maschinen. Feministische Studien zur Technowissenschaftskultur, Opladen.

Heintz, Bettina (1993): Die Herrschaft der Regel. Zur Grundlagengeschichte des Computers, Frankfurt a.m./New York.

Kay, Lily E. (1998): Biopower: Rise of the Textual Genome and Informational Body. Paper presented at the symposium ‚Nature and Culture‘, Deutsches Hygiene-Museum, Dresden.

Keller, Evelyn Fox (1992): Secrets of Life – Secrets of Death. Essays on Language, Gender and Science, New York/London.

Keller, Evelyn Fox (1995): Refiguring Life. Metaphors of Twentieth-Century Biology, New York/Chichester, West Sussex.

Keller, Evelyn Fox (2002): Making Sense of Life. Explaining Biological Development with Models, Metaphors and Machines. Cambridge, Mass./London.

Klinger, Cornelia (1995): Beredtes Schweigen und verschwiegenes Sprechen: Genus im Diskurs der Philosophie. In: Bußmann; Hadumod; Hof, Renate (Hg.), Genus. Zur Geschlechterdifferenz in den Kulturwissenschaften, Stuttgart, S. 409- 445.

Krempl, Stefan (2000): Maschinen-Menschen, Mensch-Maschinen. Das Verhältnis von Homo Sapiens und Computer am Wendepunkt. In: c´t. Magazin für Computertechnik, Heft 9, S. 218-223.

Landweber, Laura (2000): Beyond Silicon Computing: DNA Computers. Testimony to the U.S. House of Representatives Committee on Science, Subcomittee on Basic Research, September 12, 2000; www.gov/science/landweber_091200.htm (gesehen am 15.1.2004)

Langton, Christopher G.: (1996/1989): Artificial Life. In: Boden, Margaret (Hg.), The Philosophy of Artificial Life, Oxford University Press, S. 39-94. (Orig. from Chris Langton (Hg.), Artificial Life. SFI Studies in the Sciences of Complexity, Proc. Vol. VI. Redwood City/CA 1989)

Levy, Steven (1996): Künstliches Leben aus dem Computer, München.

Mayr, Ernst (1998): This is Biology: The Science of the Living World, Cambridge, Mass.

Osietzki, Maria (1998): Dampfmaschinen – Körpermaschinen. Vom Wandel der Physiologie und des Körpers unter dem Einfluß von Industrialisierung und Thermodynamik. In: Sarasin, Philipp; Tanner, Jakob (Hg.), Physiologie und industrielle Gesellschaft. Studien zur Verwissenschaftlichung des Körpers im 19. und 20. Jahrhundert, Frankfurt a.M., S. 313-346.

Parisi, Luciana / Terranova, Tiziana (2000): Heat-Death. Emergence and Control in Genetic Engineering and Artificial Life; www.com/article/a84.htm (gesehen am 1.6.2000)

Pfeifer, Rolf / Scheier, Christian (1999): Understanding Intelligence, Cambridge, Mass.

Pfeifer, Rolf (2001): Embodied Artificial Intelligence. 10 Years Back, 10 Years Forward. In: R. Wilhelm (Hg.), Informatics. Lecture Notes in Computer Science, Berlin/Heidelberg, S. 294-310.

Quick, Thomas / Dautenhahn, Kerstin (1999): Making embodiment measurable. In: 4. Fachtagung der Gesellschaft für Kognitionswissenschaft; Workshop ‚Embodied Mind/Alife‘, 28. Sept.-1. Okt. 1999; www.cs.ucl.ac.uk/staff/t.quick/kogwis/webtext.html, 1-7 (gesehen am 7.2.2005)

Saupe, Angelika (2002): Verlebendigung der Technik. Perspektiven im feministischen Technikdiskurs, Bielefeld.

Turkle, Sherry (1996): Life on the Screen. Identity in the Age of the Internet, London.

Weber, Jutta (2003): Umkämpfte Bedeutungen: Naturkonzepte im Zeitalter der Technoscience. Frankfurt a.M./New York.

Weber, Jutta (2003a): Turbulente Körper, emergente Maschinen? Zu Körperkonzepten in Robotik und neuerer Technikkritik. In: Weber, Jutta; Bath, Corinna (Hg.), Turbulente Körper, soziale Maschinen. Feministische Studien zur Technowissenschaftskultur, Opladen, S. 119-136.

Weizenbaum, Joseph (1994): Die Macht der Computer und die Ohnmacht der Vernunft, Frankfurt a.M. (im Orig. 1976).

Wiener, Norbert (1954): The Human Use of Human Beings: Cybernetics and Society. Garden City, New Jersey.

Wiener, Norbert (1961): Cybernetics, 2. Auflage, Cambridge.

Wiener, Norbert (1964): God, Golem, Inc. Cambridge, Mass.

Ziemke, Tom (2002): Disentangling Notions of Embodiment; www.cogsci.ed. ac.uk/~deco/invited/ziemke.pdf (gesehen 5/2002)

Geschlechtskörper – hormonell stabilisiert oder flexibilisiert? (Das Lesbenhormon)

BETTINA BOCK VON WÜLFINGEN

> „Whose view of human nature is correct? The great majo-
> rity of us never think about it, but every policy, every pro-
> gram, every law regulating everything from guns to home-
> lessness to taxation is predicated on how its formulators see
> human nature." (Chandler Burr 1996)[1]

Einleitung

Nicht nur Körper, auch Geschlecht und Sexualität werden derzeit als
verschwindende – wenn nicht längst verschwundene – Kategorien gedeutet. So mutmaßt der Hamburger Sexualforscher Gunter Schmidt z.B.
hoffnungsfroh, es hätte zwar die sexuelle Liberalisierung ab den 1970ern
gerade zu einer Verstärkung identitätsstiftender Biologisierungen geführt, es gäbe aber nun eine beginnende Auflösung monosexueller Fest-
legung. Dies schreibt er unter anderem konstruktivistischen Ansätzen zu,
die die Naturalisierungen von Geschlecht herausforderten (Schmidt
2001: 223; vgl. auch Bauer in diesem Band). Diese Kultur-Diagnose
scheinen zunehmende gesetzliche Lockerungen v.a. in den USA und
Europa, wie etwa die Möglichkeit der Eintragung gleichgeschlechtlicher
Partnerschaften und zunehmende Gesellschaftsfähigkeit von Homosexualität nahe zu legen. Aus biologieanalytischer Perspektive allerdings ist

---

1 In dem Artikel in der konservativen US-Wochenzeitung *The Weekly Standard*
erklärt Burr, dass die Theorie der genetischen Vererbung von Homosexualität
von Konservativen begrüßt werden solle, da inzwischen durch Gentherapie in
diesem Fall das ‚Homosexualitätsgen' durch das ‚Straight 1-Gen' ersetzt werden
könnte.

dagegen seit etwa Ende der 1990er Jahre eher eine neuerliche Welle der Verankerung von Geschlechterkonzepten im materialen Gewebe der Moleküle zu beobachten. In besonders differenzierter Weise verdeutlicht dies eine Studie von 1999 (Singh et al.), in der festgestellt wird, ‚sich maskulin gebende Lesben' (Butches) hätten einen höheren Testosteron-Spiegel, als ‚sich feminin gebende Lesben' (Femmes). Nicht nur sexuelles Begehren, auch Geschlechterrollenverhalten wird in dieser Studie bis ins Detail dem Hormonspiegel zugeschrieben.

Die produktive Verwobenheit von gesellschaftlichen Diskursen und (biologischen) Deutungen des Körpererlebens bis hin zum Sozialverhalten ließ im Verlauf der vergangenen 200 Jahre sehr unterschiedliche ‚Homosexuelle' entstehen.

So wich unter politischem Druck der Sodomit, hervorgebracht durch den klerikalen Diskurs, der die gleichgeschlechtlichen Sexual*handlungen* verurteilte, dem kriminalisierten Päderasten (Foucault 1999). Dieser juridische Diskurs seinerseits machte gegen Ende des 19. Jahrhundert einen emanzipatorischen Diskurs produktiv: Die Argumentationslinien und das hermeneutische Konzept der Studie von Singh et al. fußen in dem Geschlechterkonzept des Juristen Karl-Heinrich Ulrichs (und seiner medizinischen Nachfolger), der in der zweiten Hälfte des 19. Jahrhunderts mit der Darstellung gleichgeschlechtlicher Liebe als in ihrem Wesen naturhaft – und damit nicht zu kriminalisieren – ihre Biologisierung, dies aber auch mit den Folgen der Pathologisierung, bewirkte. Von diesem historischen Moment an bieten verschiedene biologische Konzepte über die gleichgeschlechtliche Sexualpraxis und -liebe bzw. später über homosexuelle Neigung und Identität, unterschiedlich flexible Geschlechter. Dabei befinden sich emanzipatorisch intendierte Materialisierungsversuche der geschlechtlichen oder homosexuellen Identität stets im Widerstreit mit konservativ-pejorativer Diskriminierung mit denselben essentialisierenden Mitteln.

Die Studie von Singh et al. 1999 ist die erste biologische Studie, die nicht nur männliches und weibliches Verhalten als Resultat von Hormonen „beweist", sondern diese These gar auf zwei Untergruppen von Frauen anwendet. Lesben werden dadurch heterosexualisiert. Dies legt Parallelen zu der Zeit Ulrichs zu vermuten nahe: nämlich jene des geschlechtlich antiemanzipatorischen *backlashs* vor dem Hintergrund (geographisch stark expandierender) Deregulation. Der Weg weg vom starreren Genkonzept zum Hormon seit Mitte der 1990er Jahre scheint zunächst die Geschlechter zu flexibilisieren – Geschlechterverhalten wird käuflich in Form von Hormonspritzen etwa. Verhalten an sich allerdings wird mit der Wende ins 21. Jahrhundert immer weniger als Produkt eines kollektiven sozialen Austauschs verstanden, sondern – seit Mitte/Ende der 1990er Jahre in zunehmendem Maße – in die körpereigene Materie gelegt und damit individualisiert. Letzten Endes mögen die unterschiedlichen Arten der Essentialisierungen Körper und Sexualitäten von unterschiedlicher Handlungsfreiheit hervorbringen – als emanzipatorische Strategie jedoch ist diesen Essentialisierungen ein Determinismus konzeptionell so nah, dass beide getrennt voneinander kaum zu denken sind, wie die folgende Darstellung zeigen wird.

Im ersten Abschnitt dieses Aufsatzes werden kurz Ulrichs Konzept der naturhaften, erblichen gleichgeschlechtlichen Neigung und die gesellschaftlichen Umstände, die zur Hervorbringung dieses Konzeptes führten, dargestellt. Denn auf dieser theoretischen Grundlage wurden Konzepte der hormonellen Steuerung von Geschlechterrolle und Sexualität entwickelt, wie sie sich über einhundert Jahre später in der Arbeit von Singh et al. wieder finden lassen.

Im zweiten Teil wird der erklärungsbedürftige Umstand diskutiert, dass in Folge von Ulrichs Arbeit Hormone für geschlechtliches Rollenverhalten und damit auch für ‚abweichendes Sexualverhalten‘ verantwortlich gemacht wurden. Primär auf das Genom fokussierende Theorien dagegen erlebten lediglich eine kurze Hochphase.

Im dritten Teil wird die Studie von Singh et al. umfassend dargestellt und auf ihre Konstruktionsverfahren hin untersucht, mittels derer dem Geschlechterverhalten eine materielle Basis gegeben wird. Besonders hervorgehoben werden dabei jene Grundannahmen („contextual values“, Longino 1990), die Parallelen zum Konzept Ulrichs und seiner Nachfolger zeigen.

Im letzten Teil wird der soziale Kontext oder ‚Zeitgeist‘, in dem die Singh et al.-Studie entstand, beleuchtet. Dabei werden aktuelle hormonelle Essentialisierungen als backlash gegen aktuelle Bestrebungen des feministisch-sozialen Konstruktivismus bzw. der Emanzipation gedeutet.

1 Ulrichs Theorie der Naturhaftigkeit gleichgeschlechtlicher Liebe und der Streit um ihre Pathologisierung

Im Gegensatz zur zu seiner Zeit landläufigen Auffassung, ein gleichgeschlechtlicher Sexualakt sei als eine ketzerische Handlung von Sodomiten (so der klerikale Diskurs), wenn nicht von Päderasten (im juridischen Diskurs stand der Analverkehr als Akt im Vordergrund) als widernatürliche Handlung zu ahnden, unterstrich Karl-Heinrich Ulrichs das naturhafte Wesen der gleichgeschlechtlichen Liebe: denn diese gründe sich auf die Geschlechterinversion der Beteiligten, der sie unschuldig und ohnmächtig gegenüber stünden. Urninge (männerliebende Männer, wie er die gleichgeschlechtlich Liebenden nannte) trügen weibliche Seelen im männlichen Körper und Urninginnen (frauenliebende Frauen) männliche Seelen im weiblichen Körper („psychischer Hermaphroditismus", Ulrichs 1865).

Voraussetzung der Theorie Ulrichs von der natürlichen Inversion der Geschlechter bei den Urningen und Urninginnen war die breite Akzeptanz der Dichotomisierung der Geschlechtscharaktere und der biologischen Geschlechter, wie sie sich im 18. Jahrhundert in Ablösung des vorigen Ein-Geschlechter-Modells (Laqueur 1996) durchsetzte. Das Zwei-Geschlechter-Modell zielte auf den reproduktiven Körper ab, im Zuge dessen aufklärerischer Konzeptionierung das wissenschaftliche Interesse an Sexualität zunahm.

Nach Ulrichs Darstellung der zwei Geschlechter finden sich in einem zunächst undifferenzierten menschlichen Embryo Samenkerne für Körper, Geschlecht, Sexualität, Psyche und Liebestrieb. All diese können sich getrennt voneinander männlich oder weiblich entwickeln und dabei je nach den Kombinationen eine große Vielfalt an sexuellen Zwischenstufen bilden (Herrn 1995). Bei Urningen und Urninginnen habe sich der Liebestrieb und die Psyche in eine andere Richtung entwickelt als der Körper. Hiermit widersprach Ulrichs zwar der gängigen Lehrmeinung, nach der der Geschlechtscharakter sich nicht getrennt vom Körpergeschlecht entwickeln könne, da Körper und Seele einen stofflichen Wirkungszusammenhang darstellten (Schmehrsal 1995). Dennoch blieb bei Ulrichs die Seele naturhaft, körperlich-materiell, wenn er sie auch nicht zu erklären wusste. Zugleich benutzte Ulrichs, um seine Theorie zu untermauern, die binären Verhaltens- und Wesenszuschreibungen zu den Geschlechtscharakteren, so dass der Widerspruch zu dominanten Theorien begrenzt war.

Auf diese Weise naturalisierte er die so genannten widernatürlichen *Handlungen*, allerdings als *Wesens*anteile des Uranismus (der späteren Homosexualität), d.h. als ihre Essenz.[2] Der juridische Diskurs gegen die Päderastie zeigte hier seine Produktivität. Ulrichs Briefe, in denen er seine Theorien darlegte, wurden tatsächlich gerichtlich bedeutsam, als ein Freund von ihm 1870 ‚widernatürlicher Handlungen' im Mannheimer Park bezichtigt wurde.

Diese Naturalisierung wurde fortan in sowohl emanzipatorisch-affirmativer Weise, wie auch in pathologisierender Weise interpretiert und weiterverfolgt.

Während Magnus Hirschfeld und das Wissenschaftlich Humanitäre Komitee die Ulrichs'sche Naturalisierung dieser ‚Missbildung' (wie Hirschfeld den Uranismus zunächst bezeichnete) als Instrument für die Entkriminalisierung zu wenden versuchten, verfolgten psychiatrische

---

2　„Die Sodomie – so wie die alten zivilen oder kanonischen Rechte sie kannten – war ein Typ von verbotener Handlung, deren Urheber nur als ihr Rechtssubjekt in Betracht kam. Der Homosexuelle des 19. Jahrhunderts ist zu einer Persönlichkeit geworden, [...] die schließlich eine Morphologie mit indiskreter Anatomie und möglicherweise rätselhafter Physiologie besitzt." (Foucault 1999: 58)

Ärzte wie Carl Westphal (1869) und Richard von Krafft-Ebing (1903), vor allem aber ihre US-amerikanischen Kollegen, eine darwinistisch-evolutionsbiologische Interpretation, nach der die Urninge und Urninginnen nun also ‚von ihrer Natur aus' untauglich seien, zur Reproduktion der Bevölkerung beizutragen. Sie müssten somit psychiatrisch behandelt, bzw. die Ursache dieser Störung ergründet werden.

Im Verlauf des 20. Jahrhunderts wurde so schließlich durch die unverbundene Gegenüberstellung der ‚natürlichen' Binaritäten homosexual/heterosexual die Geschlechterdichotomie verschärft, letzte Beweglichkeiten zwischen den Geschlechtern aufgehoben (vgl. Schmehrsal 1998) und alternative Konzepte verdrängt.[3]

Ulrichs Konzept der verschiedenen Wesenskerne, die eine große Vielfalt mit kontinuierlichen, wenn auch nicht fluiden Übergängen hätte ermöglichen können, wurde von seinen ideellen Nachfolgern aus der Homophilen-Bewegung und von psychiatrischen Ärzten in die Zweigeschlechtlichkeit zurückgestutzt.

Ulrichs Naturalisierungs-Konzept diente insofern letztlich nicht nur der Wiederherstellung der Geschlechterordnung in der Auseinandersetzung zwischen ‚Heterosexualen' und ‚Homosexualen' – sondern auch zwischen Mann und Frau. Denn zunehmend zum Ende des Jahrhunderts hin wurde in Frankreich wie in Deutschland eine ‚Männlichkeitskrise' ausgemacht, die sich in der Infragestellung der politischen Ordnung durch die erste Frauenbewegung einerseits und die vermehrte Rede von den ‚effeminierten Männern' auszudrücken schien. Denn bei der Herausbildung der Nationalstaaten bekamen bevölkerungspolitische Fragen erstmals biopolitisches Gewicht: den aus evolutionsbiologischer Sicht ‚gesunden' Beitrag leisten zu können, wurde zu Zeiten der Emanzipationsforderungen und vor dem Hintergrund des behaupteten Geburtenrückgangs um die Jahrhundertwende zunehmend bedeutsam (Dienel 1995; Badinter 1984). Die spezielle hormonelle ‚Natur der Frau' war es – bald in zunehmend wissenschaftlich ausgeklügelter Argumentation – die der Frau in einer bald konzipierten *hormonellen* Hierarchie den Zugang zur Gesellschaft weiter verwehrte. (Vgl. Schmehrsal 1995; Oudshorn 2002, Wöllmann in diesem Band.)

---

3 Weibliche Schwäche, bzw. gleichgeschlechtliche Liebe seien (in der Erziehung und Lebensweise) *erworbene* Neigungen, meinten beispielsweise der Mediziner Carl-Ludwig Klose (1829) oder Albert von Schrenk-Notzing (1892). Auch das Konzept des ‚Dritten Geschlechts', das vor allem Hirschfeld als nicht-pathologisierenden Begriff für ‚Männer mit weiblicher Seele' stark machte, konnte sich nicht durchsetzen.

2 Hormone und brain sex[4]

Ulrichs Theorie des angeborenen Uranismus und der Samenkerne ließ offen, auf welche Weise dieser entstünde. Er legte insofern gemeinsam mit seinen Nachfolgern den Grundstein sowohl für das Konzept der hormonellen Prägung wie der genetischen Vererbung. Doch im Gegensatz zu dem Genmaterial, dessen Wirken nach einer Manipulation immer erst eine Generation (von Bohnen, Flohrfliegen oder anderen Testorganismen) später beobachtbar war, ließen sich bereits früh im 20. Jahrhundert Hormone extrahieren und Körpern – unter Beobachtung spezifischer, vergleichsweise kurzfristiger Reaktionen zuführen. Schon kurz nach der Jahrhundertwende ließen sich Hormone bereits sowohl wissenschaftlich wie auch wirtschaftlich verhandeln.

Die Frage nach dem biologischen Wesen von Mann und Frau, und damit nach dem Wesen der ‚Inversion' oder ‚Conträrsexualität', war spätestens mit dem Ullrichs'schen Uranismus in die Öffentlichkeit geraten. Die Idee der weiblichen Seele im männlichen Körper, die von Ulrichs und anderen beschrieben wurde, nahm Sigmund Freud auf. Als Sitz der Seele verstand Freud, geprägt von seiner medizinischen Herkunft, erstmals das Gehirn, wo er Sexualitätszentren verortete (Freud 1961). In dieser Verortung der Sexualpräferenzen im Gehirn haben die zahlreichen späteren neuroanatomischen Studien zur Homosexualität ihren Ursprung. Die diskursive Verstofflichung des Geschlechtscharakters im Hormon nahm etwa zeitgleich seinen Lauf:

1894 verwendeten William Bayliss und Ernest Henry Starling zum ersten Mal das Wort Hormon öffentlich, um damit die Wirkung von Stoffen zu beschreiben, die Ausschüttungen von Drüsen oder Magentätigkeit anregten (Fausto-Sterling 2000: 149).

Bereits 10 Jahre später prägte der Wiener Physiologe Eugen Steinach den Begriff der geschlechtlich gegensätzlichen Sexualhormone für die Extrakte der Gonaden (Steinach 1910). Obwohl, wie die Biologin Anne Fausto-Sterling rückblickend kritisiert, Östrogene und Androgene im ganzen Körper vorkommen und dort die verschiedensten v.a. wachstumsstimulierenden Prozesse auslösen (Fausto-Sterling 2000: 179), was auch zu Steinachs Zeiten bereits zu heftiger Kritik an der behaupteten Geschlechtsspezifität der Hormone führte,[5] benannte er die Extrakte von Hoden und Ovarien unterschiedlich, eine Praxis, die die medizinische Geschlechterdichotomie stark vertiefte.

---

4 Gemeint ist hier das auf deutsch als Gehirngeschlecht zu bezeichnende Konzept des *„sexually differentiated brain"*. Darunter ist sowohl eine Differenzierung in sex als auch in gender zu verstehen. Der deutsche Begriff ist bisher kaum verbreitet. Sämtliche Übersetzungen aus dem Englischen stammen im Folgenden von mir.

5 So vor allem in den 1930er Jahren (vgl. Oudshoorn 1994: 34).

Zur selben Zeit etwa wurden Hormone auch von der Medizin und Psychologie akzeptiert als Vermittler zwischen Anatomie und Verhalten. 1907 nannte der Sexualforscher Iwan Bloch zum ersten Mal vorsichtig einen möglichen Zusammenhang zwischen Hormonen (diesem „interkurrenten dritten Faktor"), Homosexualität und Körper („weiblich-unmännliche Sexualpsyche bei [...] männlichen Genitalien" bzw. „unmännlich geartete Psyche in einem typisch männlichen Körper" (Bloch 1907: 585). Steinach selbst beschrieb die Wirkung der ‚männlichen' und der ‚weiblichen' ‚Sexualhormone' als strikt getrennt: Sie seien Ursache für die gegensätzlichen Geschlechtscharaktere. Allerdings sei ihre jeweilige Ausprägung abhängig von ihrem Mischungsverhältnis im Körper, so dass Steinach nicht die Kategorien Mann – Frau, sondern die männlichen und weiblichen Eigenschaften, in Abhängigkeit von ihrem Mengenverhältnis zueinander glaubte unterscheiden zu können (Steinach 1920; Steinach & Lichtenstern 1918: 145).

Der Historiker Heiko Stoff kommt bei einem Vergleich des Steinach'schen Hormon-Geschlechter-Modells mit dem herkömmlichen, d.h. der anatomisch-physisch-mentalen Mann/Frau-Dichotomie, zu folgender Auffassung:

„Das strikte ‚Zwei-Geschlechter-Modell', der ‚radikale Dimorphismus', der Mann und Frau in einer anatomischen und physiologischen Unvergleichlichkeit positionierte, flexibilisierte sich in diesem Konzept zu einer alleine noch relativen Wirkung von endokrinen Substanzen." (Stoff 2000: 281)

Fasst dieser Kommentar auch trefflich die Neuerung des Steinach'schen Konzeptes selbst zusammen, brachte dies jedoch nicht mit sich, dass die Hegemonie des ‚radikalen' Zwei-Geschlechter-Modells, sowohl bezogen auf die Physis wie auch auf die Psyche, in Frage gestellt worden wäre. Denn Grenzwerte von nicht mehr akzeptablen Hormon-Mischungsverhältnissen im menschlichen Körper wurden – im Glauben, dadurch die männlichen und weiblichen Geschlechtscharaktere zu sichern – bald festgelegt, so dass durch die Formulierung klar distinkter Hormongeschlechter jegliche Zwischenwerte als pathologische Erscheinung ausgeschlossen wurden.
    Zudem führte die These, ein bestimmter Geschlechtscharakter mit eindeutig abgrenzbaren männlichen oder weiblichen Wesenszügen entstünde in Abhängigkeit vom Hormonstatus im Körper, im Verlauf des Jahrhunderts zu Behandlungen von so genannten Homosexuellen mit Hormonen verschiedenster Art (vgl. z.B. Ricketts 1984).

Die heutige Endokrinologie und Neurologie versucht noch immer, die Wirkzusammenhänge zu verstehen, die den behaupteten biologischen ‚Geschlechtscharakter' ausmachen. Bisherige Ergebnisse der Suche nach physiologischen (stofflichen) Manifestationen zweier distinkter menschlicher Geschlechtscharaktere beruhen weiterhin auf statistischen Ergebnissen, ohne dass die möglicherweise formal und im erkenntnistheoretischen Sinne positiv unentscheidbare Frage 'Is it nature or nurture?', jemals mehr als gestreift worden wäre. Dennoch gehen Singh et al. (mehr oder weniger implizit, vgl. Abschnitt 3) von folgendem aktuell dominanten medizinisch-biologischen Konzept aus, das die Wirkung von Hormonen in verhaltensgeschlechtlich vereindeutigender Richtung erklären soll:

Man hatte bei Mädchen, die z.B. mit überdurchschnittlich großer Klitoris geboren wurden, gezeigt, dass ihre Nebennieren Testosteron meist nicht, wie bei den meisten Frauen, in Östrogene umwandelten, so dass diese Mädchen einen hohen Testosteron-Spiegel hatten (ein als *congenital adrenal hyperplasia* bezeichnetes Phänomen). Da diese sich vermeintlich besonders burschikos verhalten würden, und da versucht wurde, einen Zusammenhang zwischen diesem 'abweichenden' Verhalten und biologischen Gegebenheiten herzustellen, wurde (und wird auch heute, vgl. Hall et al. 2004; Berenbaum/Bailey 2003; Nordenström et al. 2002) eine 'Störung' in der Gehirnphysiologie vermutet. Hier, wie bei Schwulen, deren Verhalten als dem chromosomalen Geschlecht widersprechend gedeutet wurde, greift man seither auf die Annahme einer Störung der *sexuellen Differenzierung des Gehirns* zurück.[6]

Das *sexually differentiated brain* als biologisches Theoriekonzept wurde in den 1980er Jahren von VertreterInnen der Organisationstheorie hervorgebracht. Nach diesem Gedankengebäude – der Organisationstheorie – werden (geschlechtlich kodierte) Eigenschaften bereits beim Fötus im Uterus durch spezifische Anordnungen und Ausprägungen der Gehirnphysiognomie und -physiologie unveränderlich für den weiteren Lebensverlauf festgelegt.[7]

Die Organisationstheorie, auf der ihre körperliche Manifestation, das *sexually differentiated brain* beruht, hatte sich in den 1980er Jahren in der Fassung durchgesetzt, wie sie zunächst 1979 als Arbeitshypothese von Beach vorgestellt worden war (Beach 1979). Sie fand Anhänger z.B. in dem Neurowissenschaftler Roger Gorski (1984) und der Biologin Anke Ehrhard, die bereits zeitgleich „Ergebnisse" beschrieb, die diese

---

6 Damit fügte sich zum chromosomalen Geschlecht, dem Körpergeschlecht und dem gonadalen Geschlecht nun das *sexually differentiated brain* hinzu, die sämtlich 'Störungen' in ihrer eindeutigen Sexualausprägung im Verhältnis zu den jeweils anderen biologischen Geschlechtsmerkmalen unterliegen könnten, wie es fortan heißt.

7 Die aktuellste Fassung der Organisationstheorie, die Aktivierungstheorie, stellt für das *sexually differentiated brain* eine leichte Flexibilisierung dar. In dieser jüngsten Theorieanpassung wird ein gewisser Anteil der Prägung der nachgeburtlichen Lebensphase vorbehalten, denn erst ein Hormonspiegel in bestimmter Höhe (beim Kind oder etwa in der Pubertät) könne dann die Wirkung im vorgeprägten, bereits bei Geburt ansonsten geschlechtlich kaum mehr veränderlichen, System entfalten (sofern keine 'Störungen' vorliegen).

Theorie bestätigen würden (Ehrhardt 1979). Doch was haben nun nach diesem Modell Hormone in Erwachsenen und strukturelle Festlegungen im Fötus miteinander zu tun?

Nach der Organisationstheorie bzw. nach seinem differenzierteren Konzept, der Aktivierungstheorie, entwickelt sich die sexuelle Differenzierung des Gehirns in einer bestimmten, für Hormone besonders empfindlichen pränatalen Phase. Bei Nagetieren, Ratten und Hamstern hatte man beobachtet, dass, gab man ihnen in einer bestimmten fötalen Entwicklungsphase Testosteron, diese ein Gehirn entwickelten, das später nicht auf Östrogenschübe reagierte (sog. azyklisches Gehirn), während nicht von höherem Testosteron-Spiegel betroffene weibliche Föten ein Gehirn entwickelten, das nachgeburtlich bzw. beim erwachsenen Tier auf Östrogen reagierte (sog. zyklisches Gehirn). Getestet wird dies anhand der Reaktion des Gehirns in Form von spezifischen Hormonausschüttungen auf Östrogengabe. Lässt sich durch eine Östrogenspritze ein Anstieg des Luteinisierenden Hormons (LH) beobachten, wird das Gehirn als ein zyklisches (und damit ‚weibliches‘) betrachtet. Dass das ‚männliche‘ (azyklische) Gehirn vermeintlich nicht auf Östrogenschübe reagiere, wird damit erklärt, dass auf ungeklärte Weise ein höherer Testosteron-Spiegel im Fötus bzw. Uterus nachhaltig eine Blockade gegenüber Östrogenwirkungen aufbaue. Genau dies ist die Schwachstelle, die black box des Theoriegebäudes, denn sämtliche bisherigen Erklärungsansätze und Befunde widersprechen einander.

Günter Dörner formulierte bereits auf der Basis von Versuchen an Ratten 1975 eine Theorie der Homosexualität aufgrund des Hirngeschlechts. In Bezug auf Lesben ging seine Arbeitsgruppe von einem Androgenüberschuss in einer kritischen Fötalphase aus, bei Schwulen von einem Androgenmangel, so dass das Gehirn in seinem weiblichen Urzustand verharre (Dörner et al. 1975).

1984 wurde in einem der renommiertesten Wissenschaftsmagazine der USA, Science, ein Beitrag veröffentlicht, der die Theorie des weiblichen Gehirns von Schwulen zu bestätigen schien: Einige von 17 untersuchten homosexuellen Männern tendierten im Vergleich zu 12 heterosexuellen Männern dazu, auf Östrogengabe mit einem Anstieg des Luteinisierenden Hormons (LH, bzw. ICSH) zu reagieren, also quasi zyklisch (Gladue et al. 1984).

Dass diese Art der Forschung, insbesondere die Schlussfolgerungen von Dörner bereits damals umstritten waren, zeigt das Zitat des Neurowissenschaftlers Roger Gorski, der viel über Hirndifferenz gearbeitet hatte. Er meinte in Bezug auf Dörners Arbeiten etwa 1980: „There is something reductive and scary about a situation in which you might be able to ask a mother whether she wants testosterone treatment to avoid having a homosexual son." (Vgl. Durden-Smith 1980)

Günter Dörners hier angesprochener Theoriestrang besagte, dass mütter-
licher Stress verhindern würde, dass Testosteron vermännlichend auf die
von Dörner angenommenen Sex-Zentren im Gehirn wirken könnte. Das
Zitat belegt allerdings nicht nur, wie umstritten die Homosexualitätsfor-
schung war, sondern, dass es fast immer eben um Prävention ging.

Obwohl die Geschlechterdichotomie des Gehirns bzw. die diese voraus-
setzende Organisationstheorie extrem umstritten war und ist und gar als
widerlegt bezeichnet wurde (z.b. ist bei Primaten gezeigt worden, dass
jedes männliche Schimpansengehirn zyklisch reagieren kann, wenn es
nur dauerhaft genug Östrogene erhält), steht das so genannte Hirngeschlecht nach dem chromosomalen und den sekundären Geschlechter-
merkmalen meist an dritter Stelle im gynäkologischen Lehrwerk. Gelegentlich auch von biologischer Seite wurde die Übertragbarkeit von Ergebnissen zur endokrinen Verhaltenssteuerung bei Ratten oder Meer-
schweinchen auf Menschen bemängelt, oder in Frage gestellt, ob ‚moun-
ting' (als Maßstab männlichen Sexualverhaltens der Ratten) überhaupt
als ‚sexuell' bezeichnet werden könne (Beach 1971). Ratten zeigen z.B.
ein als eindeutig dichotom beschriebenes Verhalten wie kaum irgendein
anderes Säugetier. Weibliche Ratten ‚präsentieren' ihr Hinterteil, ‚sich
männlich verhaltende' dagegen ‚besteigen'. Geschlechtlich sich ‚ver-
kehrt' verhaltende Ratten erkennt man nicht an der ‚falschen' PartnerIn-
nenwahl, der sog. object choice, also daran, dass eine weibliche Ratte
eine andere weibliche Ratte als ihren mating partner erkennt, sie also
besteigt, sondern daran, dass sie *überhaupt besteigt*, also ‚versucht zu
penetrieren', egal, ob das ‚richtige' Geschlecht, also ein Männchen, oder
ein Weibchen (Birke 1981; Dörner 1968). Allein diese Verhaltensdeu-
tung der vermeintlich homosexuellen Ratte (die hier als Modell für
menschliche Lesben und Schwule verwendet wird, vgl. Dörner/Hinz
1968), gibt viel Aufschluss darüber, dass das biologische Konzept Ho-
mo-Sexualität mit gleich-geschlechtlicher Liebe wenig zu tun hat, sondern wohl eher mit ‚geschlechterunangemessenem' Verhalten. Vorausgesetzt wird also nicht nur eine In-Eins-Setzung von Geschlechtsidenti-
tät mit entsprechendem Sexualverhalten, sondern auch beider Dimorphismus. Voraussetzung wiederum für ein sexuell dimorphes Sexualverhalten ist die Existenz zweier exakt distinkter Geschlechter. Das vermeintlich ‚dimorphe Verhalten' des Luteinisierenden Hormons, das entweder zyklisch oder tonisch ausgeschüttet werde, war schließlich jenes
missing link, das sich zwischen den angenommenen dimorph geprägten
Gehirnen und dem hormonell bedingten Sexualverhalten einfügte.
  Indizien, die die Behauptung stützen könnten, die besagten zykli-
schen oder tonischen Hormonausschüttungen (seien sie nun *unwiderruf-
lich* entweder tonisch oder zyklisch oder auch nicht) hätten irgendeine
Relevanz für eine Verhaltensausprägung, sind nicht erbracht, wenn
überhaupt untersucht worden. Deutlich wird allerdings in dem Konzept

der black box ‚sexually differentiated brain' der Widerspruch zu Steinachs Kontinuum der Hormonmischungsverhältnisse und der Geschlechtscharaktere. Dieses wurde erst durch die Pathologisierung uneindeutiger Hormonverhältnisse und deren Entfernung daraus wieder in das binäre Gesamtbild gefügt (s. Kap. 3). Das dichotome Angebot der sexually differentiated brain-Theorie ‚entweder zyklisch oder tonisch', also entweder weiblich oder männlich, lässt von vornherein keine Zwischenstufen oder Flexibilität geschweige denn ‚Geschlechterfluidität' zu.

Dies gilt auch für die Theorie der *genetischen* Vererbung, so dass sich auch hier keine Alternativen zum dichotomen Forschungsstandard abzeichneten.

Die Theorie der genetischen Vererbung von Homosexualität wurde in den 1980er und 90er Jahren sowohl in neurowissenschaftlichen Theorien (bei der Interpretation der Versuchsergebnisse) und in Chromosomenstudien vor allem von schwul-aktivistischen Forschern vorangetrieben. (Vgl. z.B. Le Vay 1991; Hamer et al. 1993; Hu et al. 1995)[8] Mitte der 90er Jahre wiederum sorgten diese Arbeiten für harsche Reaktionen, denn sie hielten Überprüfungen nicht stand und wurden auch von den Autoren selbst relativiert. (Vgl. Rice in Byrd 2001; Mann 1994; Le Vay 1996; Scientific American 1995)

Ein möglicher Grund für den Strategiewechsel dürfte in dem Entzug des Drucks gegen ‚Homosexuelle' liegen, wie er zumindest von Seiten der psychiatrischen und psychologischen Profession erfolgte. So wurde u.a. durch das Engagement schwul-lesbischer pressure groups die Diagnose Homosexualität bzw. Ego-dystonische Homosexualität als psychopathologische Störung zunächst aus dem Diagnostic and Statistical Manual (DSM) der American Psychiatric Association (APA) und schließlich 1992 auch aus der von der WHO herausgegebenen International Classification of Diseases (ICD) gestrichen (Socarides 1992). [9]

Wenn auch essentialistisch, bietet die Theorie der prägenden Hormonspiegel in der pränatalen Umwelt im Gegensatz zur Gen-Theorie – zumindest scheinbar – ein höheres Maß an intermediären Positionen.

---

8 Le Vay 2001: „[...] people who think that gays and lesbians are born that way are also more likely to support gay rights." Ähnlich argumentieren die Zwillingsforscher Bailey/Pillard 1991, zit. in New York Times 1991; vgl. auch den Review biologischer Homosexualitätstheorien von Byne/Parsons 1993.

9 Le Vay betonte, dass die Streichung dieser Diagnose keiner neuen wissenschaftlichen Erkenntnis folgte (Scientific American 1995): „*Gay activism was clearly the force that propelled the APA to declassify homosexuality.*"

3 Lesbenhormon

Eine zunehmende Diversifizierung der ‚abweichenden' Sexualitäten ist tatsächlich in psychologisch-physiologischen Untersuchungen seit Ende der 1990er Jahre beobachtbar. Durch die Anwendung binärer Schemata und zugleich auch die Biologisierung derselben werden diese jedoch sogleich wieder verfestigt, was sich an einer speziellen Studie verdeutlichen lässt. Der Titel der Studie, auf die sich die folgende Analyse bezieht, lautet *„Lesbian erotic role identification: behavioural, morphological and hormonal correlates"* (Singh et al. 1999) und sie erschien in der Fachzeitschrift für empirisch-psychologische Forschung *Journal of Personality and Social Psychology* im Jahr 1999. In der der Veröffentlichung *Lesbian Erotic Role Identification* zu Grunde liegenden empirischen Arbeit wurde der Testosteron-Spiegel von Butches (in der Studie mit Verweis auf frühere AutorInnen der letzten Jahrzehnte beschrieben als sich maskulin gebende bzw. ‚männlich' wirkende Lesben) und Femmes (beschrieben als ‚feminin' wirkende Lesben) im Vergleich miteinander untersucht, vor dem Hintergrund der Annahme, bei Butches müsse der Testosteron-Spiegel höher sein (Pearcey et al. 1996). Hierzu gibt es keinerlei Präzedenzen: Noch nie war zuvor ein möglicher biologischer Unterschied zwischen Butches und Femmes festgestellt bzw. darüber veröffentlicht worden und auch Untersuchungen von physischen Unterschieden zwischen so genannten homo- und heterosexuellen Frauen sind rar.[10, 11]

Die Studie von 1999 zeitigt das Ergebnis, dass tatsächlich Butches einen höheren Testosteron-Spiegel haben als Femmes. Es wird in den folgenden Jahren mehrfach in der Fachwelt als einer der Belege für die biologische Bedingtheit (lesbischer) Homosexualität rezitiert; wenige Kritiken kommen bisher von geisteswissenschaftlicher Seite.

Wie kam es zu diesem Ergebnis?

Der Artikel *Lesbian erotic role identification* von Singh et al. beginnt mit einer kurzen Darstellung des Butch/Femme-Phänomens und der Einwendung, dass manche Menschen die Nomenklatur ‚Butch/Femme' als eine Übertragung heteropatriarchaler männlich/weiblich-Rollenclichés und als gesellschaftliche Konstruktion kritisieren würden. Mit der Studie sollte diese Annahme herausgefordert und Butch/Femme als vorsoziale Kategorie ‚weiblicher Homosexualität' betrachtet werden.

---

10 Einige darunter entstanden ebenfalls an der University of Texas, wie jene des Physio-Psychologen Dennis McFadden zu Gehörunterschieden zwischen hetero- und homosexuellen Frauen (vgl. z.B. McFadden/Champlin 2000).

11 Eine einzige ebenfalls durch eine ForscherInnengruppe der Texas University angestellte Untersuchung von Testosteron-Spiegeln an 28 Lesbenpaaren (Pearcey et al. 1996) konnte keinen Unterschied zwischen den Testosterondurchschnittswerten von Butches und Femmes finden.

Dem empirischen Teil geht eine fünfseitige (der Beitrag umfasst 15 Seiten) theoretische Darstellung voraus: Es folgt der Einleitung eine historisierende Ausführung über die Verleugnung von sich als Butch oder Femme wahrnehmenden Lesben durch Feministinnen und den homogenen Imperativ des Androgynen innerhalb der Lesbenszene „in America".[12] Als beschreibende Muster für Butch/Femme gilt in dem Artikel eine aktiv/passiv-Dichotomie, die im Weiteren durch maskulin/feminin ersetzt wird. Mit dem Hinweis auf einige lateinamerikanische Länder sowie auf die Philippinen und Großbritannien, in denen eine Butch/Femme-ähnliche Aufteilung bestünde, heißt es: „The tenacity of butch/femme roles through diverse political eras and the prevalence of such roles cross-culturally suggest, they are based on stable psychobiological characteristics" (Singh et al. 1999: 1036).

Nach Darstellung des Forschungsstandes, der sich im Wesentlichen auf die Vorläuferstudie von 1996 beläuft (Pearcey et al. 1996), wird zusammengefasst:

„[T]he differences between butch and femme lesbians parallel the differences between men and women. This suggests, that butch lesbians exhibit more male typical and femme lesbians more female-typical characteristics in their biological makeup and behaviour." (Singh et al. 1999: 1038)

Diese tautologische Vorbemerkung[13] ist zugleich die vor allem aus *lyrischen* und *gesellschaftswissenschaftlichen* Beschreibungen generierte Forschungsthese der Existenz zweier distinkter und konsistenter lesbischer Sexualitäten, die vermittels der empirischen Untersuchung des Hormonstatus verifiziert werden soll.

Biotheoretische Voraussetzung der Studie ist erklärtermaßen die – auf zwei vorausgegangene Studien zur Homo- vs. Heterosexualität im Zusammenhang mit Hormonen bei Frauen – gestützte Annahme, dass Butch-Lesben pränatal, also im Uterus größeren Mengen an Androgenen ausgesetzt gewesen wären, und zweiter Teil der Annahme ist, dass dies nicht nur die Körperform, sondern auch das Verhalten, z.B. Reproduktionsentscheidungen und Mutterverhalten („maternal behaviour", Singh et al. 1999: 1038), beeinflusst. (Vgl. Leveroni/Berenbaum 1998; Reinisch/Sanders 1992)

Die AutorInnen tätigten weitere Vorhersagen für die Ergebnisse, die sie aus ihrem Fragenkatalog, den sie dem Saliva-Test (der Speich!untersuchung) voranstellten, zu erhalten hofften: Butches, bzw. jene mit höherem Testosteron-Spiegel, sollten sexuell häufiger dominant sein,

---

12 Mit Bezug auf insbesondere Loulan 1990; „America" wird an der entsprechenden Stelle von Singh et al. nicht genauer gefasst.

13 Tautologisch insofern, als zunächst anhand von Merkmalen von „A" dieses „A" als = „a" definiert wurde und ebenso „B" anhand von Merkmalen von „B" als = „b"; im nächsten Schritt sollte empirisch überprüft werden, ob „b" Merkmale von „B" und „a" Merkmale von „A" trüge.

sich für Sex Toys und -darstellungen stärker interessieren, ähnlich der Beschreibung der männlichen Sexualrolle. Laut früheren Studien erinnerten die Geschlechter das kindliche Spielverhalten unterschiedlich: Femme wie auch Frauen erzählten mehr von Spiel mit Schmuck und berichteten häusliche Anekdoten, Männer und Butches bewegten sich als Kinder eher draußen, laut und sportlich. Auch dieses und viele weitere traditionell dualistische männlich-weiblich Zuschreibungen hoffte man in Korrelation zum Testosteronlevel zu finden: „Such gender typical behavior can also be influenced by prenatal hormonal levels" (Singh et al. 1999: 1039).

4 Die Studie

4.1   Zur Empirie der Studie ‚Lesbian erotic role identification‘

Die Studie untergliedert sich in zwei Teile: Im ersten werden ausschließlich Fragebögen ausgewertet, der zweite Teil beinhaltet zusätzlich den Testosterontest, der tatsächlich zu dem Ergebnis kommt, dass Butches einen höheren Testosteron-Spiegel aufweisen als Femmes.

In dem ersten Teil der Empirie werden 158 sog. Frauen[14] befragt, davon 100 Lesben und 58 heterosexuelle Frauen. Sie wurden im Schneeball-Verfahren rekrutiert.[15] Jede Teilnehmerin bekam einen Umschlag mit Fragen, nach Angaben zur persönlichen Geschichte eingeordnet in „lesbisch/gay", „bi-" oder „heterosexuell" oder „not sure" sowie Butch oder Femme. Die Frage, „ich verstehe mich selbst primär als Femme", oder „primär als Butch" konnte auf einer Skala von 0-10 beantwortet werden, dabei hieß 0 = „definitiv nicht richtig", und 10 „definitiv richtig". Von dem für „Butch" angegebenen Wert wurde der für „Femme" angegebene Wert abgezogen.[16]

Letzten Endes gab es auf diese Weise 58 Femmes, 47 Butches und 58 heterosexuelle Frauen in diesem Teil der Studie. Diese ließen sich durch diese Berechnung als Butches mit einem Butchwert von +4,9 im Durchschnitt zusammenfassen und Femmes mit einem Durchschnitt von −5,6. Die Standardabweichung betrug 2,8 und 2,6. Nach diesen Angaben aus der *Lesbian erotic role identification*-Studie lassen sich auf der dem Substraktionsvorgang entsprechenden Skala mit den Extremen -9= „sehr

---

14 Es wird nicht angegeben, auf welchem Weg diese Personen der Kategorie Frau zugeordnet werden.

15 D.h. FreundInnen der AutorInnen wurden gebeten, Freundinnen um Teilnahme zu bitten, die wiederum Freundinnen um Teilnahme baten etc.

16 Anwendungsbeispiel: Person X gibt auf der Skala von 0 bis +10 für das Ausmaß ihrer ‚butchness‘ (in der Studie „butch score" genannt) den Wert +3 an und beantwortet die Frage, wo auf der Skala zwischen 10 und 0 sie sich als Femme einordnet, mit +2. Dann erfolgt in der Auswertung die Subtraktion (+)3-(+)2= +1. Die Person X wird infolgedessen eingeordnet als Butch mit dem Wert (+)1.

Femme" (bzw. „im negativen butchness-Bereich liegend") bis +9 = „sehr Butch", die Ergebnisse wie in Abb. 1 (bewusst skizzenhaft) darstellen.

Die Teilnehmerinnen sind anschließend nach Persönlichkeitsmerkmalen untersucht worden, die nach Ansicht der AutorInnen gehäuft bei Männern bzw. Frauen auftreten, wie z.B. „feminin expressiv", „maskulin instrumentelles Handeln" oder „kompetitives Verhalten", je nach Geschlecht unterschiedliche Art der Depressionen, etc.

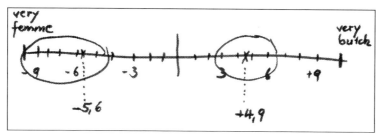

Abb. 1: Durch bewusste Auswahl der Methodik und der Probandinnen entstehen stark unterscheidbare „Sexualitäten": umkreist sind die Durchschnittswerte des „butch-score" mit den Abweichungen von den Durchschnittswerten +4,9 und -5,7.

Es wurden in diesem Bereich keine Differenzen zwischen heterosexuellen Frauen, Butches und Femmes gefunden. Der ebenfalls abgefragte Kinderwunsch war bei Butches, den empirischen Ergebnissen nach, von allen bei weitem am größten (sofern sie nicht selbst gebären müssten). Im Gegensatz dazu wurde von den Femmes und den heterosexuellen Frauen doppelt so häufig angegeben, Kinder selbst gebären zu wollen.

Den Erwartungen der AutorInnen entsprechende Unterschiede fanden sich im Wesentlichen in waist-to-hip-ratio (Verhältnis Taillen- zu Hüft-Umfang, jener der Butches lag um 3,7% und 5% höher als der der Femmes und heterosexuellen Frauen), der für die AutorInnen der Studie auf Unterschiede im Testosteronlevel deutet. Auch gaben Butches im Verhältnis zu Femmes häufiger an, beim Sex eher oben auf zu liegen und erinnerten sich ihren Angaben nach häufiger als Femmes und heterosexuelle Frauen an eigenes „gender-atypisches Verhalten" aus ihrer Kindheit.

In der zweiten Untersuchung der Studie *Lesbian erotic role identification* wurden Fragebögen mit Fragen nach „gender-atypischem Merkmalen" gekoppelt an den Testosterontest. Hierfür wurde wieder mit Schneeballtechnik rekrutiert. Diesmal nahmen jedoch nur 17 Butches, 16 Femmes und 11 heterosexuelle Frauen teil. Keine Testperson aus der vorigen Studie war dabei, die Studie erweckt aber den Eindruck, als wäre „dichotomer" rekrutiert worden: Das Durchschnittsgewicht und der waist-to-hip-ratio unterscheiden sich jetzt innerhalb der 3 Gruppen weitaus stärker. Eines der auffälligen Ergebnisse aus dieser Befragung ist, dass die heterosexuellen Frauen um weit über ein Drittel häufiger angaben, sich zu wünschen, Kinder zu gebären, als in der ersten Befragung. Während in der ersten Fragebogenstudie die Femmes mit den heterosexuellen Frauen gleichhielten, lagen sie diesmal lediglich auf der Höhe der Butches und gaben halb so oft an, sich zu wünschen zu gebären, wie die heterosexuellen Frauen.

Das Testosteron-Ergebnis fiel so aus, dass die Butches einen Durchschnitt von 4,1 Nanogramm (ng) Testosteron je Deziliter (dl) Speichel aufwiesen, die Femmes 2,5, die heterosexuellen Frauen 2,3 – jeweils mit einer Standardabweichung von 1,7-0,8 ng/dl. Der Testosteron-Spiegel, so heißt es in der Ergebnisdarstellung, sei also ein „positive predictor" des „degree of butchness" (Singh et al. 1999: 1046).

Die AutorInnen kamen in der Ergebnisdiskussion für beide Studienteile zu dem Schluss, dass ihre Feststellungen ernsthaft die Behauptung in Frage stellten, dass die Butch/Femme-Rollenverteilung quasi ein Irrtum der BetrachterInnen sei. Schließlich wurde nochmals darauf hingewiesen, dass bereits zwei andere Studien die mögliche Vererbbarkeit sexueller Orientierung von Frauen aufgezeigt hätten.[17] Dennoch, so wird bedauert, gäbe es noch immer keine Studie zu Gehirnunterschieden zwischen Lesben und heterosexuellen Frauen. Weitere Studien seien notwendig – und wenn sich herausstellen würde, dass Butches besser als Femmes abschnitten bei z.B. mathematischen Tests, würde dies die Annahme bestätigen, dass die Unterschiede zwischen Butch und Femme hormonell bedingt seien (vgl. Singh et al. 1999: 1047).

Diverse Faktoren relativieren jedoch die scheinbare Eindeutigkeit der hormonellen Verkörperung von butchness, wie sie die Studie nahe legt.

4.2 Relevanz des gesellschaftlichen Bezugsrahmens

In der *Lesbian erotic role identification*-Studie ist die Dateninterpretation und -generierung ebenso wie bereits die Generierung der Forschungsfrage besonders eng verknüpft mit dem dichotom-systematischen (im Wortsinne ebenso ‚in-zwei-getrennt' wie ‚unterschieden-zusammengesetzt') Bezugssystem (Longino 1990: 86)[18], das naturwissenschaftlichen

---

17 Sie beziehen sich diesmal auf Bailey/Benishay 1993 und Bailey et al. 1993.
18 Helen Longino, die als eine der ersten WissenschaftsanalytikerInnen endokrinologische Studien systematisch darauf untersuchte, wie kontextabhängige (gesellschaftliche) Wertungen (*contextual values*) in naturwissenschaftliche Studien einfließen, fand hierfür vor allem vier verschiedene Ebenen der Erkenntnisgewinnung, die auch diese Studie strukturieren: So sind die Beschreibung der Daten, die Generierung der Forschungsfrage und die spezifischen Hintergrundan-

Erkenntnisprozessen der Neuzeit zu Grunde liegt. Die Studie basiert auf dem universalen Konzept der Scheidung sämtlicher sich sexuell fortpflanzender Wesen, also insbesondere der menschlichen Spezies, in zwei Geschlechter, wodurch überhaupt erst das Interesse an der Forschungsfrage sich erklärt und das (binäre) invertierte Geschlecht als Erklärungsmuster für Abweichungen auftritt. Für die Sinnhaftigkeit der Forschungsfrage, ob sich eine zunächst nur gemutmaßte Unterteilung von Lesben in den Typus Butch und jenen der Femme auf einen essentiellen Unterschied der Menge des Hormons Testosteron beziehen lässt, suggerieren Singh und seine MitarbeiterInnen dementsprechend zunächst die eindeutige Existenz zweier Sexe. Anhand der im Text der Studie vorkommenden adjektivischen Verwendungen „männlich" und „weiblich" wird für deren Charakterisierung deutlich, dass nicht nur von Körpergeschlechtern, sondern von zwei distinkten, hormonell determinierten Verhaltensgeschlechtern die Rede ist. Trotz der historisch ausführlichen Literaturbasis zur Frage der Existenz von Butch und Femme wird die Existenz des männlichen oder weiblichen Sexus in der Studie jedoch nicht belegt. Auch in der methodischen Ausführung wird in der Darstellung dazu, wie viele ‚Frauen' sich an der Studie beteiligten, nicht erklärt, wie eine Person für die Studie als Frau qualifiziert wird – ob etwa per Augenschein, Blick in den Ausweis oder durch biologische Ermittlung. Gegenständlichkeit im positivistischen Sinne wird hier erwirkt durch die schweigende Performanz, durch unausgesprochene Wiederholung von ‚Selbst-Verständlichkeiten', die das gesellschaftliche Bezugssystem vorgibt.

Was eine Frau ist und ob es zwei Geschlechter, oder fünf, oder gar nur ein unteilbares Kontinuum zwischen Polen gibt, wird aber auch mit biologischer Argumentation inzwischen als Frage aufgeworfen, bzw. Zweigeschlechtlichkeit verneint – mit weitreichenden möglichen Folgen für das Rechtssystem. (Vgl. Fausto-Sterling 2000 u. 2002; Wizemann/ Pardue 2001; Plett 2003)

Auf der Basis der Geschlechterbinarität wird in der *Lesbian erotic role identification*-Studie ebenfalls, dies allerdings explizit als biologische Eigenschaft diskutiert, von der Existenz von Sexualität als konsistenter Eigenschaft von Individuen ausgegangen. Diese Vorstellung existierte wie in Kapitel 2 beschrieben, jedoch nicht als überhistorische Konstante, sondern basiert auf der Verwandlung des homosexuellen *Handelns* in

---

nahmen häufig von kontextabhängigen Wertungen geprägt. Als globale Annahmen finden sie sich häufig in einem Bezugssystem ausgedrückt, dass auf allen Ebenen Einfluss nehmen kann; oder die Akzeptanz eines bestimmten Bezugssystems wird durch kontextabhängige Wertungen erleichtert, welches dann den Charakter eines ganzen Forschungszweiges dominieren kann. Dieser Aspekt wird von Kuhn (1973) im Zusammenhang mit dem Begriff „wissenschaftliche Revolution" ähnlich formuliert.

eine homosexuelle *Eigenschaft* etwa am Ende des 19. Jahrhunderts. Ulrichs ‚Conträrsexualität', die vor dem Hintergrund juristischer Verfol-
gung und gesellschaftlicher Ausgrenzung von Homosexualität entwickelt worden war, findet sich bei Singh und MitarbeiterInnen in der Annahme wieder, dass es ausgerechnet ein erhöhtes Maß an Testosteron
(nicht etwa die Ernährung, erhöhte Sonnenexposition oder gar ein gesellschaftlicher Umstand) sei, was einerseits Lesben von heterosexuellen
Frauen scheide und andererseits wiederum sich ‚weiblicher' benehmen-
de Lesben von sich ‚männlicher' verhaltenden trenne. Dies wiederum
fußt darauf, dass vormals (sowohl historisch als auch in der *Lesbian erotic role identification*-Studie) ein Katalog an als ‚männlich' bzw. ‚weiblich' definierten Verhaltensweisen entwickelt worden war, deren Auftreten hormonell durch Testosteron bzw. Nicht-Testosteron (Östrogene
z.B.) gegeben sei. Die Idee, dass das an Frauen gerichtete Begehren von
Frauen nicht etwa die biologische Konsistenz zweier Sexe, deren Sexualität sich binär aufeinander richtet, in Frage stellt, sondern dass es sich
bei diesen Personen um Frauen handelt, die in ihrem Inneren (mehr oder
weniger) Männer sind, lässt sich nur mit der Theorie des verkehrten Geschlechts, in das „Mannweib", nachvollziehen, mit der auch die Femme
zur bloßen Empfängerin der männlich-aktiven Begierde der Butch wird.
Auf diese Weise bleibt das Begehren nach dem Weiblichen ein männliches, kristallisiert in einem Molekül. Zu guter Letzt wird folgerichtig,
wie um das Puzzle zusammenfügen zu können, die chemiedeterministi-
sche und auf Basis einerseits des Konzeptes der hormonell induzierten
Zweigeschlechtlichkeit sowie des Conträrgeschlechts entstandene Theorie des Hirngeschlechts und der unausweichlichen fötalen Prägung der
Sexualität durch erhöhte Androgenwerte im fötalen Umfeld (Uterus) für
die Deutung der empirischen Ergebnisse in der *Lesbian erotic role identification*-Studie angeführt. Dass es sich beim Hirngeschlecht um eine
biologietheoretische black box handelt, ist für das Aufrechterhalten und
die Passfähigkeit der *Lesbian erotic role identification*-Studie ein geeig-
neter Umstand, denn so bereiten Lesben mit aktuell (zu) niedrigem Testosteron-Spiegel keinen System-Widerspruch.

Möglicherweise ist es die hohe Passfähigkeit dieses biologischen
Erklärungsmodells der Studie mit dem universal zweigeschlechtlichen
Bezugssystem, durch die der Bias in der Darstellung und Interpretation
der Studienergebnisse erklärt werden kann. Die Studie bricht bereits vor
der Darstellung der Datengenerierung an ihren eigenen Angaben, wenn
einleitend vorausgesetzt wird, dass, da Butch wie Femme (als Frauen?)
ähnlichem sozialen „Training" und Rollenerwartungen unterworfen wären, es z.B. eine biologische Ursache für die Abneigung von Butches
geben müsse, sich vorzustellen, schwanger zu sein, nämlich eben die
pränatale Androgenexposition. Diese Vorannahme wurde so geäußert,
obwohl eine Seite zuvor aus einer anderen Studie zitiert wurde, nach der
nur 4% Femmes, aber über 20% Butches äußern, gelegentlich als Mann

durchzugehen. Dies bedeutet selbstverständlich, dass von durchaus unterschiedlichem „sozialen Training" und anderen Rollenerwartungen ausgegangen werden muss. Allein, eine sich an die Umgebung vermittelnde Unterschiedlichkeit zwischen genau zwei Gruppen von Lesben vorauszusetzen, dann aber die Setzung vorzunehmen, dies würde die Umgebung nicht interessieren, ist nicht nachvollziehbar.

Genauer betrachtet erscheinen die Kategorien Butch und Femme in dieser Studie als in hohem Maße konstruiert: Jede Teilnehmerin bekam einen Umschlag mit Fragebögen, nach Angaben zur persönlichen Geschichte eingeordnet in „lesbisch/gay", „bi-" oder „heterosexuell" oder „not sure" sowie Butch oder Femme. Die Möglichkeit, sich einer selbst genannten Kategorie zuzuordnen, gab es nicht. Solche Personen, die die Studie unterwanderten, indem sie sich nicht als Butch/Femme einsortierten, wurden ebenso exkludiert (immerhin 17 Teilnehmerinnen), wie die, die sich gar nicht oder bestenfalls als Bi einsortieren konnten. Das waren weitere 13. Somit hatten 30 von 188 ursprünglich Befragten in der ersten Befragung[19] zum Ausdruck gebracht, dass für sie zumindest diese Aufteilungen nicht funktionieren.

Das Verfahren, die Selbst-Skalierung der Teilnehmerinnen als Femme von der Skalierung als Butch zu subtrahieren, wird von den AutorInnen besonders hervorgehoben. Sie betonen, dass sie – anders als in anderen psychologischen Studien – Butch und Femme „nicht als zwei einander gegenüberliegende Enden eines bipolaren dimensionalen Kontinuums" (Singh et al. 1999: 1039) konzipiert hätten, sondern dass eben beide Angaben parallel gemacht werden konnten. Durch das Subtraktionsverfahren entsteht allerdings, wie im empirischen Teil dargestellt, ein ebensolch bipolares Kontinuum mit den Polen Butch und Femme, so dass die ‚femmeness' gleichsam ein Stück ‚butchness' ‚aufbraucht' und umgekehrt. Die parallele Existenz unterschiedlicher Verhaltensmuster, die statt auf *konsistente Wesen* eher auf von Moment zu Moment unterschiedliche *Handlungen* schließen ließe, verschwindet.

An der Studie 2, in der der Befragung der Testosterontest angeschlossen wurde, nahmen nur 17 Butches, 16 Femmes und 11 heterosexuelle Frauen teil. Also zu wenige, um sagen zu können, dass Aussagen von statistischer Relevanz eindeutig möglich wären. Der große Unterschied in Durchschnittsgewicht und waist-to-hip-ratio zwischen den Gruppen kann bereits hierdurch bedingt sein (es genügen ein paar wenige ‚un-/passend' ausgewählte Personen, um großen Einfluss auf das Ergebnis zu bewirken).

---

19 In der zweiten Befragung, der sich der Testosteron-Test anschloss, wird nur angegeben, dass von 46 ursprünglich teilnehmenden Lesben 10 wegen unvollständiger Angaben im Fragebogen exkludiert wurden (vgl. Singh et al. 1999: 1045).

Eine Schwierigkeit im Studiendesign, die darin selbst als „Vorteil der Studie" bezeichnet wird, ist, dass sowohl Frauen ohne Uterus (nach Hysterektomie) wie auch Teilnehmerinnen, die Verhütungspillen oder andere Medikamente einnahmen, die gravierend in den Hormonhaushalt eingreifen, aus dem Testosterontest ausgeschlossen wurden. Letzteres ist zwar vernünftig für eine Hormonstudie, mittels derer nach körpereigenen Hormonen gefragt werden soll. Damit unterlag aber besonders die Auswahl der heterosexuellen Frauen scharfen Einschränkungen, da nur solche Frauen ausgewählt wurden, die keiner Hormontherapie (auch Verhütungsmitteleinnahme) unterlagen. In den USA stehen nach Daten von 1996 weit über 80% der Frauen im reproduktionsfähigen Alter (darin ist noch nicht unterschieden, ob es sich um heterosexuelle Frauen handelt) in Hormonanwendung (Abma et al. 1997). Weithin ist es in der Gynäkologie üblich, gerade Frauen, bei denen per Augenschein oder wegen unregelmäßiger Menstruationen von einem „Übermaß" an Androgenen ausgegangen wird, mit Östrogenen oder durch die Vergabe der schwangerschaftsverhütenden Pille zu therapieren. Wie bereits vielfach v.a. in der Frauengesundheitswissenschaft festgestellt wurde, werden aus gynäkologischer Sicht bei Frauen bereits geringe Abweichungen einer eng gesetzten Norm als hyperandrogener Zustand betrachtet und hormonell behandelt. Nur wenige heterosexuelle Frauen entziehen sich regelmäßigen Praxisbesuchen. Dies bedeutet, dass für die Studie *Lesbian erotic role identification* zwangsläufig als Kontrast zu den Lesben ganz besondere Frauen ausgewählt wurden: solche, die möglicherweise bewusst nicht hormonell verhüten, beispielsweise, weil sie sich aktuell ein Kind wünschen und solche, deren Hormonstatus aus gynäkologischer Sicht ihre ‚Weiblichkeit' und ‚weiblichen Funktionen' nicht beeinträchtigt. Dies bedeutet streng genommen, dass durch die Vorgaben der Studie nur heterosexuelle Frauen mit niedrigem Testosteron-Spiegel Aufnahme in den Studiendaten finden konnten. Eine deutlichere Vorführung der Unmöglichkeit, ein „vorgesellschaftliches" Geschlecht zu betrachten, ließe sich kaum erdenken. Was die Untersuchung *Lesbian erotic role identification* findet, ist die Sexierung von Menschen durch amalgamierten gesellschaftlichen und scientischen[20] Bias.

In Hinsicht wiederum auf die Butches und ihren, wie die *Lesbian erotic role identification*-Studie nahe legt, butch-relevant hohen Testosteron-Spiegel ist erstens bedenkenswert, dass die Butches im Durchschnitt fast 10 kg bzw. 1,5 kg schwerer waren als die Femme bzw. heterosexuellen Frauen und 11 Jahre älter waren als die Femme. Es ist bekannt, dass Körpergewicht, Alter und Größe die Körper-Testosteronproduktion beeinflussen. Es wurde zwar in der Studie *Lesbian erotic role identification* „um Gewicht und Alter korrigiert" (Singh et al. 1999:

---

20 Damit adjektiviere ich *Scientia* im Sinne von „physikalische-" oder „Naturwissenschaft".

1046),[21] jedoch wurde darauf verzichtet, anzugeben, in welcher Richtung und auf welche Weise. Sowohl das Verhältnis von Taillen- zu Hüftumfang, als auch der Testosteron-Spiegel nehmen mit zunehmendem Körpergewicht bei ‚Frauen'[22] überproportional zu (und nehmen damit ‚männlichere' Werte an), bzw. bei einer Diät entsprechend ab. Zweitens wurden bis auf den Testosteron-Spiegel sämtliche Angaben von den ProbandInnen selbst vorgenommen. Es ist vernünftig, davon auszugehen, dass diese Angaben von Personen, die sich unter Kenntnis der erwarteten weiblich/männlich-Charakteristika in einem Fragenkatalog als Butch oder Femme eintragen, einem (unbeabsichtigten) Bias unterliegen.

In der abschließenden Ergebnisdiskussion für beide Befragungen und die Testosteronmessungen wird schließlich eine weitere (möglicherweise nicht einmal intendierte) Passung der erhobenen Daten in das ‚globale' Bezugssystem vorgenommen. Die Daten werden unter – im Resultat tendenziösen – Auslassungen zusammengefasst. So unterschlägt beispielsweise der Satz „As a matter of fact, when femme lesbians were compared with hetereosexual women, they did not differ in WHR [*waist-to-hip-ratio*], testosterone level, or desire to give birth" das Faktum, dass im zweiten Teil der *Lesbian erotic role identification*-Studie (Singh et al. 1999: 1047) die Femmes im Vergleich zu den heterosexuellen Frauen weniger als halb so oft ein „desire to give birth" angegeben hatten und sich die Ergebnisse der ersten und zweiten Fragebogenauswertung in fast allen Punkten stark und in oft widersprüchlicher Weise unterschieden.

Die AutorInnen kommen dennoch in der Diskussion für beide Studienteile zu dem Schluss, dass ihre Feststellungen die Behauptung in Frage stellen, dass die Butch/Femme-Rollenverteilung eine bloße Kopie heterosexueller Labels sei, die Betrachter auf lesbische Beziehungen quasi als Interpretationsbias aufdeuten.[23] Dies unterstellt, es wäre die ‚Hormonisierung' des Butch/Femme-Phänomens die einzige Alternative zu der Annahme, es sei der heterosexistische Blick, der die Betrachtenden Butches oder Femmes erkennen lässt. Vorstellbar wäre auch eine Beschreibung von Butches und Femmes als selbst gewählte oder zwischen gesellschaftlichen Machtverhältnissen exerzierte Identitäten und Verkörperungen, bei denen dennoch Hormone nicht untätig sein müssen. In keinem einzigen Punkt hat die Studie eine Entscheidung zwischen

---

21 Die Angabe im laufenden Text und die Tabellenüberschrift stimmen nicht überein: Laut Tabellenüberschrift zu den entsprechenden Daten wurden die durchschnittlichen Werte für den Testosteron-Spiegel um den BMI (Gewicht in kg/ [Körpergröße in cm]²) korrigiert.

22 Auch vor der Menopause, vgl. Wabitsch et al. 1995.

23 „[...] cast serious doubt on the notion that butch and femme erotic roles are mere copies of heterosexual labels that observers have applied to lesbian relationships" (Singh et al. 1999: 1046).

nature oder *nurture* als Ursache für gender-(a)typische Merkmale unterstützen können. In den Punkten, in denen sie einen verhältnismäßig höheren Testosteron-Spiegel als ursächlich für Weiteres suggeriert, lässt sich entgegnen, dass genau die Merkmale, die sie in der Studie als butch-typisch ausweisen, den Testosteron-Spiegel einer jeden Person erhöhen würde: Es ist bereits gezeigt worden, dass Stress (auch unter Belastung durch Verantwortung) ebenso den eigenen Testosteron-Spiegel erhöht, wie der Umgang mit Menschen mit hohem Testosteron-Spiegel in räumlicher Nähe (durch Pheromonwirkung von Testosteron wie z.B. an Arbeitsplätzen in traditionell ‚männlichen' Berufsfeldern).

Mit der vorgenommenen Dekonstruktion der textuell-hormonellen Determinierung des Butch/Femmes-Phänomens durch die *Lesbian erotic role identification*-Studie soll nicht suggeriert werden, es handelte sich bei jener Untersuchung von 1999 um eine wissenschaftliche Bagatelle. Die Zeitschrift *Journal of Personality and Social Psychology,* in der die *Lesbian erotic role identification*-Studie erschien, wird herausgegeben von der American Psychological Association, ihrem editorial board gehören weit über 400 ProfessorInnen der Psychologie von Universitäten v.a. der USA aber auch aus Kanada, Australien und Europa an. Sie ist eines der wesentlichen internationalen Fachorgane der wissenschaftlichen Psychologie. Der erstgenannte Autor der Studie ist Evolutionspsychologe und lehrt langjährig an der Universität Texas. Trotz des im akademischen Rahmen weiterhin exotischen Themas wurde die Studie bereits vielfach zustimmend, sowohl im Fachkollegium wie auch in über die Psychologie hinausweisenden wissenschaftlichen Kontexten, zitiert. Dies zeigt einerseits, dass die *Lesbian erotic role identification*-Studie fachlich anerkannt ist, und dass dies derzeit umgekehrt auch innerhalb der empirischen Psychologie für ihre Bezugssysteme, nämlich die Theorien geschlechtlich divergenter hormonell-determinierter Wesens- und Verhaltensprägung gilt.

Entgegen der auf den ersten Blick plausibel wirkenden, am Ende des 20. Jahrhunderts nicht nur von Gunter Schmidt geäußerten Diagnose (vgl. Einleitung dieses Artikels) einer Flexibilisierung der Geschlechter, kann hiervon, zumindest auf dem naturwissenschaftlichen Feld wenig die Rede sein. Wenn, wie in dieser Studie, Verhaltensäußerungen als hormonell bedingt entsprechend einer strengen männlich/weiblich-Binarität bis hin zu „Mutterverhalten" essentialisiert werden, bleibt bestenfalls der Freiraum, quasi invertiert zu sein.

5 Die soziale Macht von Testosteron

Wie kommt es zu der Revitalisierung der männlich-weiblich-Differenz-theorie als zusätzlich neue Binnendifferenz unter Lesben? Bildet die *Lesbian erotic role identification*-Studie lediglich das Denken einer im Verhältnis zum gesellschaftlichen Bezugsrahmen konservatorischen Nachhut ab? Oder geht stattdessen der Trend zur Pluralität der determinierten Binaritäten?

Seit den 1980er Jahren hat sich die akademische Auseinandersetzung mit Geschlecht stark verändert, nicht nur in Hinsicht auf ,Homosexualität‘, bis diese schließlich vom Index der psychiatrischen Diagnosen gestrichen wurde. Hatten Neuroendokrinologie, Physiologie, Soziobiologie und ähnliche Fachrichtungen, deren Forschung sich teils direkt mit dem ,natürlichen‘ menschlichen Gewebe befasst, den „radikalen Dimorphismus" (Stoff 2000) in einer Weise verfolgt, dass sich gesellschaftliche Rollenbilder, in denen Frauen wenig lukrative Positionen zugeschrieben wurden, und Rollenabweichungen zu pathologisieren waren, so lässt sich doch ab etwa Ende der 1980er eine relative Einflussnahme feministischer Ansätze auf die Wissenschaften feststellen. In den 1990ern wurde Feminismus nicht nur von Naturwissenschaftlerinnen rezipiert, sondern auch als Anspruch an die jeweiligen Fächer formuliert und teilweise sogar erfolgreich eingebracht.[24] Die Kritik an der Geschlechterdichotomie als grundsätzliche Prämisse allerdings hat sich wenig durchsetzen können. Statt dass die Kategorie Geschlecht selbst hinterfragender Untersuchung unterzogen wird – wie beispielhaft von den Biologinnen und Naturwissenschaftsanalytikerinnen Anne Fausto-Sterling und Donna Haraway vorgeführt und gefordert – scheinen primär jene Kritiken Gehör gefunden zu haben, die die Binarität argumentativ zementieren.

So fand offenbar der berechtigte feministische Vorwurf, das ,Weibliche‘ käme in der Biologie stets nur als passives und als Abweichung von der männlichen Norm vor bzw. werde als Geschlecht im Verhältnis zum Mann (so beispielsweise in der Toxikologie) zu wenig in den Fokus genommen, in der Fachrichtung der Sex Based Biology seine scheinbare Beantwortung: Als quasi biologisches Pendant zu Gender Studies wird sie synonym auch als Gender Based Biology bezeichnet[25] und auch in den jeweiligen wissenschaftlichen Produkten gender und sex grundsätzlich gleichgesetzt. In einer ,gender analysis of clinical results‘ wird z.B. nicht etwa untersucht, ob Versuchsergebnisse mit einem gender bias gedeutet wurden, sondern, wie sich die clinical results als Produkt einer zweigeschlechtlichen Physiologie oder Anatomie deuten lassen. U.a. in

---

24 Vgl. als Übersichten zu Feministischer Naturwissenschaftskritik Götschel/Daduna 2001, Scheich 1996, Orland/Scheich 1995.
25 Beispielsweise in diversen Publikationen des National Institute of Health der USA.

Gender Based Biology finden sich Gehirnstudien wieder, die besondere mathematische Fähigkeiten zu einem Attribut eines anatomisch männlichen Gehirns werden lassen und Frauen physiologisch im Geschlechtervergleich bessere fürsorgliche und kommunikative Fähigkeiten – insbesondere im Umgang mit (den eigenen) Kindern – bescheiden.

Wie vor allem in der Frauengesundheitsforschung gezeigt wurde, hatte der bisherige *sex/gender-bias* insbesondere im medizinischen Anwendungsbereich für Frauen verheerende Folgen. Es kam beispielsweise zu regelmäßigen Fehldosierungen von Medikamenten und Fehlinterpretationen von Daten, wenn sie von dem Maßstandard Mann auf Frauen übertragen wurden. Die Forderung, physische Differenzen zwischen Menschen gesundheitspolitisch ernst zu nehmen, ist für medizinische Problemlösungen entscheidend. Allerdings treibt die Differenzierung teils nützliche, teils absonderliche Blüten: Mit der Kampagne der US-Society for Women's Health Research von 1999 beispielsweise, Frauen, die sich für klinische Versuche zur Verfügung stellen, als „Health heroes" zu feiern, wurde der Aufholbedarf an medizinischem Datenmaterial angegangen. Dort aber, wo sich mit dem Konstruktionszusammenhang von sex und gender wie auch mit Verflechtungen mit anderen Kategorien nicht kritisch auseinander gesetzt wird,[26] schleift das lang erkämpfte Motto „Vive la Difference"[27] unhinterfragten historischen Ballast medizinischer Dichotomisierungen mit sich, der neuerlich Festschreibungen und geschlechtlichen Determinismen das Wort redet. Auch sinnvolle fachliche Neugründungen wie Lesbian Health Studies, die aus Forderungen und Initiativen von Lesben in den USA seit etwa 1994 mit dem Ziel hervorgegangen sind, Lesben auf ihre differenten Bedürfnisse und Erkrankungen hin zu untersuchen, scheinen sich nur legitimieren zu können, wenn das Lesbische als biologische Kategorie fassbar gemacht wird.

Einen wesentlichen, scheinbar emanzipatorisch intendierten Beitrag zur Reaffirmation der biologischen Geschlechterdifferenz leisten derzeit zahlreiche junge Biowissenschaftlerinnen, die sich im Wissenschaftsjournalismus verdingen. So werden beispielsweise in dem Artikel „Das wahre Geschlecht" im Magazin *Der Spiegel* (von Bredow 2000) die Ergebnisse der Feministischen Naturwissenschaftskritik der 1980er und 1990er Jahre in einer Breite zitiert, wie es sich damals keine der Frauen selbst zu träumen gewagt hätte (siehe Abb. 2).

---

26 Der Arbeitskreis Frauen und Geschlechterforschung in Public Health an der Universität Bremen beispielsweise betreibt hierüber intensive Auseinandersetzung, die in Forschung und Lehre eingeht.

27 Society for Women's Health Research 1998: Titel eines Lehrvideos: „An introduction to gender-based biology, the field of scientific inquiry that examines the biological and physiological differences [...]".

Abb. 2: Femalism feiert das Weibliche (von Bredow 2000).

In welchen Kontext diese gestellt werden, ist allerdings problematisch: Seit etwa 1995 und besonders in den Jahren 1999/2000 wurde eine Fülle an Artikeln veröffentlicht, die wie nie zuvor die Biologie der Frau bejubeln, ihre Fruchtbarkeit; die riesigen, mächtigen Eizellen der Frauen, die nicht mehr passiv auf die Spermien warten, wie noch vor etwa zehn Jahren, sondern sie geradezu aggressiv verschlingen; die vernetzende Intelligenz der Frauen durch ein zwar kleineres Gehirn, dessen Zellen aber untereinander umso stärker vermitteln, wird hervorgehoben und die sprachlich-sensible, soziale Intelligenz betont; ebenso wie die Tatsache, dass Frauen biologisch ein höheres Alter erreichen als Männer als evolutiver Fortschritt gedeutet wird und derlei vieles mehr.

Diese, in der Öffentlichkeitsdarstellung sozial intelligenten, selbstbewussten ‚Fruchtbarkeitsmonster', die durchaus Scx begehren, stehen den aggressiven ‚dummdreisten Muskelpaketen' von Männern, die vor lauter Testosteron nicht wissen, wohin mit ihrer Kraft, gegenüber. Die Frauen, die solche Dinge sagen, sind durchaus keine Feministinnen (mehr), sie nennen sich Femalists, beschreiben galant in ritterlicher Minneweise die weiblichen Vorzüge[28] und grenzen sich damit ab von ihren feministischen Vorgängerinnen, deren Kritik als solche formuliert und meist mit Utopien verbunden worden war.

---

28 Websters 1913: „To familize: To make, or to describe as, female or feminine. *Shaftesbury*". „Femalist: (Fe"mal*ist) *n.* A gallant. [Obs.]; Courting her smoothly like a *femalist.Marston*".

Der *femalism* ist ein Begriff, der im Zusammenhang mit Sex/Gender-Konzepten erstmals unter Nachsatz einer beschreibenden Erklärung bei der Wissenschaftsjournalistin Natalie Angier 1999/2000 Verwendung fand (Angier 1999, von Bredow 2000), von Sigrid Schmitz allerdings auch auf die biologistisch-feministische Evolutionstheorie von Hilde Neunhöffer von 1995 bezogen wird (Schmitz 2001).[29] Meines Erachtens ist dieser ‚femalistische' Determinismus einer der wesentlichen Hintergründe der hormonellen Reessentialisierung der Geschlechter. Ein zweiter ist der ‚testosterone hype' seit Ende der 1990er Jahre, der auch in der nichtakademischen Öffentlichkeit soziologische oder andere biologische (z.b. genetische) Geschlechterinterpretationen zur Gänze in den Hintergrund drängt.

Abb. 3: Testosteronboom in öffentlichen Medien (Collage aus Stern 24, 2001; Max 6, 2000; Stern 38, 2001).

Dabei wird Testosteron, inzwischen als Gel erhältlich, seit Ende der 1990er Jahre als das ‚Männlichkeitshormon' schlechthin gehandelt, und der wesentliche Unterschied zwischen den Geschlechtern, wie in der Darstellung in verschiedenen deutschen Magazinen (vgl. Abb. 3), in seiner Wirkung ausgemacht. Unter starker Medienbeteiligung entwickelte sich ein Testosteronboom in den 1990ern; zugleich werden nun Transsexuelle in dieser Strömung häufig vorgeführt, wodurch auch das Wissen über seine Wirkungen und seine scheinbare Harmlosigkeit steigt. Gegen die diversesten vermeintlichen Schwächungen wird mit Testosteron ins Feld gezogen, aber auch gegen AIDS. Im April des Jahres 2000 erschien in der New York Times ein Artikel des schwulen Autors und Kolumnisten Andrew Sullivan, der als HIV-Infizierter eine regelmäßig zweiwöchentliche Testosterondosis (als Spritze) verschrieben bekam,

---

29 Anders als ich geht Sigrid Schmitz davon aus, weder Natalie Angier noch Hilde Neunhöffer hätten je Ansätze feministischer Naturwissenschaftsanalyse rezipiert.

unter der er keineswegs leidet. Sullivan weist in seinem Artikel auf die Mutabilität der physischen Geschlechter hin, die durch die breite Anwendung von Testosteron deutlich werde. Auch er beschreibt die Geschlechter im Wesentlichen als ähnlich, nur eben, den Frauen mangele es an Testosteron. Dies erklärt er wie folgt: „Der Testosteronunterschied zwischen Mann und Frau ist so groß, dass der Testosteronlevel einer Frau niemals den eines Mannes überschreiten kann, es sei denn, sie leidet unter irgendeiner Art von Hormonstörung" (Sullivan 2000). Eine ähnlich tautologische Verfahrensweise der Konstruktion eindeutiger Dichotomie wurde bereits im vorliegenden Artikel in der *Lesbian erotic role identification*-Studie aufgezeigt.

Testosteron mache binnen Stunden selbstbewusst und machtvoll, allerdings, wie Sullivan meint, gepaart mit Aggressivität. So erklärt Sullivan die hohe Rate an Männern und selbst von ‚Schwarzen' in Gefängnissen mit ihrem Testosteronstatus – denn sog. schwarze Männer hätten 3-19% mehr Testosteron im Blut als ‚weiße'. Umgekehrt wäre Testosteron vielleicht eine medizinische Lösung für alle Menschen, die mehr Macht erreichen wollten. Der Artikel endet mit dem, was die *Lesbian erotic role identification-Studie* mit den in ihr dargestellten Kausalitäten ebenfalls nahe legt: Testosteron macht risikofreudig, selbstbewusst und publikumswirksam, das ist alles, was ein Politiker braucht. Wir hatten, schreibt Sullivan als einer der ersten den backlash hormonell ausbuchstabierend,[30] eine lange Phase der rhetorischen Unterdrückung der Natur, heute dagegen sehen wir, dass wir gegen die Hormone nicht ankommen: „Frauenförderung ist inhärent utopisch. Wir sollten nicht schockiert sein, wenn es in Kultur und Politik ein Geschlechterungleichgewicht gibt. Nach der Phase des Feminismus tritt nun das Testosteron wieder auf den Plan, aber in weniger sozialer Form als früher." (ebd.)

Der Vergleich der historischen Einbettung der Arbeiten Ulrichs', zu dessen Lebzeiten die konzeptionellen Voraussetzungen für ein hormonelles statt soziales Verständnis von Verhalten und Begehren geschaffen wurden, und der *Lesbian erotic role identification*-Studie zeigt, worin die Gefahr der Essentialisierung liegt: sofern sie identitätsstiftende Strategie ist, wird sie definiert durch den wertungsgeladenen Hintergrund, der sie hervorbringt. Sie ist umso erfolgreicher, je stärker sie passfähig für diesen Bezugsrahmen ist, der sie jedoch zugleich umso eher – in selbstverstärkendem Sinne – einzuverleiben vermag.

---

30 Vgl. z.B. den medizinisch unterfütterten Businessratgeber des promovierten Psychologen Häusel (2002): Dass 90% der Firmengründungen auf Männer zurückgehen und sie so viel auf Geschäftsreisen seien, liege an dem „Dominanzhormon" (Häusel) Testosteron.

Literatur

Abma, Joyce C. / Chandra, Anjani / Mosher, William D. / Peterson, Linda S. / Piccinino, Linda J. (1997): Fertility, family planning, and women's health: new data from the 1995 National Survey of Family Growth, National Center for Health.

Angier, Natalie (1999): Woman an Intimate Geography, New York.

Badinter, Elisabeth (1984): Die Mutterliebe. Geschichte eines Gefühls vom 17. Jahrhundert bis heute, München.

Bailey, J. Michael / Benishay, Deana S. (1993): Familial aggregation of female sexual orientation, American Journal of Psychiatry 150, S. 272-277.

Bailey, J. Michael / Pillard, Richard C. / Neale, Michael C. / Agyei, Yvonne (1993): Heritable factors influence sexual orientation in women, Archives of General Psychiatry 50, S. 217-223.

Beach, Frank A. (1971): zit. in: Arno Karlin: Sexuality and Homosexuality, New York, S. 399.

Beach, Frank A.. (1979): Animal Models for Human Sexuality. In: Sex, Hormones and Behavior. Ciba Foundation Symposium 62, Amsterdam.

Berenbaum, Sheri A.. / Bailey, J. Michael (2003): Effects on gender identity of prenatal androgens and genital appearance: Evidence from girls with congenital adrenal hyperplasia, The Journal of Clinical Endocrinology & Metabolism 83, 3, S. 1102-6.

Birke, Lynda I. A. (1981): Is Homosexuality hormonally determined? Journal of Homosexuality 6 (4), S. 35-49.

Bloch, Iwan (1907): Das Sexualleben unserer Zeit, Berlin.

Burr, Chandler (1996): Why conservatives should embrace the gay gene, The weekly Standard, 09.12.1996.

Byne; William / Parsons, Bruce (1993): Human sexual orientation. The biologic theories reapprised, Archives of General Psychiatry, 50, S. 228-239.

Byrd, A. Dean (2001): The innate-immutable argument finds no basis in science, Salt Lake City Tribune, 27.5.2001.

Dienel, Christine (1995): Kinderzahl und Staatsräson. Empfängnisverhütung und Bevölkerungspolitik in Deutschland und Frankreich bis 1918, Münster.

Dörner, Günther (1968): Hormonal Induction and Prevention of Female Homosexuality, Journal of Endocrinology 42, S. 163-164.

Dörner, Günther / Hinz, G. (1968): Induction and prevention of male homosexuality by androgen, Journal of Endocrinology 40, S. 387-388.

Dörner, Günther / Rohde, Wolfgang / Stahl, T. / Krell, L. / Masius, W. (1975): A neuroendocrine predisposition for homosexuality, Archives of Sexual Behavior 4 (1), S. 1-8.

Durden-Smith, Jo (1980): Interview with Roger Gorski, In: Quest#80, 1, S. 96.

Ehrhardt, Anke / Meyer-Bahlburg, Heino (1979): Prenatal sex hormones and the developing Brain, Annual Review of Medicine, Palo Alto.

Fausto-Sterling, Anne (2000): Sexing the body. Gender politics and the construction of sexuality, New York.

Fausto-Sterling, Anne (2002): „That sexe which prevaileth". In: Adams, Rachel; Savran, David: The masculinity studies reader, Malden/Oxford.

Foucault, Michel (1999): Der Wille zum Wissen. Sexualität und Wahrheit 1, Frankfurt a.M. (11. Auflage).

Freud, Sigmund (1961): Drei Abhandlungen zur Sexualtheorie. In: Gesammelte Werke 5, Frankfurt a.M., S. 29-145.

Gladue, Brian A. / Green, Richard / Hellman, Ronald E. (1984): Neuroendocrine Response to Estrogen and Sexual Orientation, Science 225, S. 1496-1499.

Götschel, Helene / Daduna, Hans (Hg.) 2001: Perspektivenwechsel. Frauen- und Geschlechterforschung zu Mathematik und Naturwissenschaften, Mössingen-Talheim.

Gorski, Roger A. (1984): The 13th J.A.F. Stevenson Memorial Lecture – Sexual differentiation of the brain: possible mechanisms and implications, Canadian Journal of Physiology and Pharmacology 63, 6, S. 577-594.

Hall, Catherine M. / Jones, Julie A. / Meyer-Bahlburg, Heino F. L. / Dolezal, Curtis / Coleman, Michelle / Foster, Peter / Price, David A. / Clayton, Peter E. (2004): Behavioral and physical masculinization are related to genotype in girls with congenital adrenal hyperplasia, The Journal of Clinical Endocrinology & Metabolism 89, 1, S. 419-424.

Häusel, Hans-Georg (2002): Limbic success: So beherrschen Sie die unbewussten Spielregeln des Erfolgs; die besten Strategien für Sieger, Freiburg.

Hamer, Dean H. / Hu, Stella / Magnuson, Victoria L. / Hu, Nan / Pattatucci Angela M. (1993): A Linkage Between DNA Markers on the X Chromosome and Male Sexual Orientation, *Science* 261 (July 16, 1993), S. 321-7.

Herrn, Rainer (1995): On the history of Biological Theories of Homosexuality, Journal of Homosexuality 28, Nr. 1, 2; S. 31-56.

Hu, Stella / Pattatucci, Angela M. / Patterson, Chavis / Li, Lin / Fulker, David W. / Cherny, Stacey S. / Kruglyak, Leonid / Hamer, Dean H. (1995): Linkage Between Sexual Orientation and Chromosome Xq28 in Males But Not in Females, *Nature Genetics* 11, S. 248-256.

Klose, Carl Ludwig (1829): Über den Einfluß des Geschlechtsunterschieds auf Ausbildung und Heilung von Krankheiten, Stendal.

Krafft-Ebing, Richard v. (1903): Psychopathia sexualis, Hamburg.

Kuhn, Thomas S. (1973): Die Struktur wissenschaftlicher Revolutionen, Frankfurt a.M.

Laqueur, Thomas (1996): Auf dem Leib geschrieben. Die Inszenierung der Geschlechter von der Antike bis Freud, München.

Le Vay, Simon (2001): zit. in.: A. Dean Byrd: The innate-immutable argument finds no basis in science, Salt Lake City Tribune, 27.5.2001.

Le Vay, Simon (1996): Queer Science, MIT Press.

Le Vay, Simon (1991): A Difference in Hypothalamic Structure Between Heterosexual and Homosexual Men, Science 253, S. 1034-7.

Leveron, Catherine / Sanders, Sheri A. (1998): Early androgen effects on interest in infants: Evidence from children with congenital adrenal hyperplasia, Developmental Neuropsychology 14, S. 321-340.

Longino, Helen E. (1990): Science as Social Knowledge. Values and objectivity in scientific inquiry, Princeton/New Jersey.

Loulan, JoAnn (1990): The lesbian erotic dance: Butch, femme, androgyny, and other rhythms, San Francisco.

Mann, Charles (1994): Genes and behaviour, Science 264, S. 1687.

McFadden, Dennis / Champlin, Craig A. (2000): Comparison of auditory evoked potentials in heterosexual, homosexual, and bisexual males and females, Journal of the Association for Research in Otolaryngology, 1, S. 89-99.

Neunhöffer, Hilde (1995): Freie Frauen und ihre entscheidende Rolle in der Evolution des homo sapiens, Hamburg.

New York Times (1991): 17.12.1991, S. 19.

Nordenström, Anna / Servin, Anna / Bohlen, Gunilla / Larsson, Agne / Wedell, Anna (2002): Sex-typed toy play behaviour correlates with the degree of prenatal androgen exposure assessed by CYP21 genotype in girls with congenital adrenal hyperplasia, The Journal of Clinical Endocrinology & Metabolism 87, 11, S. 5119-5124.

Orland, Barbara / Scheich, Elvira (Hg., 1995): Das Geschlecht der Natur, Frankfurt a.m.

Oudshoorn, Nelly (1994): Beyond the natural body. An archeology of sex hormones. London/New York.

Oudshoorn, Nelly (2002): Jenseits des natürlichen Körpers. Die Macht bestehender Strukturen bei der Herstellung der „hormonalen Frau. In: Duden, Barbara; Noeres, Dorothee (Hg.), Auf den Spuren des Körpers in einer technogenen Welt, Opladen, S. 257-278.

Pearcey, Sharon M. / Docherty, Karen J. / Dabbs, James M. Jr. (1996): Testosterone and sex role identification in lesbian couples, Physiology and Behaviour 60, S. 1033-5.

Plett, Konstanze (2003): Intersexuelle – gefangen zwischen Recht und Medizin. In: Koher, Frauke; Pühl, Katharina (Hg.), Gewalt und Geschlecht. Konstruktionen, Positionen, Praxen, Opladen.

Reinisch, June M. / Sanders, Stephanie A. (1992): Prenatal hormonal contributions to sex differences in human cognition and personality development. In: Gerall, Arnold A.; Moltz, Howard; Ward, Ingeborg L. (Hg.), Handbook of behavioural neurology: Sexual differentiation, New York, S. 221-243.

Ricketts, Wendell (1984): Biological Research on Homosexuality: Ansell's Cow or Occam's Razor? Journal of Homosexuality 9 (4), S. 65-93.

Scheich, Elvira (Hg., 1996): Vermittelte Weiblichkeit. Feministische Wissenschafts- und Gesellschaftstheorie, Hamburg.

Schmehrsal, Katrin (1995): „Sind es Frauen"?: Zur Reaktion von Frauen auf antifeministische Topoi. In: Kleinau, Elke; Opitz, Claudia (Hg.), Geschichte der Mädchen- und Frauenbildung. Bd. 2: Vom Vormärz bis zur Gegenwart, Frankfurt a.M./New York, S. 181-191.

Schmersahl, Katrin (1998): Medizin und Geschlecht. Zur Konstruktion der Kategorie Geschlecht im medizinischen Diskurs des 19. Jahrhunderts, Opladen.

Schmidt, Gunter (2001): Gibt es Heterosexualität? In: Heidel, Ulf; Micheler, Stefan; Tuider, Elisabeth (Hg.), Jenseits der Geschlechtergrenzen. Sexualitäten, Identitäten, Körper in Perspektiven von Queer Studies, Hamburg, S. 223-232.

Schmitz, Sigrid (2002): Rezension: Der neue „Feminalismus" – Quo vadis femina? Querelles-Net 4 ; www.querelles-net.de/2001-4/text02.htm

Scientific American (1995): Gay Genes, Revisited: Doubts arise over research on the biology of Homosexuality, (Nov.) 26.

Society for Women's Health Research (1998): Vive la difference (Video); www.womens-health.org/about/pubs.htm (gesehen am 23.01.2004)

Singh, Devendra / Vidaurri, Melody / Zambarano, Robert J. / Dabbs, James M. Jr. (1999): Lesbian Erotic Role Identification: Behavioural, Morphological and Hormonal Correlates, Journal of Personality and Social Psychology 76, 6, S. 1035-1049.

Socarides, Charles W. (1992): Sexual politics and scientific logic: the issue of homosexuality, The Journal of Psychohistory 19,3, S. 307-329.

Steinach, Eugen (1920): Künstliche und natürliche Zwitterdrüsen und ihre analogen Wirkungen, Archiv für die Entwicklungsmechanik der Organismen, 46, S. 12-28.

Steinach, Eugen / Lichtenstern, Robert (1918): Umstimmung der Homosexualität durch Austausch der Pubertätsdrüsen, Münchener Medizinische Wochenschrift 6, 65, S. 145-148.

Stoff, Heiko (2001): Vermännlichung, Verweiblichung, Verjüngung. Neue Körper zu Beginn des 20. Jahrhunderts. In: Heidel, Ulf; Micheler, Stefan; Tuider, Elisabeth (Hg.), Jenseits der Geschlechtergrenzen. Sexualitäten, Identitäten, Körper in Perspektiven von Queer Studies, Hamburg, S. 275-290.

Sullivan, Andrew (2000): The he hormone, New York Times, 2.4.2000.

Ulrichs, Karl-Heinrich (1865): Inclusa. In: Ulrichs, Karl-Heinrich 1898: Forschungen über das Rätsel der mannmännlichen Liebe. Magnus Hirschfeld (Hg.), 2. Ausg., Leipzig.

von Bredow, Raffaela (2000): Das wahre Geschlecht, Der Spiegel 30, S. 74-81 (24.07.2000).

von Schrenck-Notzing, Albert Freiherr (1892): Die Suggestionstherapie bei krankhaften Erscheinungen des Geschlechtssinns, Stuttgart.

Wabitsch, Martin / Hauner, Hans / Heinze, Eberhard / Böckmann, Andreas / Benz, Rainer / Mayer, Herrmann / Teller, Walter (1995): Body fat distribution and steroid hormone concentrations in obese adolescent girls, before and after weight reduction, Journal of Clinical Endocrinology and Metabolism Vol. 80, No. 12, S. 3469-3475.

Websters (1913): Websters Revised Unabridged Dictionary 1913; www.machaut.uchicago.edu/cgi-bin/WEBSTER.page.sh?PAGE=551 (gesehen am 16.01.2004).

Westphal, Carl (1869): Die conträre Sexualempfindung, Archiv für Psychiatrie und Nervenkrankheiten. 2, 1, S. 73-108.

Wizemann, Theresa M. / Pardue, Mary-Lou (Hg.: Committee on Understanding the Biology of Sex and Gender Differences, 2001): Exploring the biological contributions to human health – does sex matter? Washington, D.C.

Virtual Matter in Bioinformatic Capitalism

Luciana Parisi

> „When the atoms are travelling straight down through
> empty space by their own weight, at quite indeterminate
> times and places they swerve ever so little from their
> course, just so much that you can call it a change of direc-
> tion. If it were not for this swerve, everything would fall
> downwards like raindrops through the abyss of space. No
> collision would take place and no impact of atom upon atom
> would be created. Thus nature would never have created
> anything." (Lucretius, On the Nature of the Universe, Book
> II, 220: 43)

Introduction

The contemporary pervasiveness of new sciences and technologies of
communication and reproduction (from cybernetics to genetic engineering) has been at the core of recent debates about the relation between
information and materiality, the machine and the body. In cybernetic
culture, it has been argued, nature has become integrated in the nexus of
information transmission, a mediated cyberspace in which the body is
incorporated in the technological machine of binary codes. In the cultural analysis of new information sciences and technologies, the warning
against the ultimate triumph of the immaterial over the material, of the
disembodied mind over the fleshy body points to a new phase of capitalist organization – bioinformatics – in which life itself has become sub-
sumed to the laws of exchange and profit.

With new information sciences and technologies, Newtonian causal
determinism is challenged by a turbulent universe, which involves a
nonlinear organization of physical, biological and social systems. There
is no simple and reversible chain of cause and effect, there is no linear

117

time, but a multiplicity of potential worlds emerging from co-causal dynamics: a continual feedback that is open to emerging mutations. In this sense, matter is neither inert nor static. Materiality can no longer be thought without movement, variation, increase and decrease of energy. Newtonian physics is confronted by the fluid organization of matter, which questions the metaphysics of presence and absence, material and nonmaterial, reality and fiction, the mind and the body, nature and culture, pure and artificial. Information dynamics thus imply more than the exchange between two terms hierarchically related to each other (the sender and the receiver, the subject and the object, the self and the other). Rather, communication and reproduction entail a mutual transmission in which effects act back on their causes. Nonlinear sciences and technologies scramble the hierarchies of order regulating biological, social and economic systems relying on the linear (univocal or unidirectional) development from the simple to the complex, from homogeneity to heterogeneity, from concentration to differentiation.

The impact of information sciences and technologies, thus, radically suggests a new metaphysics of nature that envelops the momentum of contemporary culture. The digital subsumption of the biological (i.e., the informatization of the body through biotechnology, biocomputing, genetic engineering and artificial life) is not mainly to be understood according to the metaphysics of essence in which matter is declared as inert. Thus, such subsumption does not announce a neo-colonization of Man over nature. Rather, more importantly, it opens up the question about what a body is and what it can do. The body-matter no longer can be thought in terms of specific determinants – biological, social, cultural, economical or technological. For nonlinear dynamics of transmission, potential mutations define a body according to its turbulent materiality.

It would thus be misleading to assume that molecular sciences and technologies suggest that bioinformatic capitalism is the *natural* development of material communication and reproduction (from the biological to the biotechnological). This argument will merely reiterate the essentialist metaphysics of nature – based on inert matter – in contemporary culture. On the contrary, this article argues that the bioinformatic phase of capitalism, entangled to molecular sciences and technology, is, more fundamentally, enveloped in the unpredictable mutations of matter. From this standpoint, a body is neither biologically given nor socially constructed. Primarily a body coincides with its potential materiality: autocatalytic organizations trigger the emergence of new bodily compositions by swerving from linear trajectory. It is not a question of nature imitating culture or technology imitating the body. It is rather about the nonlinear processes of matter out of which distinct modes of communication and reproduction emerge on a nature-culture continuum. The latter implies a field of continual variations – virtual matter – encompassing what we know as nature and culture.

This article argues that the new relation between the biological and the digital is above all *machinic (mutual or symbiotic relation)*. Borrowing this term from Deleuze and Guattari's *abstract materialism*,[1] this article points out that the bioinformatic subsumption of life lays out a machinic or symbiotic process in which the digital acts and is acted upon the biological; a co-causal relation that catalyses the emergence of unpredictable modifications of communication and reproduction. In other words, the impact of molecular sciences and technologies unleashes a field of potential mutations of a body – the unprecedented emergence of new modes of information transfer. Thus, the biodigital machine – the machinic assemblage of the biological and the digital – is not imposed on matter. Rather it belongs to *virtual* matter: the materiality of potentials, which do not actualize without catalyzing the emergence of new potentials.

Drawing upon Deleuze and Guattari's abstract materialism, this article suggests that the bioinformatic subsumption of the body implies the emergence of new modifications of communication and reproduction. Indeed, the body does not correspond to physical forms, biological functions, or technological extensions. Similarly, a body does not equate to social positions, cultural identities or political choices. On the contrary, a body coincides with a field of potentials, with its material becomings. In this sense, a body is not to be confused with an organism or a species. At the same time, it is not determined by cultural constructions. A body is neither primarily signified nor structured. Rather, together with Deleuze and Guattari, I would argue that a body is primarily stratified.

In Deleuze and Guattari's work, stratification maps dynamics of organization onto geological processes of sedimentation and solidification of fluids, knot points of catastrophic change, atmospheric saturations, and the rise of new layers out of the composition of previous ones. Strata are open autocatalytic systems of layers grappled onto each other. They are defined by far from equilibrium modes of communication and reproduction that include amongst many, the organic, the social and technical stratum. (see Deleuze/Guattari 1987) Thus, strata are not to be confused with structures. Strata are open systems always already crossed by flows, curves, whirlwinds, and gradients. In short, a stratified body entails the mutual organization of all layers of stratification – from the biological to the physical, cultural, economic, technological etc. – but it is also traversed by thresholds of becoming linking the potentials of these

---

1   Manuel DeLanda has redefined Deleuze and Guattari's ‚abstract materialism‘ as ‚realist materialism‘. He explains that such realism does not concern essences, but dynamical processes. See DeLanda 2002: 2 also Massumi 1992, 2002.

layers: portals of unpredictability, indeterminate modifications, emerging capacities.

This machinic stratification implies that a body has neither essence nor limits. A body is instead only composed of thresholds, tendencies and relations. Thus what distinguishes a unicellular body from a human body, or the body of capitalism from the cultural body is not a determinate form or function, biological, social or economical. All bodies are virtually linked to one another yet actualize in the most distinctive and differentiated fashion. A material body, therefore, belongs above all to the ecology of bodies – an open environment defined by the mutual actions of bodies out of which new individuations emerge. Such ecology suggests that the material body coincides with its machinic making: nonlinear actions between distinct parts generate new composition, which do not resemble them.

From this standpoint, this article argues that the bioinformatic phase of capitalism has become immanent to the machinic dynamics of matter. In other words, the capitalisation of all layers of organization across strata – from the organic to the technical body – implies the *real subsumption* of all modes of information transfer, which is actualised by the bio-digital machine of communication and reproduction.[2] According to Marx, real subsumption – a tendency already in germs in the industrial organization of capitalism – defines a phase in which labor processes or processes of productivity are born within capital and incorporated not as external but as internal forces that belong to capital itself. Production no longer pertains to the individual activity of labor but becomes a social activity. Production disentangles itself from the centrality of labor to expand across all levels of communication and reproduction of information – across the organic, social and technical strata. As Negri puts it, the walls of the factory have dissipated across the entire social stratum. This „social factory" defines the phase of socialization of capitalism where capital captures and multiplies the potentials for *doing and being* rather than just being concerned with selling commodities. In this phase, potential production has become a capitalist tool. In other words, as Massumi recently argued, „our life potentials [have become] indistinguishable from capitalist forces of production". This phase of real subsumption indeed entails the „subsumption of life" under capitalism. As I will explain later in this article, the real subsumption of life – from the bio-physical to the socio-cultural levels of production – introduces an immanent relation between matter and capitalism deploying auto-engineering assemblages that precede and exceed the anthropocentrism of life.

---

2   It is useful to specify that the word machine does not refer to a mechanical system but to the machinic engineering of singular components generating novel dynamics of organization. On the machinic that challenges the biological and mechanical opposition see Deleuze/Guattari 1983: 284.

Yet, this phase of real subsumption has not simply substituted the so-called system of *formal subsumption* as if it were a linear progression. Formal subsumption, characterised by capitalist accumulation and centred on the productivity of labour, rather behaves like a host in the bioinformatic apparatus of capitalization that multiplies its affects in the most conservative ways (e.g., the pressures on individual responsibilities to sustain capitalist crisis). According to Marx, in formal subsumption, external labor forces are absorbed into the homeostatic system of production in such a manner that capital intervenes as their director or manager. In this arrangement, capital subsumes labor forces the way it finds it. It takes over existing labor forces developed previously or outside of capitalist production. This subsumption is formal insofar as the labor processes born outside capital's domain are subordinated to its command as an imported foreign force (Hardt 1998: 23-39). Yet, formal subsumption only works if we consider capital as a closed system of equilibrium absorbing all useful energy-force whilst expelling non-profitable ones. As Prigogine and Stengers have demonstrated, closed systems are not the rule but rather the exception of all dynamics of organization, which deploy a far from equilibrium tendency to change, which bypasses the logic of accumulation and collapse. (see Prigogine/ Stengers 1984) Thus, foreign forces are not simply used and exhausted, but have become the hosts of the bioinformatic recombination of all useless flows. Such recombination defines the real subsumption of life: the capture of emerging potentials gives way to unexpected mutations of the body. The subsumption of the body, far from reiterating a separation between material and immaterial, flesh and information, implies that everything is material. Yet, this materiality only responds to intensities, mutations, and movements. The biodigital subsumption of the body, therefore, lays out the short circuit between virtual matter and bioinformatic capitalism.

1 The Superfold

Attention has recently been focused on the fact that modern power is not at all reducible to the classical alternative „repression or ideology" but implies processes of normalization, modulation, modelling, and information that bear on language, perception, desire, movement, etc., and which proceed by way of microassemblages. This aggregate includes both subjection and enslavement taken to extremes, as two simultaneous parts that constantly reinforce and nourish each other (see Deleuze/ Guattari 1987: 458).

The processes of transformation from the formal to real subsumption of the body has also been explained in terms of a threshold from disciplinary to control society (Deleuze 1995). In the Foucauldian study of biopower, the fold designates the abstract diagram of disciplinary society (Deleuze 1988b). By folding external energy-forces of reproduction, the regime of social subjection of the body organizes the transmission of information through new technologies of individuation (e.g., the factory, the school, the hospital, the prison etc.). For the disciplinary archipelago of power, invariable mouldings or variations arranged biomasses into the hierarchical pyramid of individuated bodies (e.g., the worker, the pupil, the patient etc.). This irreversible folding generated a striated space of order in which regimes of signs (words-things: variables of expression) and technologies of power (socio-technical machine: variables of content) defined the disciplinary organization of all modes of reproduction and communication.

Far from determining an eternal form of organization, disciplinary subsumption constitutes a temporary assemblage in a wider dynamics of power. A critical knot of change marks the emergence and formation of ‚control societies'. Deleuze indeed suggests that the passage from disciplinary to control societies is accompanied by a breakdown of all technologies of confinement and interiority (Deleuze 1985: 80). Individuals are now decomposed onto a micro scale of assembled information: a data bank of passwords. Rather than confining forces of reproduction to fixed forms and stable functions, control modulates their variations. Its operations follow the auto-mutation of matter by changing its activity of selection from one moment to the next. As opposed to deterrence (the realm of control by simulation or pre-programming), modulation captures the interval between states, grasping the virtual tendencies of matter beyond their moment of actualization. In other words, control becomes immanent to virtual matter. Its operational continuum becomes entangled with turbulent variations whose selection accelerates their potential differentiation.

This control is inseparable from the proliferation of the technical machines of communication studied by cybernetics.[3] Cybernetic control spreads through the positive (nonlinear) feedback loops of data processing plugging the human in the machine. Third generation machines involve a symbiotic assemblage of non-analogous modes of information that results in a multiplication of their potentials of transmission – stimuli and receptions – cutting across all dynamics of communication: a virus, a bacteria, a human being, an animal, a computer. This new control distributes the Panoptical striated space of surveillance through a decentralized network of open nodes of connection modelled on the algorithmic behaviour of genetic information (for example, the architecture of peer to peer networks). The pyramidal management of the body gives in to the smooth (uninterrupted) space of potential flows through

---

3   On cybernetics, see C. Wiener 1989. See also K. N. Hayles 1999.

which capitalism reaches ‚absolute speed' (see Deleuze/Guattari 1987: 492).

The disciplinary fold has trans-mutated – mutated across strata – into a *Superfold* „borne out by the foldings proper to the chains of the genetic code, and the potential of silicon in third-generation machines" (Deleuze 1988b: 131). This new diagram of power double folds the body in turbulent biodigital machines, which no longer reproduce but recombine its micro-variations of transmission. Rather than reducing variables to identities, this double folding (recombination) lays out a smooth modulation of variation. Modulation is a selection of bio-physical and bio-cultural potentials of matter, which accelerates the emergence (and not the elimination) of unpredictable assemblages in the bio-informatic phase of capitalism. In particular, the decodification (i.e., abstraction of the code-milieu relation) of the organic strata with genetic engineering and bio-technology catalyzes non-genital sex in all modes of information transmission. Biodigital modulation feeds on turbulent emergence. It captures and multiplies, rather than repressing, potentials of variation. It marks the virtual subsumption of the body to capitalism.

2 Biodigital Capital

According to Deleuze and Guattari, capital operates through a conjunction of deterritorialized (uprooted) and decoded (surplus valued) flows. It abstracts codes (formed matter) and territories (substances) from all strata and reassembles them on a new abstract plane channelling their potential of differentiation in multiple directions. The example of the wasp and the orchid suggests that abstraction involves the formation of a rhizome – a zigzagging line – assembling codes from different systems of reproduction. By pollinating the orchid, the wasp becomes a piece in the orchid's reproductive apparatus, which at the same time becomes a piece of the wasp. This ‚*aparallel evolution* of two beings that have absolutely nothing to do with each other' involves the capture of a code, an extraction that induces becoming by contamination (see Deleuze/Guattari 1987: 10). The process of abstraction accelerated by the bioinformatic capitalization of all modes of transmission entails an immanent capture of the bio-chemical, socio-cultural and techno-economic partial codes by merging all forms of value in the machinic surplus value of information.

In order to define the dynamics of the real subsumption of the body, it is important to challenge the model of evolution based on the Darwinian and neo-Darwinian notions of natural selection, competition and survival of the fittest.[4] Far from explaining processes of transformation,

---

4 On this conception of evolution, see Dawkins 1989.

these theories reduce molecular variations to isolated and individuated values. On the immanent plane of relations, transformations entail the auto-assemblage of variations introducing unexpected novelties on the strata. The transformation of the means of production (from thermodynamic to cybernetic machines) involves the decodification of bio-physical and bio-cultural modes of transmission marking the emergence of a differential time crystallized in biodigital machines.

Instead of postulating a teleological whole, a capitalist system, supposed to function according to the transcendent model of selection and survival, DeLanda argues that capitalism is a complex environment of heterogeneous forces of production, populations of institutions, markets, corporations and bureaucratic agencies. Capitalism is not a general source of free enterprise and exploitation – a homogeneous and stable body always already reproducing itself. Rather, its composition changes through the fluctuating interactions of anti-markets and markets, nucleic and trading organizations. In this sense, capitalism is not a closed system of exchange engendering and subjecting all forces of reproduction. Even the individuation of monopolies and economic institutions should not be limited to a mere identification or representation of capitalism, but rather it should be exposed to the wider microphysical environment of which they are part. For example, economic institutions are always part of larger institutional organizations, such as military complex, but also wider ecosystems of desire-power that make their purpose redundant.[5]

The endosymbiotic assemblage between bacteria, animals, plants, humans and technology constitute a heterogeneous biosphere of evolution that challenges Darwinian and neo-Darwinian emphasis on individuated units of selection. Deleuze and Guattari use the notion of *Mechanosphere* to discuss immanent capitalization conjugating both biophysical and biodigital machines of information. When describing the isomorphism of stratification, the continuum and nonlinear feedback between organic, anthropomorphic and technical strata, Deleuze and Guattari prefer to avoid any confusion with cosmic and spiritual evolution. They use the notion of Mechanosphere that neutralizes the differences in kinds and degrees among strata determining hierarchies of qualification and quantification. „The apparent order can be reversed, with cultural or technical phenomena providing a fertile soil, a good soup, for the development of insects, bacteria, germs, or even particles. The industrial age defined as the age of insects [...]" (Deleuze/Guattari 1987: 69). Deleuze and Guattari's mechanosphere also questions the vitalist and mechanist

---

5 For example, as DeLanda points out, despite its origins in the hands of military planners, the Internet itself is an entity emerging from the assemblage of synergistic agents, whose interaction has acted as a motor of complexification, as the example of computers service providers and clients demonstrates. See DeLanda 1997: 71-99.

dualism that reduces to teleological causes the assembling processes of transformation. This mechanosphere is composed of abstract machines – the symbiotic engineering of bodies generating unprecedented compositions.[6] The abstract machine lays out the activities of pre-individual anonymous forces unleashing the unpredictable potential of all the parts participating in the assemblage. There is no internal will or external determination.[7] The machinic assemblage of forces exposes the virtual-actual circuit of mutations whereby actualizations feedback on the virtual plane of potentials. The abstract machine privileges neither biological nor social systems, organic or social structures. It is not a question of whether the biological comes before the social and the economical or the other way around. The abstract machine maps the engineering capacities of a body to compose, decompose, and differentiate beyond individuated differences (static identity). What comes first is not unity and form but a mutual process of composition: continual variations linking organic and social stratifications on a mechanosphere of turbulent becomings.

Thus, the bio-informatic capitalization of information is immanent to the microcellular variables of reproduction and communication defined by endosymbiotic evolution. Lynn Margulis argued that cytoplasmic genes (mitochondria, plastids, and cilia residing in the soma of the cell) far from being sterile, deploy a bacterial-like mode of reproduction. Information transmission does not exclusively involve the eukaryotic imperative of chromosomal or nucleic exchange and filiation. Rather, it also includes the transmission of bacterial-like organelles entrapped in the eukaryotic cell. Information is not exclusively transmissible through the germline (nucleic DNA), but also through the somaline, the bacterial-like recombination of cytoplasmic genes.

Drawing on this hypothesis of microbial evolution, it could be argued that capitalism is enveloped in the parallel coexistence of nucleic anti-markets – monopoly and hierarchies – and cytoplasmic bacterial-like trading, defining the mutual relation between these independent modes of reproduction. Chromosomal transmission at the core of sexual reproduction does not determine all orders of capitalization. Rather, nucleic reproduction is affected by bacterial and mitochondrial recombinations. The transmission of nucleic DNA is open to genetic reversibility responsible for retroviruses and pararetroviruses, operating through transverse trascriptase (RNA>DNA). In this sense, although nucleic transmission presents a more sequential organization of information, its nucleic centre (genotype or chromosomes) is continuously affected by

---

6   On the abstract machine, see Deleuze/Guattari 1987: 63 and 69-74.
7   The vitalist conception of capitalism presupposes economic (cultural and socio-political) transformations for capital's sake, a self-sufficient organism. The mechanical conception rather defines capital as system subjected to technological developments and therefore constructed by an external power of selection.

non-nucleic transmission (phenotype and cytoplasmic material) able to reverse chromosomal trajectory in unpredictable fashions.

From the standpoint of endosymbiosis, it becomes problematic to distinguish nucleic apparatuses of capitalization (anti-markets) from bacterial trading of information (markets). Monopolistic organizations of information, such as nuclear genes, could feed on the most virulent trades, which would in turn expand despite aggregating monopolies. Similarly the most subverting bacterial trades could give way to the most hierarchical and rigid corporations. The question of the host and the guest in endosymbiotic dynamics remains unsolved as it deploys the expansion of molecular sexes (bacterial, viral, mitochondrial) preceding and exceeding nucleic exchange and filiation – meiotic sex. The unpredictable potentials of molecular transmission introduce a new assemblage of desire-power (nonclimactic potentials) on the strata: biodigital sex.

This biodigital recombination is embedded in the new dynamics of control: the continual modulation (the virtual capture) of chemical particles, genetic substances, and cellular forms. This modulation relies on the biodigital conjunction of all modes of reproduction and communication (from cellular phones to computer viruses, from cellular symbiosis to genetic engineering and artificial life) on a smooth space of potential production. Biodigital machines enable a virtual control of information (the present-future loop of emerging variations), tapping into differential transmission. Following Bergson, Deleuze explains that the virtual is neither the ideal nor the imaginary. It is neither possible nor given (Deleuze 1988a). The virtual defines the real potential of all actual modes of existence unleashing continual capacities of variation. The biodigital recombination of all machines of sex (bacterial, meiotic, technological) exposes a virtualization (acceleration of potential tendencies) of molecular variations through an immanent selection (positive differentiation) and modulation (positive capture) of their emergent tendencies to transmit anew.

For example, the mapping of the genome or genetic sequences constitutes the most literal examples of the new virtualization of genetic profit. The latter refers neither to a possible profit nor to its simulation. Rather, it defines its potential reality: the actual emergence of genetic potential crystallized (superfolded) in biodigital machines of transmission. As Margulis and Sagan point out, genetic recombination as a cellular process was invented by bacteria billions of eras ago. „[T]he biotechnology revolution exploits the tendency of bacteria to donate and receive each other's genes: genetic engineering is based on the ancient sexual propensities of bacteria" (Margulis/Sagan 1997: 50). Recombinant DNA or bacterial sex is at the core of virtual control. Genetic cloning or transgenesis exploits the ability of bacteria to take up and replicate any piece of DNA without treating it as foreign and rejecting it. It is not by chance that also media communication corporations, such as British Telecom, are looking at bacterial recombination to smooth information traffic and connect varied information packets.[8]

Although bio-technologies already suggest the process of disentanglement of reproduction from mating and sex from pleasure (sexual reproduction), mammal cloning more clearly indicates the transformation of the meiotic machine of sex on the biodigital stratum of capital. The meiotic programme of reproduction and heredity, based on chromosomal (nucleic) transmission, becomes a parthenogenic doubling (the reengineering of an unfertilized egg) of molecular variables of information transmission in the egg cell. Instead of providing an embryological model of evolution determined by genetic structures (nucleic DNA), the molecular dynamics of the egg cell unfold the schizophrenic coexistence of singular orders of transmission – nucleic and cytoplasmic – where turbulence (the cytoplasmic swerve) declines from laminar flows (layers of nucleic segments). Mammal cloning does not exclusively constitute another example of virtual control through the patenting and monopoly of information potentials. It also lays out the intensive conjunction of biophysical and biodigital molecular sexes: the bioinformatic capitalization of nonlinear transmission (nucleic and cytoplasmic). The recombination of cytoplasmic material entails a mutation of sex and reproduction, the proliferation of *microfeminine* particles as inheritable yet autonomous from the nucleic order of filiation (chromosomal exchange).

As some scientists observe, although the nucleus of a human cell contains about 100 000 genes, whilst each mitochondrion has only 37, mitochondria define many of the crucial dimensions of cellular bodies. For example, they act as *probe heads* (i.e., experimental devices) selecting which of a mother's germ cells can mature into the egg (from which an embryo will grow) and deciding the living duration of a body (Cohen 2000: 30-31). In mammal cloning, the recombination of cytoplasmic genes coming from the donor and the recipient's cells (the udder cell and the egg cell) introduces a double merger of a-segmented genetic material (mitochondrial DNA), which does not characterize sexual reproduction or biotechnological reproduction such as IVF. Mammal cloning involves a highly turbulent process of mitochondrial and cellular symbiosis irreducible to the scissiparity of the Identical. Cloning is no longer the copy of the Identical, but entails the unprecedented merger of supplementary inherited genome mapping the feminine line of bacterial recombination, known as the *Mitochondrial Eve*.[9] Mammal cloning exposes the emergence of a new kind of sex and reproduction defined by the acceleration

---

8   On the use of bacterial sex to accelerate information transmission, see D. Graham-Rowe 2000.
9   On the ‚Mitochondrial Eve‘, see R. Dawkins 1995.

of mitochondrial transfer. In this sense, the new phase of bioinformatic capitalization introduces a new symbiotic assemblage (mitochondrial symbiosis) of the body. This new parasitism defines a reversible relation (a nonlinear feedback) between virtual control or real subsumption (the positive capture of tendencies) and emergent recombination (the auto-generation of mutations) of all modes of sex and reproduction on the bio-physical, bio-cultural and bio-technical levels of material stratification.

3 Digital Cloning

„The philosophy of representation – of the original, the first time, resemblance, imitation, faithfulness – is dissolving; and the arrow of the simulacrum released by the Epicurean is headed in our direction. It gives birth-rebirth to a ,phantasmaphysics'." (Michel Foucault 1977: 309)

Bio-technological machines double fold the molecular time of recombination by stretching the potentials of a body to unleash unprecedented mutations. Digital machines also capture the ceaseless replication of images by recombining information through computer imaging, rendering, and animating, CD-ROMs, CT scannings, etc. Yet, debates about the grid of digital images-information seem to reiterate the critical impasse between essentialist and constructivist metaphysics. On the one hand, image replication still corresponds to sterile repetition, pre-codified simulacrum, or mere mimicry of eternal forms, reality, being. On the other hand, images are mere projections of the mind, interpretation of the real, direct representation of the external world.

For example, in his cultural history of simulation, Jean Baudrillard associates cloning to the fourth order of simulacra that defines the age of ,soft technologies, of genetic and mental software'. The triumph of replication, mimesis and copies ruling the economic, socio-cultural and popular scenes produces an anaesthetised space denuded of conflicts with the other. „This is our clone-ideal today: a subject purged of the other, deprived of its divided character and doomed to self-metastasis, to pure repetition. No longer the hell of other people, but the hell of the same" (Baudrillard 1993: 122). Cloning negates both the subject and the object leaving us suspended in an ocean of data, surfing digital waves in the deserted matrix of the real. For Baudrillard, cloning bypasses „the sexual function of the father and the mother, through an operational mode from which all chance sexual elements have been expunged [...] as well as the otherness of the twin in the reiteration of the same" (ebd.: 115). As a mere repetition of codes, a cancerous metastasis, cloning implies the realization of the death drive, unbinding sex from reproduction, inducing regression towards inorganic replication.

By identifying sexual reproduction with the realm of exchange and variation, Baudrillard argues that bio-digital sex marks a regressive divergence from life instincts, diversity and procreation. Cloning inherits the burden of the metaphysics of representation ante-posing the ideal to the material, the real to the copy, the organic to the inorganic. Here, bio-informatic capitalism has absorbed all forces and particles, engulfed all varieties and diversifications under its logic of replicating commodification. This Baudrillardian scenario re-affirms the negative relativism of the reality principle (based on the postponement of pleasure) and signification (the reduction of signs to signifiers) outside of which nothing is believed to happen.

Following this tradition, the digitalization of the body in virtual reality, computer imaging, rendering and animating, CD-ROMs, photography and video has been mainly considered as a process of disembodiment that dismisses the physical reality of the body-identity (the bio-categories of sex, gender, race, ethnicity, class and so on). These insights share a common conception of matter-materiality that reiterates the schism in Western culture between the line of incorporeal materialism versus the metaphysics of representation.[10]

This metaphysics imparts a split between essence-appearance, model-copy, defining images as mere imitations, mimicry of the real. In *Philebus*, Plato points to the autonomy of simulacra – huge dimensions, depths and distances out of sight from the observer – only to repress them, to accuse them of sterile effects compared to the reality of the cause defined by sight, the noblest of the senses. Sight is conceived as the inner eye of the mind able to select reality through eternal given ideas. In reversing Platonism, Luce Irigaray unravels the conjectures of the ‚myth of the cave‘ through which the world of pure representations – eternal ideas – speculates on the material-maternal shadows of the cave (Irigaray 1985a). Far from being the end products of eternal lights, the shadows of the cave are primarily *real*. The wet tunnels of the cave mirror the uterine environment where the philosopher is imprisoned and from where he has to depart, reaching the real enlightened by the sun outside the cave. This uterine space has been recently reconstructed in the 1999 blockbuster *The Matrix* (the Latin for womb and the Greek for hysteria) as a network of simulations echoing the Baudrillardian ‚desert of the real‘: the world where images have taken over reality. This cave of parthenogenic simulations imprisons humans in a matrix of copies, image replications or clonings that are deceiving shadows, distorted projections of the real. The liberation from the world of replications involves the liberation from the seduction of copies, hiding the real behind superficial disguise. This illusion is at the core of all economies of rep-

---

10 On the thought of the incorporeal, see M. Foucault 1977: 165-96.

resentation detaching sight from the senses, mind from the body, the real from simulacrum, the ideal from the material. As Irigaray argues, this illusion reduces sex to the model of representation determinate by the economy of pleasure, the function of sexual reproduction and the binarism of the sexes. In this model, the female is a copy of the male, the feminine of the masculine, the woman of the man. The female is an image devoid of meaning, a projection lacking substance, a reflection of the real. Arguing against this metaphysics that reduces materiality to the end product of idealism, Irigaray points to the fluid dynamics of matter that explain the primacy of processes and transformation over the logic of solids and structures. In her work, a matter-mater-matrix continuum lays out the fluid link between matter and the female body as if it were ceaselessly under construction – a purposeless metamorphosis out of which a non-identical sex emerges. Sex is not the mirror image of something else. Images are not *images of*, but are themselves bodies. From this standpoint, feminine sex like images lacks nothing. Feminine sex, far from being differentiated from masculine sex – the referent point – lays out a multiplicity of variations that are irreducible to the metaphysics of the one and the many – the already formed and subjective reality.

The illusion of reaching the real behind simulations is only attainable through the (illusion) of organic unity-origin dismissing the fact that „behind each cave another opens still more deeply, and beyond each surface a subterranean world yet more vast, more strange. Richer still [...] and under all foundations, under every ground, a subsoil still more profound" (Deleuze 1991a: 263). Simulacra are not copies of ideas and forms but are bodies flying from objects and impacting on our sensory organs. As Lucretius explains: „[...] the existence of what we call images of things [is] a sort of outer skin perpetually peeled off the surface of objects and flying about this way and that through the air" (Lucretius, Book IV: 24). Atoms leave the surface of objects as complete coherent images or films, which preserve both the shape and the appearance of the object. When a film of something enters our eyes, it touches our organs of sight, stimulating perception and making us see the object. Objects emit particles that strike the eyes and provoke sight. Touch and sight are brought forth by the same stimulus as the stream of matter spreads out in all directions and without intermission. The simulacrum is an image without resemblance, incorporeal images composed of particles moving through air, rather than an image engendered by ideas. Incorporeal images are not at all unreal. They neither pre-exist nor are mediations (or interpretations) of reality. Rather, the incorporeal defies a pulsating reality, the materiality of indeterminate movement, the process of potential tendencies accompanying the composition of particles-forces: that which varies yet partakes of virtual matter in the most unrecognizable fashion. The incorporeal does not correspond to the disappearance of the real, but coincides with the primacy of processes over states – the palpable movement of bodies-images rather than the moment in which movements are arrested into states of reality.

In the tradition of representation, the Platonic and Cartesian distrust of images and bodily senses are adopted as dominant models to analyse the impact of technologies of vision on the strategies of mastering, surveillance, and subjection. (see Jay 1993) The anti-ocular tradition in Western culture and critical thought relies on this very specific understanding of vision rooted in the representational schism between the world of the material and ideal separating the visual from the audible and tangible, and the mind from the kinetics of the body. Although this separation explains the way power operates in specific socio-cultural structures in specific times, this approach does not account for the under layered processes of perception that exceed the metaphysics of representation based on the central perspective of a formed subject corresponding to an already formed world.

3.1   The Matter-Image-Body Assemblage

Overturning the Platonic tradition of representation where matter and images are always depositories of something else – the self, the real, the ideal – the bio-informatic proliferation of simulacra exposes a virtualization (an intensified differentiation) of a matter-image-body continuum crystallized and diffused through digital information transfer. In order to map the traits of this process, it is important to give some clues about matter-image-body assemblage first as conceived by Henri Bergson.

Matter, in our view, is an aggregate of „images". And by „image" we mean a certain existence which is more than that which the idealist calls a representation, but less that which the realist calls a thing – an existence placed half-way between the „thing" and „the representation" [...] the object exists in itself, and, on the other hand, the object is, in itself, pictorial, as we perceive it: the image it is, but a self-existing image (Bergson 1991: 9-10).

Arguing against the phenomenological tradition based on a centralized, subjective and organic vision, Bergson moves away from natural perception. All consciousness always partakes in something else that comes before and after our awareness of things. Before consciousness, there is movement of light and energy that exposes the incessant flow of matter stripped of stable form and purposeful function. As composed of light-energy flows, matter is an agglomeration of images whereas perception and memory, as attributes of the mind, are modes of accessing to the present and the past movement of image flowing. Rather than the hidden force lying behind the body and the image, according to Bergson, matter is composed of moving particle-lights acting as forces of contraction and extension, where my body, my eyes, my brain are images; they do not represent or contain anything. By defining the independence of matter from subjective perception, Bergson's materialism also defies metaphysical idealism.

The body is the place of movements received and thrown back. The body is a place of connection between things, which act on the body and the things upon which the body acts. The body as an image constitutes at each point a section of virtual matter – the plane of immanence – without centre or pulsations, without interiority. Virtual matter lays out a unity (a holding together rather than the homogeneity of form) of disparate levels of actual emergence: virtual tendencies accompanying actual compositions out of which the image I call my body emerges.

In the tradition of representation, the body is an already structured organism – an already determinate system of central organs of perception in which the hierarchy of the senses is displayed (sight over hearing, touching and smelling) as if receiving stimuli by mirroring and then processing specific features of an already formed outside. For *abstract materialism*, the body is not composed of organs (or individuated unities) but it is an aggregation of partial bodies in movement. Relations of particles and forces acting upon each other and composing a mutant whole that exceeds the sum of its parts. Indeed, a material body only coincides with indeterminate senses or regions of relative immobility: portals of resonating virtual matter.

For phenomenology, the act of perception is a reflection of what is already pre-embedded in the world. It repeats the same structures, expressing where you already were. In this case, perception becomes a reflective exercise, a repetition without novelty. Here perception becomes equated with intention – „a way of establishing an identity between the structure of the world and the structure of the subject in the world" (Massumi 2002: 287, note 14). On the contrary, for Bergson, perception arises from and returns to matter – a plane of immanence. Perception without reflection partakes of the lived experience that far from being a subjective experience, deploys the *experimental* process of movement: the virtual making of the world.

Perception, according to Bergson, is never a representation of something. Rather, it conveys actions. Perception grasps the action of the body upon things and the action of things on the body. Perception is always an action that links the past to an immediate future. Hence, an image is not merely there to be seen; its duration can be heard, felt, touched. For example, an image is produced each time we listen or feel something not simply because it reminds us of something that we have seen. Matter as an agglomeration of images-bodies defines a continuum between perception and memory that mixes what we have seen with what we are about to see. The movement from matter (repetition of images) to memory (individuating zone of perception) displays the activities of perception: arresting the real actions of external things on the body in order to retain that which is virtual. „[T]his virtual action of things upon our body and of our own body upon things is our perception itself" (Bergson 1991: 232). Perception is a selection that does not serve to shed more lights on things but to arrest the incessant flows of images-things impacting on the body.

Rather than defining the disappearance of material variations, the digital replication of images modulates (captures and unleashes the potential tendencies of) kinetic movements of particle-lights, the virtual action of images-bodies. The impact of digital simulacra on the body's zones of perception enlarges the leap – the interval – between stimuli and response by that exposes an intensification of percepts[11] leading to a mutation of the senses. Digital cloning defines the proliferation not of copies of the original but of virtual actions of images-things increasing and decreasing the capacities of a body to be affected and to act.[12] Here perception is neither subjective nor objective, but emerges and returns to the swerving flows of matter (virtual planes of intensive duration). Digital perception blends in recombinant information. It entails a virtual action on the body's capacities of reception and action, unleashing the emergence of unprecedented sensory mutations.

For example, by generating a haptic space, digital mapping defines new modes of orientation, the linkages and landmarks conveying a sense of immersive audio-visual experience. This is an audible and touchable experimentation, in which the body moves on a grid of recombined information and the eye itself acquires haptic or nonoptical functions. The eye no longer separates objects. But objects become rather part of a fractional, flat heterogeneity participating in the same matrix of information (virtual matter). In this space points of reference are interchangeable and recombinant, they are „„monadological' points of view [that] can be interlinked only on a nomad space" (Deleuze/Guattari 1987: 94). This is the ultra and multi sensuous space of electronic and digitised time based media crystallizing (capturing potentials) the emerging tendencies of matter (i.e., these media participate in the present-future loop of bodily actions and reactions, in which an intensified delay discloses sensory perception to emerging mutations).

---

11 As Deleuze and Guattari explain, perceptions are neither natural nor constructed. They are compositions of sensations, compounds of percepts and affects that exist in the absence of man, of subject and object, as they are themselves compounds of percepts and affects (164). Perceptions are not state of affairs but a state of assembling bodies induced by other bodies – the virtual impact on a body that acts and is acted upon other bodies. See Deleuze/Guattari 1994: 163-199.

12 On the impact of digital images on perception, see Parisi/Terranova 2001: 121-128.

Far from defining the end of the body, sex and reality, digital cloning marks the introduction of a new mode of perception emerging from the capacities of a body to be affected and to act. Digital cloning increases some channels of affection-action rather than others, entailing the (positive) selection of some stimuli-receptions rather than others. It exposes the liquid nature of perception always linked to the assemblage of percepts and affects mutating across bio-physical and bio-cultural modes of information transmission. In other words, the impact of digital cloning on sensory perception involves a mutating materiality of the real whose consequences are yet unforeseen.

4 Incorporeal Mutations

> „[...] we add that incorporeal transformations, incorporeal
> attributes, apply to bodies and only to bodies.“
> (Gilles Deleuze / Félix Guattari 1987: 86)

Biodigital machines introduce a new level of order in the stratification of a body: a turbulent recombination of all modes of reproduction and communication out of which a mutant sex is emerging. Genetic engineering decodifies (extends beyond its actual forms and functions) the organic entanglement between sex, reproduction and death (the link between sexual reproduction, survival, filiation and evolution). It operates by superfolding or crystallizing the capacities of molecular variables to differentiate anew. Genetic engineering builds up the diagram of bioinformatic capitalization: the real subsumption of life accelerates rather than reducing the potentials of matter to recombine and mutate beyond recognition.

At the same time, digital cloning involves a deterritorialization (uprooting) of the field of sensory perception, which entangles the body in a matrix of energy-information, capturing the molecular movements of virtual matter. Digital cloning indicates the emergence of a hypersensorial perception that implies an unpredictable mutation of the body's apparatus of reception and action. By intensifying the virtual action of the body on images-things and viceversa, digital cloning is encompassed by the unknown capacities of a body to be affected and to act. Hence, perception can only belong to a virtual ecology of bodies with their variable capacities of reception and action. Perception merges with a swarm of *percepts* that are independent of the state of those who experience them. They define the „nonhuman landscape of nature“ (Deleuze/Guattari 1994: 169), traversing unformed sensations.

This article has therefore argued that the real subsumption of the body to capital entails an immanent modulation of the molecular variables of a body – cellular, genetic or electrodigital. Such immanence does not cease to occur without facing the unpredictable potentials of virtual matter. The continual recombination of all modes transmission (from bacterial sex to cybersex) gives way to biodigital sex that detracts the body-sex from states of equilibrium (biological, cultural or technical identity). It prolongs the virtual actions of matter (its tendencies towards variation) as long and as much as possible demanding that flows of transmission never reach a final climax (the pleasure of determinate positions). Biodigital sex enfolds anticlimactic contagions, which are indexes of a transition or intense variation from one phase to another, the symbiotic assemblage of biological and technological levels of matter. Biodigital sex thus points to a transductive time that links the past with the future. Biodigital sex (from mammal to digital cloning) is an index of the turbulent knots of a present futurity out of which new modes of communication and reproduction emerge.

Biodigital sex cuts across the model of organic evolution based on binary sexes, heredity and filiation, survival of the fittest, death and life drives, pleasure and unpleasure, which reduces the body-sex to a given essence (a biological, socio-cultural and bio-technological identity). Virtual matter enfolds the mutations of sex and reproduction that go beyond the human and the post-human (the organic and technological determinants of matter). Biodigital sex belongs to the incorporeal mutations of matter preceding and exceeding the imperative of sexual reproduction and technological determinism. These mutations indeed entail the symbiotic assemblages of bio-physical, bio-cultural and bio-technical bodies: microbes, multicells, signs and techniques. These assemblages are not just additions of distinctive parts summing up to a new whole. Rather, they entail an engineering concatenation of parts that generate a new partial layer of stratification that does not cease to actualize without unleashing a bio-informatic warfare: the immanent collision between all strata of sex.

This new collision is an *event* on the process of stratification as it marks a momentum of reversible parasitism (interdependent coexistence) between virtual control and virtual matter. This host and guest relation discloses a condition of coexistence between nucleic and bacterial organizations of sex cutting across all layers of stratification. This is a condition of potentials and not of possibility that far from reifying the dominance of Man over nature, radically clashes with a virtual matter bypassing the dualistic opposition between information and the body, the biological and the machine. This article thus suggests a *machinic*, mutual or symbiotic, making of the body-sex out of which potential mutations of matter link the most distinct states. A body-sex thus never ceases to become in the contagious rubbing of strata.

Bibliography

Baudrillard, Jean (1993): The Transparency of Evil: Essays on Extreme Phenomena, New York.

Bear, Greg (1999): Darwin's Radio, London.

Bergson, Henry (1991): Matter and Memory, trans. N.M. Paul and W.S. Palmer, New York.

Cann, Rebecca L. / Stoneking, M. / Wilson, A. C. (1987): ‚Mitochondrial DNA and human evolution', In: Nature, vol. 325, January, S. 31-36.

Cibelli, Jose B. / Lanza, Robert P. / West Micheal D. / Ezzell Carol (2002): ‚The First Human Cloned Embryo', In: Scientific American, January, S. 43-49.

Cohen, Philip (1998), ‚We Ask. They Answer. The Clone Zone: A Special Report', In: New Scientist, May, S. 26-30.

Cohen, Philip (1998): ‚Clone Alone. The Clone Zone', In: New Scientist, May, S. 32-37.

Cohen, Philip (2000): ‚The Force', New Scientist, February, S. 30-35.

Coghlan, Andy (1997): ‚One Small Step for a Ship', In: New Scientist, March, S. 4.

Coghlan, Andy / Concar, David (1997): ‚How the clock of life was turned back', In: New Scientist, March, S. 5.

Darwin, Charles (1993): The Origin of Species, By Means of Natural Selection or The Preservation of Favoured Races in the Struggle for Life, New York.

Dawkins, Richard (1989): The Selfish Gene, Oxford.

Dawkins, Richard (1995): River out of Eden, London.

DeLanda, Manuel (1997): A Thousand Years of NonLinear History, New York.

DeLanda, Manuel (2002): Intensive Science and Virtual Philosophy, London/ New York.

Deleuze, Gilles (1988b): Foucault, trans. Seán Hand, Minneapolis/London.

Deleuze, Gilles (1988c): Spinoza: Pratical Philosophy, trans. Robert Hurley, San Francisco.

Deleuze, Gilles / Félix, Guattari (1983): Anti-Oedipus, Capitalism and Schizophrenia, trans. Robert Hurley, Mark Seem and Helen R. Lane, London.

Deleuze, Gilles / Félix, Guattari (1987): A Thousand Plateaus, Capitalism and Schizophrenia, trans. Brian Massumi, London.

Deleuze, Gilles / Félix, Guattari (1994): What is Philosophy?, trans. G. Burchell and H. Tomilnson, London.

Dennett, Daniel C. (1995): Darwin's Dangerous Idea: Evolution and the Meanings of Life, London.

Di Berardino, Marie / Mckinnel G. Robert (1997): ‚Backward Compatible', In: The Sciences, September-October, S. 32-37.

Foucault, Michel (1977): ‚Theatrum Philosophicum', In: Language, Counter-memory and Practice, trans. D. F. Bouchard / S. Simon, Oxford, S. 165-99.

Foucault, Michel (1991): Discipline and Punish: the Birth of the Prison, trans. A. Sheridan, London.

Gould, Stephen Jay (1977): Ontogeny and Philogeny, Cambridge.

Graham-Rowe, Ducan (2000): ‚Speedy Sex. A bit of evolution will work wonders for the Internet', New Scientist, 7 October; www.newscientist. com/hottopics/ai/speedy.jsp.

Hayles N., Katherine (1999): How we Became Posthuman, Chicago/London.

Haraway, Donna (1991): Semians, Cyborgs and Women, London.

Haraway, Donna (1995): ‚Cyborgs and Symbionts: Living Together in the New World Order'. In: The Cyborg Handbook, C. H. Gray (Hg.), London/ New York, S. XI-XX.

Hardt, Micheal (1998): ‚The Withering of Civil Society': In: E. Kaufman / K. Jon Heller (Hg.), Deleuze and Guattari. New Mappings in Politics, Philosophy and Culture, Minneapolis/London, S. 23-39.

Irigaray, Luce (1985a): Speculum of the Other Woman, trans. G.C. Gill, Ithaca/New York.

Irigaray, Luce (1985b): ‚The Mechanics of Fluids', This Sex which is not One, trans. C. Porter, New York.

Jacob, François (1974): The Logic of Living Systems, A History of Heredity, trans. B. E. Spillman, Great Britain.

Jay, Martin (1993): Downcast Eyes: The Denigration of Vision in Twentieth-Century French Thought, University of California Press.

Kahn, Axel (1997): ‚Clone Mammals [...] clone man?', In: Nature, Vol. 386, 13, March, S. 119.

Lazzarato, Maurizio (1996): Videofilosofia. La Percezione del Tempo nel Post-fordismo, In: Roma:il Manifestolibri.

Lewontin, Richard C. (1997): ‚The Confusion Over Cloning', In: New York Review of Books, vol. XLIV, no.16, Oct. 23rd.

Lewontin, Richard C. (2000): It Ain't Necessarily So. The Dream of the Human Genome and Other Illusions.

Lucretius (1994): De Rerum Natura; On the Nature of the Universe, trans. R. E. Latham, Penguin Books.

Margulis, Lynn (1981): Symbiosis in Cell Evolution, San Francisco.

Margulis, Lynn / Dorion, Sagan (1997): What is Sex?, New York.

Marx, Karl (1973): Grundrisse. Foundations of the Critique of Political Economy, trans. Martin Nocolaus, Middlesex.

Massumi, Brian (1992): A User's Guide to Capitalism and Schizophrenia, Cambridge, Mass.

Massumi, Brian (2000): ‚Too-Blue: Colour Patch for Expanded Empiricism', In: Cultural Studies, 14(2), S. 185-210.

Massumi, Brian (2001): ‚Sensing the Virtual, Building the Insensible', In: Deleuze and Guattari, Critical Assessments of Leading Philosophers, Genosko, Gary (Hg.), Vol. 3, Part VIII, London/New York, S. 1066-1084.

Massumi, Brian (2002): Parables for the Virtual, Movement, Affect, Sensation, Durham.

Maturana, Humberto R. / Varela, Francisco J. (1980): Autopoiesis and Cognition: The Realization of the Living, Dordrecht.

Parisi, Luciana (2000): ‚The Microbial Circuit of a Body', In: Tekhnema, Journal of Philosophy and Technology, Fall, issue 6.

Parisi, Luciana (2000b): ‚Essence and virtuality: the incorporeal desire of Lilith', Anglistica, Aion New Series, Interdisciplinary Journal, Vol. 4, n. 1, S. 191-214.

Parisi, Luciana / Terranova, Tiziana (2000): ‚Heat Death: emergence and control in genetic engineering and artificial life', In: CTheory, Theory, Tech-

nology and Culture, Vol. 23, N. 1-2, Article 84[I] 05/10/00; www.tao.ca/
fire/ctheory/0119.html

Parisi, Luciana / Terranova, Tiziana (2001): ‚A Matter of Affect: videogames
and the cybernetic rewiring of vision'. In: Parallax 21, Vol. 7, n. 4. Oct.-
Dec., S. 121-128.

Pennisi, Elisabeth / Williams, Nigel (1997): ‚Will Dolly Send in the Clones?',
In: Science, Vol. 275, 7 March, S. 1415-1416.

Prigogine, Ilya / Isabel, Stengers (1984): Order Out Of Chaos, Man's New
Dialogue with Nature, USA, Bantam Books.

Rabinow, Paul (1996): Making PCR, A Story of Biotechnology, Chicago/
London.

Sapp, Jan 1994: Evolution by Association: A History of Symbiosis, Oxford.

Simondon, Gilbert (1992): ‚The Genesis of the Individual', In: Incorporation,
J. Crazy & S. Kwinter (Hg.), New York, S. 296-319.

Spinoza, Baruch (1992): Ethics, Treatise on the Emendation of the Intellect
and Selected Letters, trans. S. Shirley, S. Feldman (Hg.), Cambridge, Indianapolis.

Thacker, Eugene (2000a): ‚Redefining Bioinformatics: A Critical Analysis of
Technoscientific Bodies', In: Enculturation, Post-Digital Studies Issue 3,
n. 1, David Rieder / Matthew Levy (Hg.), Spring; www.enculturation.
gmu.edu/3_1/toc.html

Weibel, Peter (1999): ‚On the History and Aesthetics of the Digital Image',
Timothy Druckrey with Ars Electronica (Hg.), In: Ars Electronica: Facing
the Future, Boston, Mass., S. 51-65.

Wiener, Norbert (1961): Cybernetics, or Control and Communication in the
Animal and the Machine, Cambridge, Mass.

Wiener, Norbert (1989): The Human Use of Human Beings: Cybernetics and
Society, London.

Die Neuerfindung des Männerkörpers: Zur andrologischen Reorganisation des Apparats der körperlichen Produktion[1]

TORSTEN WÖLLMANN

„Wenn die Naturwissenschaften und die Medizin eingebettet in soziale Strukturen und Normen sind, dann spiegeln sich diese äußeren Kontexte auch in den Inhalten, Logiken und Ergebnissen der Forschung bzw. der klinischen Arbeiten. […] So gab es in der Geschichte der Endokrinologie und besonders der Vermarktung von Hormonen als Medikamente ein nur mit soziokulturellen Vorstellungen zu erklärendes Interesse an ‚weiblichen‘ Krankheiten bzw. Problemen, wohingegen die Thematisierung ‚männlicher‘ Probleme wie altersbedingter Haarausfall oder nachlassender Potenz als Menopause tabuisiert war. […] Die Verwissenschaftlichung der Geschlechterdifferenz und speziell die Medikalisierung des weiblichen Körpers, wie sie in der Entstehung der Gynäkologie sichtbar wird, hat sich so im Laufe der Zeit zu einer ‚Asymmetrie der organisationellen Struktur‘ endokrinologischer Forschung und Vermarktung verdichtet. Nicht zufälligerweise gibt es keine ‚Andrologie‘." (Villa 1999: 98f., Herv. T.W.)

Nun, es *gibt* eine Andrologie. Und in ihren Arbeitsbereich fallen durchaus „altersbedingter Haarausfall" und „nachlassende Potenz" – in aktueller medizinischer Terminologie: Androgenetische Alopezie und erektile Dysfunktion. Damit ist Paula-Irene Villa nicht die erste Person, die, wenn auch nur in einer Randbemerkung, in Anlehnung an ‚Gynäkologie‘ aus den altgriechischen Wörtern andros (Mann) und logos (Lehre) den Neologismus ‚Andrologie‘ zusammengesetzt hat. Die Andrologie oder Männerheilkunde hat sich seit den 1960er Jahren herausgebildet und ihre Etablierung ist in den vergangenen 20 Jahren stark vorange-

---

1 Für anregende Diskussionen und produktive Vorschläge zur Überarbeitung danke ich Yin-Zu Chen, Masha Gerding, Angelika Saupe und Charlotte Ullrich.

schritten. Erst 2003 wurde jedoch die Andrologie auf dem 106. Deutschen Ärztetag als Zusatzbezeichnung in den Katalog fachärztlicher Qualifikationen aufgenommen (vgl. Bundesärztekammer 2003: 133). Die Andrologie konzentriert sich in klinischer Hinsicht insbesondere auf die Diagnostik von männlichen Fruchtbarkeitsstörungen und ihre Behandlung, Störungen der Hodenfunktion, alterungsbedingte Gesundheitsprobleme, Intersexualität, Erektionsstörungen und Verhütungsmethoden für Männer. Sie ist für Männer das, was die Gynäkologie für Frauen ist.

Villas Annahme, es gäbe keine Andrologie, ist symptomatisch, insofern angesichts des starken strukturellen Ungleichgewichts der Medikalisierung von Geschlechtskörpern die Entstehung der Andrologie bislang nicht in den Blick der Frauen-, Männer- und Geschlechterforschung geraten ist. Nelly Oudshoorn pointiert grundsätzlich eine dortige Forschungslücke hinsichtlich der Beschäftigung mit Männerkörpern:

„Durch die Fokussierung auf den weiblichen Körper haben Feministinnen unbeabsichtigt eine Tradition im medizinischen Diskurs reproduziert, die den weiblichen Körper als exotisch präsentiert, als das Andere, einen Körper, der für seine Existenz genauer Untersuchungen und Erklärungen bedarf. [...] Genau diese Tendenz, den männlichen Körper zu vernachlässigen, spiegelt sich in der Wissenschaft im neu etablierten Gebiet der Männerforschung wider, wo die Beziehung zwischen *technoscience*, Männlichkeit und männlichem Körper kaum Erwähnung findet." (Oudshoorn 2002a: 109f., Herv. i.O.)

Zugegeben: „Nicht zufälligerweise" ist die Andrologie ein relativ junger und noch kleiner Bereich der Medizin. Villas Annahme, es gäbe keine Andrologie, ist daher bis zur Mitte des 20. Jahrhunderts historisch zutreffend. In der eingangs zitierten Passage thematisiert sie in Anschluss an Nelly Oudshoorn die einseitige Medikalisierung des Frauenkörpers innerhalb der Sexualhormonforschung. Diese Einseitigkeit sieht sie verursacht durch komplexe „Netzwerke und Aushandlungsprozesse zwischen biologischer Forschung, Pharmakologie, Gynäkologie, bevölkerungspolitischer [sic!] Institutionen und Marktsituationen" (Villa 1999: 98; vgl. Oudshoorn 1994: 108f.). Die frühe Etablierung der Gynäkologie ist ein wichtiges Moment der westlichen, modernen Geschlechterordnung, in der der weiße, bürgerliche Mann das unbenannte Zentrum einnimmt, insofern sie Frauen als zu medikalisierende Andere setzte und unter besondere medizinische Beobachtung stellte. Die Frauenheilkunde und Geburtshilfe kann auf eine lange Geschichte zurückblicken und ist beispielsweise in Deutschland eines der personell stärksten Facharztgebiete. Die Andrologie steckt im Vergleich dazu noch in den Kinderschuhen. Der Männerkörper war – und *ist* außerhalb der Andrologie – als biologischer *Geschlechts*körper kein Thema der Medizin, sondern er ist ihr quasi geschlechtsloser Normkörper, der sich über die Konstitution der Körper ‚Anderer' definiert(e).

Vor diesem Hintergrund interessiert mich, *wie* die Andrologie den Männerkörper als reproduktionsrelevanten Geschlechtskörper in den Blick der Biomedizin rückt und wie sie ihn dort biomedizinisch neu komponiert – wie sie ihn ‚*neu erfindet*'. Damit verbunden ist eine allgemeinere Frage, auf die ich im folgenden eine vorläufige und skizzenhafte Antwort geben möchte: Als *was* erfindet die Andrologie den Männerkörper neu? *Was für ein Körper* materialisiert sich als Produkt der Andrologie?

Das Dechiffrieren von biologischen Geschlechterdifferenzierungen ist ein Tätigkeitsbereich, in dem feministische Theoretikerinnen, (Techno-) WissenschaftsforscherInnen, KörpersoziologInnen und -historikerInnen überkommene Perspektiven herausfordern und neue Zugänge eröffnen. Gegenüber der Tradition eines biologischen Determinismus, worin Körper als passive und statische Objekte erscheinen, ist es in diesem Diskussionszusammenhang ein gängiges Motiv, Körper als historisch, gesellschaftlich, kulturell konstituiert zu denken (vgl. Roberts 2002: 7).
Dabei hat sich eine ihrerseits heftig umstrittene Position etabliert, wonach körperliche Repräsentationen und körperliche Materialitäten als grundlegend voneinander getrennt zu denken sind. Die mittlerweile nahezu klassischen Studien Londa Schiebingers und Thomas Laqueurs zur Körper- und Geschlechtsformierung in den Naturwissenschaften der Neuzeit beispielsweise teilen mindestens eine Annahme: Repräsentationen von Körpern mögen historisch spezifisch sein, körperliche Materialitäten hingegen werden hier ahistorisch gedacht. So beschäftigt sich Londa Schiebinger mit Sichtweisen auf den Körper, nicht mit den Körpern selbst (vgl. Schiebinger 1993). Thomas Laqueur geht es „nicht darum, die Wirklichkeit des Sexus oder des geschlechtlichen Dimorphismus als eines evolutionären Prozesses zu leugnen" (Laqueur 1992: 24). Er geht von einem „wirklichen, transkulturellen Körper" aus und betont: „die Hoden *sind tatsächlich* histologisch anders als die Eierstöcke" (ebd.: 29, Herv. i.O.) – Wirklichkeit/Tatsächlichkeit von Körper und körperlicher Geschlechterdifferenz und die Universalität dieser Wirklichkeit/Tatsächlichkeit werden hier gekoppelt. Doch widerspricht diese Annahme nicht Laqueurs Intention, seine LeserInnen davon zu überzeugen, „daß es keine ‚richtige' Repräsentation von Frauen im Vergleich mit Männern gibt" (ebd.: 35f.)? Laqueurs Argumentation hinsichtlich des wissenschaftlichen Verständnisses des sexuellen Geschlechtsunterschieds beschränkt sich folglich auf Repräsentationen und umfasst nicht Materialitäten, die – paradoxerweise? – ihm zufolge von der gegenwärtigen Wissenschaft angemessen gewusst werden (vgl. Roberts 2002: 8).

Mir geht es im Folgenden um den Versuch, meine Erzählung zur Andrologie und ihrer Bedeutung für die Konstruktion von Zweigeschlechtlichkeit so zu gestalten, dass sie Körper weder vollständig als kulturelle oder sprachliche Effekte erscheinen lässt noch Determinismen biologischer oder anderer Provenienz Vorschub leistet. Dazu wende ich mich Denkfiguren von Donna J. Haraway zu, da ich mir von ihnen erhoffe, das Verhältnis von Körper und Medizin anders denken zu können, als es mir gängige Varianten des Konstruktivismus ermöglichen.

Meinen Fragen nach dem *Wie* der andrologischen Körperkonstruktion, nach dem *Was* des andrologischen Männerkörpers und nach dem Verhältnis von Andrologie und Zweigeschlechtlichkeit begegne ich, indem ich zunächst zur Skizzierung einer Geschichte der Generierung von Geschlechtskörpern in der Moderne übergehe, wie sie von feministischen (Techno-)WissenschaftsforscherInnen dargestellt wird. Anschließend beleuchte ich knapp die Entwicklung der Andrologie, um sie im dritten Abschnitt mit Haraways Konzept des ‚Apparats der körperlichen Produktion' zu konfrontieren und die Andrologie systematisch als einen Ort der ‚Neuerfindung' von Männerkörpern zu begreifen. Schließlich endet die Gedankenführung mit einer Reflexion darüber, inwiefern die Andrologie den Männerkörper nicht nur auf spezifische Weise dezentriert, sondern ihn zugleich rezentriert, und inwiefern Andrologie und Gynäkologie biologische Zweigeschlechtlichkeit gleichzeitig denaturalisieren und renaturalisieren.

1 Die asymmetrische Medikalisierung von Geschlechtskörpern

> „Wahrscheinlich ist es nicht möglich, eine Geschichte des männlichen Körpers und seiner Freuden zu schreiben, weil die historische Überlieferung in einer Kulturtradition zustande kam, in der eine solche Geschichte nicht nötig war."
> (Thomas Laqueur 1992: 36)

In vielen Untersuchungen der Frauen- und Geschlechterforschung zur Konstruktion des biologischen Geschlechts ist es Konsens, dass moderne Geschlechterordnungen durch etwas gekennzeichnet sind, was man als asymmetrische Medikalisierung von Geschlechtskörpern bezeichnen kann. Danach galt und gilt der Frauenkörper als ein besonders problematischer Körper, was ihn zu einem besonderen Objekt der Medizin machte und die Errichtung besonderer Infrastrukturen und Expertensysteme begründete. Auf der anderen Seite wurde der Männerkörper als Geschlechtskörper nicht auf vergleichbare Weise als problematischer Geschlechtskörper pathologisiert und behandelt und diente auch nicht als Substrat zur Einrichtung spezieller professioneller und disziplinärer Strukturen.[2]

---

2   Zur allgemeinen Einordnung vgl. Wöllmann 2004: 261-266.

Für lange Zeit galten Männer- und Frauenkörper in westlichen Gesellschaften nicht als prinzipiell verschieden. Der Frauenkörper wurde zwar als die unvollkommene Version des Männerkörpers wahrgenommen, Frauenkörper und Männerkörper standen auch in diesem Modell in einem hierarchischen Verhältnis zueinander, allerdings nicht in einem Verhältnis der Polarität. Die medizinische Konstitution moderner Zweigeschlechtlichkeit in Gestalt der diskret voneinander geschiedenen „biosozialen" (Paul Rabinow) Gruppen ‚Männer' und ‚Frauen' ist Gegenstand von Thomas Laqueurs Untersuchung anatomischer Texte und Abbildungen. Danach fand im späten 18. Jahrhundert ein grundlegender Wandel vom ‚Ein-Geschlecht-Modell' der Humoralpathologie zum modernen ‚Zwei-Geschlechter-Modell' statt. Das Zwei-Geschlechter-Modell installierte eine allumfassende Differenz zwischen Männerkörpern und Frauenkörpern, die sie inkommensurabel und sogar gegensätzlich machte und die im Medium von Anthropologie, Biologie, Psychologie und Medizin erforscht werden konnte.

Dabei stellte der Männerkörper das Allgemeine, die universelle Norm dar – ein männlicher und zugleich geschlechtsloser *Normkörper* ist nach wie vor die implizite Messlatte von Biomedizin und -wissenschaften. Der Frauenkörper wurde „mit einer krankhaften Sondernatur versehen" (Bührmann 1998: 91) und repräsentierte zugleich ‚Natur'. Dieses Konzept der biologischen Geschlechterdifferenz fundierte wissenschaftlich die Polarität der Geschlechtscharaktere in der bürgerlich-kapitalistischen Gesellschaft.[3] Zur Sondernatur von Frauen gehörte ihre Identifikation mit Reproduktion und Sexualität, wobei die weibliche Gebärfähigkeit von besonderer Bedeutung war. Medizinische Theorie und Praxis konzentrierten sich nahezu ausschließlich auf den Frauenkörper. Sexualität und Reproduktion definierten die ‚Natur der Frau' auf unvergleichlich fundamentalere Weise als die ‚Natur des Mannes'.

Die Etablierung des Zwei-Geschlechter-Modells war zeitlich und konzeptionell mit einem neuartigen medizinischen Verständnis des Körpers verbunden:

„Seit dem ausgehenden 18. Jahrhundert sah sich die bisherige, von einer hippokratisch-galenischen Tradition geprägte Lebensauffassung mit einer neuen, naturwissenschaftlich-mechanischen Konzeption des organischen Körpers konfrontiert." (Sarasin/Tanner 1998: 23)

Diese moderne Konzeption verstand den Körper als „hierarchisch und arbeitsteilig organisiertes System [korrekter: Organismus, T.W.] [...], das entsprechend einer privilegierten Dialektik hoch lokalisierter Ner-

---

3   Der Rekurs auf wissenschaftlich verbürgtes Wissen über die Natur des Geschlechterunterschieds löste vormals dominante religiöse Muster der Legitimation von Ungleichheit und Herrschaft ab, die mit der Moderne an Überzeugungskraft eingebüßt hatten.

ven- und Reproduktionsfunktionen geordnet ist" (Haraway 1995c: 173). In der Medizin des 19. Jahrhunderts wurde intensiv der zentrale Ort der Geschlechtlichkeit innerhalb der Organhierarchie des auf Reproduktion ausgerichteten Organismus von Frauen diskutiert: Galt die Gebärmutter lange Zeit als Sitz der Weiblichkeit, so wurde diese ab Mitte des 19. Jahrhunderts in den Eierstöcken lokalisiert. Im späten 19. Jahrhundert weiteten die Biowissenschaften die Sexuierung schließlich auf verschiedenste Teile des Körpers aus: Knochen, Blutgefäße, Zellen, Haare und Gehirn. (Vgl. Honegger 1991; Schiebinger 1993: 267-297)

Analog zur „Generalisierung des Mannes zum Menschen der Humanwissenschaften" wurde die „Besonderung der Frau zum Studienobjekt einer mit philosophischen, psychologischen und soziologischen Ansprüchen auftretenden medizinischen Teildisziplin" (Honegger 1991: 6) unternommen: der Gynäkologie. Die Technologien der eng mit ihr verwobenen Geburtshilfe erlebten einen Boom:

„Bei der neuen anatomisch-physiologischen Herangehensweise der Geburtshilfe nimmt es nicht Wunder, daß um die Wende zum 19. Jahrhundert so viele geburtshilfliche Instrumente erfunden wurden, wie nie zuvor und nie danach: Pelvimeter und Cliseometer zur Beckenmessung; Cephalometer und Labimeter zur Kopfmessung; Baromacrometer zur Schwere- und Längenmessung; Gebärstuhl; Uterussonde; spezielle Kaiserschnittmesser und Perforationsinstrumente verschiedenster Art sind alles Erfindungen aus dieser Zeit, mit denen sich die neuen Entdecker ausstatteten […]." (Metz-Becker 1997: 59)

Seit den 1820er Jahren trat die Gynäkologie ihren Siegeszug als „die Wissenschaft vom Weibe schlechthin" (Honegger 1991: 6) an. Mit der Professionalisierung von Gynäkologie gegen Ende des 19. Jahrhunderts ging die Gründung wissenschaftlicher und beruflicher Assoziationen, die Publikation von Fachzeitschriften und die zunehmende klinische Verankerung einher. Dieses medizinische Fachgebiet wurde konstituiert, indem es spezifische, nämlich vergeschlechtlichte Körper zum Zentrum seiner Wissensproduktion und materiellen Interventionen machte.

Fragen der biologischen Geschlechterdifferenz und auch natürlicher Heterosexualität[4] waren im 19. Jahrhundert Teil einer Fokussierung von Sexualität, Körpern und der Entwicklung und Anwendung wissenschaftlicher Modelle von Normalität und Gesundheit – der Aufstieg der Endokrinologie gegen Ende des Jahrhunderts ist ein Moment dieser Entwick-

---

4 Der Begriff Heterosexualität wurde im Kontext der wissenschaftlichen Unterscheidung normaler und abweichender Sexualität entwickelt, wie sie ab Mitte des 19. Jahrhunderts im 1906 von Iwan Bloch „Sexualwissenschaft" genannten Forschungsgebiet vorgenommen wurde (vgl. Schmersahl 1998: 41f.). Richard von Krafft-Ebing begründete in der einflussreichen „Psychopathia sexualis" (1886) „geschlechtsspezifische Sexualnormen, hinsichtlich der Stärke und der Kontinuität des Geschlechtstriebes, mit der unterschiedlichen Physiologie der Geschlechter" (Bührmann 1995: 76).

lungen. Als neue Disziplin baute die Endokrinologie auf vielzahlige disziplinäre und kulturelle Wissensbestände auf, um ihre eigene Position als Autorität hinsichtlich sexueller Differenz zu untermauern. Obwohl sie sich primär aus der Physiologie und Biologie entwickelte, war die Endokrinologie ebenso mit der aufblühenden Sexualwissenschaft, Psychoanalyse, Eugenik, Hygiene- und Geburtenkontrollbewegung, mit Frauen- und Schwulenbewegungen verwoben (vgl. Roberts 2002: 10). Einen intensiven Expansionsimpuls erhielt die Gynäkologie und ihre Infrastruktur schließlich durch den Aufstieg der Sexualendokrinologie in den 1920er und 1930er Jahren.

Dieses Fachgebiet, das sich mit den Sexualhormonen befasst, reformulierte grundlegend das Konzept des Geschlechtskörpers: „Die Sexualendokrinologen führten ein quantitatives Modell des Geschlechtsunterschieds ein, in dem alle Organismen weibliche wie männliche Merkmale haben können" (Oudshoorn 2002b: 269). Sowohl Männer als auch Frauen haben danach weibliche wie männliche Sexualhormone, während geschlechtliche Körperprozesse von einem komplexen Feedback-System zwischen den Keimdrüsen und dem Gehirn reguliert werden. Damit waren die Bestrebungen einer eindeutigen Lokalisierung von binär codierter Geschlechtlichkeit im Organismus ad absurdum geführt worden.

Die gegenwärtige Biowissenschaft und -medizin konzipiert die biologische Geschlechtlichkeit von Körpern sowohl multipler als auch kontinuierlicher als es die Medizin im 19. Jahrhundert überwiegend tat. Gegenwärtig wird das biologische Geschlecht nach mehreren Gesichtspunkten bestimmt: Neben Gonaden (Eierstöcke/Hoden) und Hormonen (fetale, pubertäre usw. Konzentrationsverhältnisse) werden beispielsweise Chromosomen, Morphologie (so genannte ‚sekundäre' Geschlechtsmerkmale, Fettverteilungsmuster usw.), verhaltensbiologische und hypothalamische Merkmale berücksichtigt (vgl. z.B. Maurer 2002: 73-91).

„Weibliches und männliches Geschlecht (sex) werden nicht mehr als zwei entgegengesetzte, einander ausschließende Kategorien verstanden, sondern vielmehr als Kontinuum, bestehend aus dem genetischen Geschlecht, dem Keimdrüsengeschlecht und dem Hormongeschlecht [...], wobei die verschiedenen Faktoren, die zur Bestimmung des biologischen Geschlechts herangezogen werden können, weder notwendig miteinander übereinstimmen müssen, noch in ihrer Wirkungsweise unabhängig von der jeweiligen Umwelt sind." (Gildemeister/Wetterer 1992: 209)

Das stellt jedoch nicht die asymmetrische Medikalisierung von Geschlechtskörpern infrage, für die die Regulierung und Kontrolle weiblicher Sexualität und Gebärfähigkeit nach wie vor wesentlich ist. Die Sexualendokrinologie beschäftigte sich fast ausschließlich mit dem Frauenkörper und versorgte die Medizinprofession mit Werkzeugen, welche Eingriffe ermöglichten, die vor der hormonalen Ära nicht vorstellbar waren: Die Einführung von neuen Diagnoseverfahren und Medikamenten erlaubte der Medizinprofession Interventionen in den Menstruationszyklus und die Menopause und machte so die ‚natürlichen' Merkmale der Reproduktion und des Alterns medizinisch handhabbar. Seit den 1970er Jahren hat es in der Gynäkologie einen regelrechten Hormonboom gegeben: Das biomedizinische Großprojekt der ‚Pille', die Hormonsubstitution in den Wechseljahren, die Zyklusregulierung und Eisprungstimulation im Rahmen der Neuen Reproduktionstechnologien. Früherkennung und Vorsorge wurden immer wichtiger, während die Medikalisierung weiblicher Lebensübergänge voranschritt.

Auch in feministischen Debatten hat der Frauenkörper von Beginn an eine zentrale Stellung: sowohl als primäres Objekt patriarchaler Unterdrückung als auch als Ort von Befreiungshoffnungen. Er wurde „zum politischen ‚Kampfplatz' um die Autonomie des (weiblichen) Selbst" (Villa 1999: 53): Die Erkämpfung der Verfügungsmacht über den eigenen Körper war eines der zentralen Ziele der zweiten Frauenbewegung. Abtreibungsregelung (‚mein Bauch gehört mir'), Vergewaltigung, Mutterschaft, Sexualität waren und sind Themen feministischer Körperpolitik, der es darum geht, Frauenkörper männlicher Kontrolle und Pathologisierung zu entziehen.

Wie lässt sich der moderne Modus der Generierung von Geschlechtskörpern zusammenfassend charakterisieren? Erst der ‚Apparat der körperlichen Produktion'[5], der mit der bürgerlich-kapitalistischen Geschlechterordnung entsteht, bringt zwei Sorten *biologisch* diskret voneinander geschiedener Geschlechtskörper hervor. Er tut dies, indem er eine Zäsur einführt zwischen biologischen Frauenkörpern und biologischen Männerkörpern. Diese Zäsur funktionierte zugleich als Hierarchisierung, indem Frauenkörper als ‚anders' markiert und aus den Feldern der Macht ausgegrenzt wurden und grundsätzlich als Verkörperungen von Natur und Geschlechtlichkeit galten. (Bürgerliche) Männerkörper hingegen waren geschlechtlich unmarkierte Normkörper und (bürgerliche) Männer wurden gleichsam als ‚Entkörperungen' von Vernunft und Kultur konzipiert. „Frauen sind in radikaler Weise historische Produkte" (Haraway 1982: 207) – wie es auch Männer sind.

Dass biologische Männer nicht wie Frauen von einem separaten Spezialgebiet medikalisiert wurden, ist im Sinne der Herausbildung der bürgerlich-kapitalistischen Geschlechterordnung kein bloßer Zufall: Der bürgerliche, weiße Mann war gewissermaßen der Goldstandard der menschlichen Gattung und konnte nicht aufgrund seines biologischen Geschlechts besonders behandelt werden (vgl. Moscucci 1990: 32). Die Einhegung und Monopolisierung eines spezifischen Arbeits- und Wissensbereichs fand ebenso wenig statt wie der Aufbau einer Infrastruktur,

---

5 Siehe zu dieser Begrifflichkeit den dritten Abschnitt dieses Textes.

während die Bereitschaft von Patienten gering war, sich als medizinische Problemfälle definieren zu lassen. Auf den Männerkörper zu setzen war angesichts dieser Konstellation keine erfolgversprechende Strategie. Während die Gynäkologie etabliert und ausgebaut wurde, blieb die Etablierung einer ‚Andrologie' oder ‚Männerheilkunde' daher lange aus. Die Physiologie und Pathologie des männlichen Genitaltraktes wurde nicht herangezogen, um eine ‚Natur des Mannes' zu definieren.

Die eingespielte Asymmetrie wird jedoch seit den 1960er Jahren durcheinander gebracht. Damals wurde ein erfolgreicher Versuch der Etablierung eines medizinischen Spezialgebietes namens ‚Andrologie' unternommen.

2 Die Inkorporierung von Männerkörpern in die Biomedizin

In den 1960er Jahren gab es erste Ansätze zur Herausbildung des Spezialgebiets Andrologie. Zu dieser Zeit stellte die Spermatologie eine wesentliche Technologie des neuen medizinisches Feldes dar. Ärzte und Wissenschaftler aus verschiedenen professionellen Kontexten begannen, ihren Arbeitsbereich als ‚Andrologie' zu bezeichnen.[6] Ist die Andrologie in angelsächsischen Ländern vorwiegend aus der Urologie hervorgegangen, so war für die frühe Entwicklung in Deutschland die Dermatologie und Venerologie wichtig, das Gebiet der Haut- und Geschlechtskrankheiten. 1967 schilderte der Hamburger Dermatologe Carl Schirren, einer der internationalen Pioniere der Andrologie, die Situation in Westdeutschland folgendermaßen:

„In Deutschland liegt die Andrologie weitgehend in den Händen des Dermatologen, der seit jeher die Geschlechtskrankheiten behandelte. Der Laie verbindet mit der Störung der ‚Potenz' […] stets eine Erkrankung der Geschlechtsorgane und sucht folglich einen Facharzt für Haut- und Geschlechtskrankheiten auf." (Schirren 1967: 1)

Bald schlossen sich andere Spezialisten dem neuen Gebiet an, unter ihnen Zellbiologen, Immunologen, Toxikologen, Molekularbiologen und Genetiker (vgl. Nieschlag 1997: 129).

Es formierte sich über Publikationen und Tagungen ein Kommunikationszusammenhang, der vom medizinischen Arbeits- und Wissensbereich der Fruchtbarkeitsprobleme von Männerkörpern ausging und somit die Wissensinhalte der entstehenden Andrologie zur Debatte stellte. Seit Ende der 1960er Jahre hat sich eine Reihe internationaler und im engeren Sinne speziell andrologischer Zeitschriften etabliert, während außer-

---

6 Zu einer stärker professionssoziologischen Perspektive auf die Entwicklungen seither vgl. Wöllmann 2004: 266-272.

147

dem viele Artikel mit andrologischem Inhalt (und entsprechender Verschlagwortung) in anderen medizinischen Fachzeitschriften erscheinen. Publikationen zu den späteren Themenfeldern der Andrologie waren vor dieser Zeit verstreut über Disziplinen wie Gynäkologie, Urologie, Dermato-Venerologie oder Innere Medizin erschienen. Im deutschsprachigen Raum lässt sich in einigen Monographien seit den 1960er Jahren eine umfassendere Medikalisierung des Männerkörpers beobachten. Seit den 1970er Jahren liegt eine Reihe deutschsprachiger Lehrbücher zur Andrologie vor, die teilweise explizit einen Beitrag zur Profilbildung des Faches leisten sollen.

Die Einrichtung von andrologischen Fachgesellschaften und Berufsverbänden auf nationaler sowie internationaler Ebene begann ebenfalls in den 1970er Jahren. Die erste andrologische Gesellschaft wurde 1970 in Argentinien gegründet, während später im Jahrzehnt Gründungen in vielen Ländern stattfanden, bspw. 1975 die der *Deutschen Gesellschaft für Andrologie*. Zu Beginn des 21. Jahrhunderts sind weltweit mehr als 10.000 ÄrztInnen und WissenschaftlerInnen Mitglieder andrologischer Gesellschaften. (Vgl. Isidori 2001; Schill 2004)

Mit der Einführung weiterer Technologien und in Interaktion mit verschiedenen anderen Disziplinen transformierte sich das Themenfeld der Andrologie: „Man erkannte zahlreiche Aspekte spezifisch männlicher Krankheiten, die die ursprüngliche Rolle der Andrologie als ‚Samenzellzählkunde' weit überstiegen" (Krause 1996: 463).

Die gegenwärtigen Wissens- und Interventionsobjekte der Andrologie lassen sich nicht auf die männlichen Genitalorgane und damit verbundene Probleme begrenzen, sondern gehen darüber hinaus. Zum Themenspektrum der klinischen Andrologie gehören gegenwärtig neben Unfruchtbarkeit, Erektionsstörungen und Intersexualität beispielsweise auch ‚Pubertätsstörungen', sexuell übertragbare Krankheiten, Wechseljahre bei Männern, Alterung und Erkrankungen der männlichen Brustdrüse. Auch körperliche Prozesse und Strukturen, die nicht unmittelbar reproduktionsrelevant sind, fallen damit in den Aufgabenbereich der Andrologie.

Die Etablierung der Andrologie hat seit den 1990er Jahren eine rasante Entwicklung erlebt. Dabei ist in Deutschland die neue Weiterbildungsordnung für ÄrztInnen, die im Mai 2003 vom Deutschen Ärztetag verabschiedet worden ist, besonders wichtig, weil sie erstmals die Qualifikation in Andrologie enthält[7]:

„Die Zusatz-Weiterbildung Andrologie umfasst in Ergänzung zu einer Facharztkompetenz die Vorbeugung, Erkennung, konservative Behandlung und Rehabilitation von männlichen Fertilitätsstörungen einschließlich partner-

---

7 Der Zugang zu dieser Weiterbildungsmöglichkeit ist für FachärztInnen für Haut- und Geschlechtskrankheiten, Urologie und Innere Medizin möglich.

schaftlicher Störungen und männlicher Kontrazeption, der erektilen Dysfunktion einschließlich Libido-, Ejakulations- und Kohabitationsstörungen, des primären und sekundären Hypogonadismus, der Pubertas tarda sowie der Seneszenz des Mannes." (Bundesärztekammer 2003: 133)

Im Bereich der andrologischen Grundlagenforschung sind gegenwärtig die Entwicklung von Verhütungsmitteln, die Regulierung der Hodenfunktion, die molekularbiologischen und genetischen Grundlagen der Spermienbildung und Spermienfunktionen und die Sperma-Eizell-Interaktionen relevante Themenfelder. Ihrem Selbstverständnis nach erlebt die Andrologie eine grundlegende Transformation:

„Die Andrologie als die Lehre von den reproduktiven Funktionen des Mannes und deren Störungen hat in den letzten Jahren einen enormen Aufschwung genommen. Insbesondere Erkenntnisse der Molekularbiologie und -genetik, die in die Klinik umgesetzt werden konnten, die ‚Erfindung‘ der intrazytoplasmatischen Spermieninjektion (ICSI) zur Behandlung der männlichen Infertilität und die Einführung einer effektiven oralen Therapie der erektilen Dysfunktion verhalfen zu epochalen Umbrüchen." (Nieschlag/Behre 2000)

Bei der hier erwähnten „effektiven oralen Therapie der erektilen Dysfunktion" handelt es sich um das wohl prominenteste Arzneimittel der vergangenen Jahre, nämlich um das seit 1998 vom Pharmakonzern Pfizer unter dem Namen Viagra vertriebene Präparat Sildenafil. Mittlerweile gibt es noch eine Reihe anderer Tabletten zur Behandlung von Erektionsstörungen, die ähnlich wirken, dabei aber verträglicher sind oder andere Wirkzeiträume haben. Diese Präparate revolutionieren damit eines der wichtigsten Themenfelder der Andrologie: Die so genannte erektile Dysfunktion.

Für den Eintritt der Andrologie „in eine neue Ära" (Ludwig/Weidner 1999: 562) ist auch die ‚intrazytoplasmatische Spermieninjektion‘, abgekürzt: ICSI, von besonderer Bedeutung. Bei dieser Methode der künstlichen Befruchtung wird ein (operativ entnommenes) einzelnes Spermium unter dem Mikroskop mit einer Mikropipette direkt in das Zellplasma einer Eizelle injiziert. Diese seit 1993 eingesetzte Reproduktionstechnologie übertrifft alle anderen verfügbaren Behandlungen männlicher Unfruchtbarkeit und kann auch Männer mit schwersten Fruchtbarkeitsstörungen zu genetischen Vätern machen.

ICSI wie Sildenafil sind erfolgreich, weil sie auf gesellschaftlich legitimierte Anwendungskontexte zielen. Die andrologischen AkteurInnen entwickeln medizinische Verfahren nicht selbstreferenziell, sondern müssen anerkannte Anwendungskontexte für ihre jeweiligen Technologien aufgreifen bzw. an ihrer Schaffung mitwirken. Die beiden thematisierten Verfahren sind keine Andrologie-spezifischen Technologien, insofern sie quer zu einer eindeutigen disziplinären Verortung Anwendung finden. Nichtsdestotrotz sind sie Andrologie-typisch, da sie spezifisch auf Männerkörper ausgerichtet sind. In dieser Hinsicht stehen sie an dieser Stelle exemplarisch für ein breiteres Spektrum Andrologie-typischer Technologien. ICSI und Sildenafil können als biotechnologische „Korrekturen ‚falscher Körper‘" (Hirschauer 1993: 349) verstanden werden. Die Andrologie setzt sie ein, um Krankheiten bzw. Störungen zu bekämpfen, die kulturell hochgeschätzte Aspekte von Männlichkeit und Männerkörpern bedrohen, wie bspw. Vaterschaft oder phallische und penetrierende Sexualität. Sie codiert diese Aspekte aber neu und macht sie neu verfügbar: Vaterschaft wird zu genetischer Vaterschaft, Erektionsfähigkeit eine Frage der Medikation.[8] Festschreibung und Flexibilisierung von Geschlechternormen greifen dabei ineinander. Die Inkorporierung von Männerkörpern in die Biomedizin erfolgt vermittels solch spezifischer Praktiken.

Im folgenden Abschnitt werde ich einen Rahmen aufspannen, der es erlaubt zu denken, wie die mit dem Feld der Andrologie assoziierten Technologien und Wissensformationen Männerkörper in die Biomedizin inkorporieren und dort neu erfinden.

3 Der Apparat der körperlichen Produktion

„Sex and gender is an analytical device that is clearly indebted to a way of doing the world that works through matter/form categories. It is a deeply Aristotelian dichotomy. It works on the cultural appropriation of nature for the teleological ends of mind. It has terribly contaminated roots. Nonetheless it has been a useful tool for analysing the sex/gender system. [...] In order to do the world in other than Platonist and Aristotelian ways, in order to do ontology otherwise, in order to get out a world that is done by notions of matter/form, or production/raw material, I feel aligned with ways of getting at the world as a verb, which throws us into categories like practices, worlds in the making, and apparatuses of bodily production without the categories of form and matter, and sex and gender." (Donna Haraway et al. 2003: 55)

Nelly Oudshoorn hat in „Beyond the Natural Body" (1994) den Einfluss unterschiedlicher mit der Hormonforschung beschäftigter Wissenschaften und Professionen ausgehend von der Annahme untersucht, dass wissenschaftliche Objekte wie Hormone nicht in der Natur ‚entdeckt‘, son-

---

8 Die biomedizinische Managebarkeit der Erektionsfähigkeit hat auch Auswirkungen auf den Zusammenhang von Alterung und Männlichkeit, insofern abnehmende Erektionsfähigkeit im Alter nicht mehr als Moment ‚normaler‘ Alterung begriffen werden muss.

dern durch Netzwerke verschiedener sozialer Gruppen hergestellt werden (vgl. Oudshoorn 1994: 11-15). Die eingangs im Zitat Villas thematisierte Konzentration der Endokrinologie auf ,weibliche' Hormone bspw. begründet Oudshoorn mit der Möglichkeit von Netzwerken aus gynäkologischen Kliniken, physiologischen und biochemischen Laboratorien und der Pharmaindustrie, Zugänge zu Frauenkörpern, die ihnen Untersuchungsmaterialien lieferten, auszubauen und zu stabilisieren (vgl. ebd.: 40f. u. 81). Hormone werden in Oudshoorns Studie, die im Social Network Approach der Wissenschaftsforschung verortet ist, als durch materielle Praxen und Interaktionen von WissenschaftlerInnen in unterschiedlichen sozialen Kontexten konstituiert begriffen, als „carriers of knowledge claims" (ebd.: 66). Die Materialität von Hormonen ,selbst' hingegen ist kein Thema Oudshoorns und wird im Social Network Approach allgemein ausgeblendet (vgl. ebd.: 153f., Fn. 13).

In Donna Haraways Arbeiten allerdings findet sich eine durchgängige Reflexion der Materialität und Aktivität sowohl menschlicher als auch nichtmenschlicher Entitäten (AkteurInnen, Körper, Dinge, Maschinen, Tiere), der nichtanthropomorphen AkteurInhaftigkeit bzw. Handlungsfähigkeit des Nichtmenschlichen und ihres Einflusses auf die Generierung sexueller und anderer Differenzen und Hierarchien. Haraway weist sowohl biologisch-deterministische Argumentationen als auch Interpretationen von Körpern als vollständig durch soziale oder sprachliche Prozesse produziert zurück. Es mag zwar keinen analytischen Zugang zu Körpern außerhalb von Sprachlichkeit und Gesellschaftlichkeit geben, aber das bedeute bei weitem nicht, dass Körper allein durch Sprache und Gesellschaft konstituiert werden.

In Anschluss ans Katie Kings Begriff „Apparat der literarischen Produktion" (vgl. King 1991) entwirft Haraway die Kategorie ,Apparat der körperlichen Produktion',

„[...] um die Generierung – die aktuelle Produktion und Reproduktion – von Körpern und anderen Objekten, die einen Wert in wissenschaftlichen Wissensprojekten besitzen, zu verstehen. [...] Ich möchte die ideologischen Dimensionen von ,Faktizität' und dem ,Organischen' in eine sperrige Entität übersetzen, die ich einen ,materiell-semiotischen Akteur' nenne. Mit diesem unhandlichen Begriff ist beabsichtigt, das Wissobjekt als aktive, Bedeutung generierende Axis des Apparats der körperlichen Produktion zu beleuchten, ohne jedoch *jemals* die unmittelbare Präsenz solcher Objekte zu unterstellen oder, was auf dasselbe hinausliefe, eine von diesem ausgehende endgültige oder eindeutige Determinierung dessen, was zu einem bestimmten historischen Zeitpunkt als objektives Wissen gelten kann. So wie bei King als ,Gedicht' bezeichnete Objekte Orte literarischer Produktion sind, bei der auch die Sprache eine von Absichten und Autorinnen unabhängige Akteurin ist, so sind auch Körper als Wissensobjekte materiell-semiotische Erzeugungsknoten. Ihre *Grenzen* materialisieren sich in sozialer Interaktion. Grenzen werden durch Kartierungspraktiken gezogen, ,Objekte' sind nicht als solche präexistent. Objekte sind Grenzobjekte. Aber Grenzen verschieben sich von selbst, Grenzen sind äußerst durchtrieben. Was Grenzen provisorisch beinhalten, bleibt generativ und fruchtbar in bezug auf Bedeutungen und Körper. Grenzen ziehen (sichten) ist eine riskante Praktik." (Haraway 1996a: 241f., Herv. i.O.)

In einer solchen Perspektive kann Laqueurs Aussage, „die Hoden *sind tatsächlich* histologisch anders als die Eierstöcke" (Laqueur 1992: 19, Herv. i.O.), neu gelesen werden: Körper und Histologie[9] bspw. materialisieren im Apparat der körperlichen Produktion die ‚tatsächliche' Andersartigkeit von Hoden und Eierstöcken.

„Die verschiedenen miteinander wetteifernden biologischen Körper tauchen dort auf, wo verschiedene Sektoren sich überschneiden: biologische Forschungen und Veröffentlichungen, medizinische und andere Geschäftspraktiken, kulturelle Produktionen aller Art (inklusive gängiger Metaphern und Narrationen); außerdem Technologien, wie z.b. Visualisierungstechnologien [...], sowie Wissenschaftsreports. [...] Während also z.b. das Immunsystem des späten zwanzigsten Jahrhunderts die Konstruktion eines ausgefeilten Apparats der körperlichen Konstruktion ist, stellt weder das Immunsystem noch irgendein anderer weltverändernder Körper der Biologie – wie etwa ein Virus oder ein Ökosystem – eine Gespensterphantasie dar." (Haraway 1995a: 18)

Indem die Andrologie vor der Folie von Haraways Konzept von Körpern als materiell-semiotischen AkteurInnen im Apparat der körperlichen Produktion beleuchtet wird, lässt sich die Dichotomie Konstruktivismus/ Realismus verlassen.

Die Beschreibung des Apparats der körperlichen Produktion mit der Begrifflichkeit der asymmetrischen Medikalisierung von Geschlechtskörpern kann bis zum Entstehen der Andrologie, mit der eine grundlegende Verschienung eintritt, als zutreffend gelten. Andrologie wie Gynäkologie stellen aber mittlerweile einen Effekt der Übersetzung des Systems der Zweigeschlechtlichkeit in die Biomedizin dar: Körper werden als biologisch männlich oder biologisch weiblich konstituiert und bedürfen im nächsten Schritt einer geschlechtsspezifischen medizinischen Versorgung. Indem der älteren gynäkologischen eine neue andrologische Infrastruktur zur Seite gestellt und indem die gynäkologische Patientinnengruppe der Frauen um die andrologische Patientengruppe der Männer ergänzt wird, wird der tradierten Asymmetrie hinsichtlich der Medikalisierung von Geschlechtskörpern gegengesteuert. Frauenkörper sind tendenziell nicht mehr die besonders problematischen Geschlechtskörper, auch das medizinische Problem Männerkörper kommt mittlerweile zur Sprache und zur Behandlung. Die Andrologie hebt zwar tendenziell die asymmetrische Medikalisierung von Geschlechtskörpern auf, verfe-

---

9 In Anlehnung an Haraway (1995a: 17) ist festzuhalten: Die Histologie ist ein Diskurs, nicht aber das Körpergewebe selbst.

stigt damit aber, was einmal der Ausgangspunkt dieser Asymmetrie war: Die medizinische Durchsetzung von Zweigeschlechtlichkeit. Darin besteht ein wesentlicher Aspekt der Reorganisation des Apparats der körperlichen Produktion durch die Etablierung der Andrologie.

Neben der Einsicht in die grundlegend der Zweigeschlechtlichkeit verpflichteten Arbeitsteilung von Gynäkologie und Andrologie ist auch zu berücksichtigen, auf welche Weise mit dem Verhallen der biomedizinischen Ineinssetzung von Frauenkörper, Geschlecht und Natur auch der Männerkörper zum Geschlechtskörper wird. Die *konkrete* Form, in der Männerkörper durch die Andrologie zu Geschlechtskörpern werden, ist nicht evident, sondern höchst erklärungsbedürftig. Daran schließt die Frage an, was die *Spezifik* des Geschlechtskörpers ist, der gegenwärtig durch die Andrologie produziert wird.

Der Eintritt der Andrologie in den Apparat der körperlichen Produktion verändert Männerkörper, produziert neue vergeschlechtlichte Gesundheitsnormen und Definitionen von Männlichkeit und funktioniert dabei vollständig in einer binären Logik der sexuellen Differenz, die in westlichen Geschlechterordnungen eine prominente Rolle spielt. Diese Prozesse lassen sich unter Rückgriff auf eine weitere Kategorie Haraways, die der ‚reinvention‘, als *Neuerfindung des Männerkörpers* durch die Andrologie begreifen.[10]

Als ‚Neuerfindung der Natur‘ stellt sich für Haraway der epochale Übergang moderner Wissenschaften zu den Technosciences dar, mit dem nicht mehr nur die Geheimnisse und Gesetzmäßigkeiten der Natur ‚entdeckt‘ und ‚entschlüsselt‘ werden, sondern Natur technowissenschaftlich neu konstituiert wird. Im Rahmen dieser Neuerfindung verliert auch das Konzept des Körpers als hierarchisch und arbeitsteilig strukturierter Organismus, das seit dem späten 18. Jahrhundert in der Medizin hegemonial war, an Bedeutung und Realität und wird durch einen neuen Körper abgelöst:

„Seit Mitte des 20. Jahrhunderts organisierten sich biomedizinische Diskurse mehr und mehr um eine Reihe völlig anders gearteter Technologien und Praktiken, wodurch die symbolische Vorherrschaft des hierarchisch organisierten, lokalisierten organischen Körpers destabilisiert wurde. […] Sprachen, die auf Begriffen wie Arbeit, Lokalisierung und markierte Körper aufbauten, wurden in solche übersetzt, die mit Kodes, Dispersion, Vernetzung und fragmentierter postmoderner Subjektivität arbeiten. […] Der Körper hört auf, eine stabile, räumliche Kartierung normalisierter Funktionen zu sein, und entsteht stattdes-

---

10 Die Übersetzung von ‚reinvention‘ als ‚Neuerfindung‘ entspricht allerdings nicht ganz dem, was Haraway meint, insofern bei ‚Neuerfindung‘ die Vorstellung eines fundamentalen Bruchs oder eines totalen Neuanfangs mitschwingt, die in ‚reinvention‘ nicht relevant ist. Es geht vielmehr um Prozesse der Veränderung, Umformung und Neufassung – damit eher um eine ‚Rück-‘ oder ‚Wiedererfindung‘. Auch Jutta Weber weist darauf hin, dass ‚reinvention‘ durchaus auch die Bedeutung der ‚Wiedereinführung‘ (vgl. Weber 2003a: 284, Fn. 79) umfasst.

sen als ein hochmobiles Feld strategischer Differenzen." (Haraway 1995c: 174)[11]

Der Körper der gegenwärtigen Gynäkologie ist grundverschieden vom gynäkologischen Körper des 19. Jahrhunderts, da sich der Apparat der körperlichen Produktion seither grundlegend transformiert hat. Die Entstehung des andrologischen Körpers setzt genau in dem historischen Moment ein, in dem der ‚natürliche Organismus' zu verschwinden beginnt und durch einen fragmentarischen Körper ersetzt wird.

„Was früher als Organismus betrachtet wurde, ist heute ein Problem genetischer Kodierung und des Zugriffs auf Information. [...] Organismen als Wissensobjekte haben sich gewissermaßen verflüchtigt. Zurückgeblieben sind biotische Komponenten, d.h. eine Sonderklasse von Informationsverarbeitungssystemen." (Haraway 1995b: 52)[12]

Welches sind die ‚strategischen Differenzen', die ‚biotischen Komponenten' und die kommunikativ miteinander artikulierten „schwerfälligen und räumlich gebundenen Zentren des Körpers" (Haraway 1995c: 184), die sich im andrologischen Apparat der körperlichen Produktion verdichten? Als die Achsen, um die sich die andrologische Körperkonstitution dreht, können exemplarisch Vaterschaft, Erektion, Ejakulation, Libido, Hodenfunktionen, Spermienbildung und Spermienfunktionen, Alterung und Verhütung genannt werden. Zu den ‚schwerfälligen und räumlich gebundenen Zentren' des andrologischen Körpers gehören Hypothalamus, Hypophyse, Genital, Hoden, ableitende Samenwege und Androgenzielorgane wie Haare, Muskeln und Knochen. Sie sind die ‚Fragmente', die im Apparat der körperlichen Produktion den andrologischen Männerkörper mit den Mitteln aus bspw. Molekularbiologie, Genetik, Endokrinologie oder Immunologie entstehen lassen.

Die andrologische Neuerfindung des Männerkörpers setzt die Reorganisation der Apparats der körperlichen Produktion, wie sie mit dem Aufkommen der Technowissenschaften verbunden ist, ebenso voraus, wie sie zugleich ein Moment von ihr ist.[13] Bevor ich diesen Zusammenhang vertiefe, wende ich mich zunächst einer Irritation zu, die mich bei

---

11 Vgl. auch: „Doch in der Technoscience bzw. Technokultur ist die Überschreitung des Naturrechts schon längst die Normalität: Körper gelten als Bausätze biotischer Komponenten, die sich beliebig zusammensetzen lassen und Körper bzw. Natur verlieren den modernen, humanistischen Touch des Statischen und Verbindlichen. Körper wie Natur sind in der Technoscience nicht mehr mit unveräußerlichen Eigenschaften ausgestattet" (Weber 2003b: 206).

12 Kritisch zur Annahme, die Kategorie ‚Organismus' sei den Biowissenschaften abhanden gekommen vgl. Janich/Weingarten 1999.

13 Problematisch an Haraways Konzept des „Apparats der körperlichen Produktion" ist die ihm implizite „Verdeckung hierarchischer Strukturen", indem Haraway – Jutta Weber zufolge – „die potentielle Ebenbürtigkeit der Agentinnen" suggeriert. „Damit wird auf theoretischer Ebene nur nachvollzogen, was zweifelhaftes Resultat der Praxen der Technowissenschaften ist" (Weber 2003a: 276).

der vergleichenden Lektüre von Haraways Texten und ihren deutsch-sprachigen Übersetzungen beschlichen hat.

Exkurs: artifactuality ≠ Artefaktizität – Heidegger und Haraway

> „Alfred North Whitehead was a great influence on me, as was American pragmatism, especially Charles Peirce, and process philosophy, particularly Heidegger's *Being and Time*. That is my lineage, not the French poststructuralists. There are a lot of connections through Alfred Whitehead, through Heidegger. I particularly love Heidegger's language." (Donna Haraway / Thyrza Nichols Goodeve 1999: 21, Herv. i.O.)

Haraways Sprach- und Erzählpolitik hat eine ganze Reihe interessanter Charakteristika, zu denen an zentraler Stelle die Verwendung von Grenzfiguren und Grenzbegriffen gehört.

> „Mit der Erfindung von Grenzfiguren [...] besetzt Haraway die Schnittstellen zwischen [...] Dichotomien, so dass Figuren entstehen, die materiell und geistig bzw. semiotisch sind, sowohl Subjekt- als auch Objektpositionen einnehmen [...], mit der Konsequenz, dass sie auch nicht mehr über einen einzigen dieser Begriffe verortbar sind, sondern nur noch mit Hilfe dieser Begriffe als ,materiell', ,technisch', ,semiotisch' etc. beschrieben werden können." (Köhler 2004: 133)

Cyborg, Coyote, Trickster, OncoMouse und Companion Species sind solche Figuren, und auch FemaleMan, natureculture und material-semiotic, in denen Haraway Begriffe mit einander koppelt, die in der westlichen Tradition als Gegensätze operieren.

> „Letztlich ist es der Bindestrich, der beides verbindet und die Vorstellung eines materiell-semiotischen Prozesses ermöglicht, der weder naiv-präsenzlogisch funktioniert noch diskursiv vollständig eingeholt werden kann. Er kann aber, und darin liegt seine Produktivität, eine Schnittstelle als dichotom gesetzter Konzepte (er)finden (und auf das Minimum eines Bindestrichs reduzieren), um somit einen Punkt zu markieren, von dem aus ,neu' argumentiert werden kann; er kann die Welt zu einer ,materiell-semiotischen Agentin' werden lassen, die gleichsam *undercover* im geheimen Auftrag agiert und damit an den Effekten an der Diskursoberfläche beteiligt ist und die als Grenzgängerin die vormalige Dichotomie des Wissenschaftlersubjekts auf der einen Seite und der Materie als Untersuchungsgegenstand auf der anderen neu besetzt" (ebd.: 135, Herv. i.O.).

Meines Erachtens gehört auch Haraways Begriff der ,artifactuality' bzw. des ,artifactualism' (bspw. Haraway 1992: 295) zu diesen Grenzbegriffen, was allerdings in der üblichen deutschen Übersetzung als ,Artefaktizität' bzw. ‚Artefaktizismus' (vgl. Haraway 1995a: 11) tendenziell verloren geht. Diese These ist voraussetzungsvoll, insofern sie davon ausgeht, dass Haraway mit Bedacht die ‚ars' mit der ‚factuality' – und nicht mit der ‚facticity' – verbunden hat. Was kann diese Differenz zwischen ‚factuality' und ‚facticity' bedeuten und (wie) ist sie in die deutsche Sprache übersetzbar?

‚Factuality' und ‚facticity' sind in englischsprachigen Diskursen der Philosophie systematisch voneinander unterschiedene Begriffe, die im Rahmen der Übersetzungen von Martin Heidegger benutzt werden. Während ‚facticity' die übliche Übersetzung von Heideggers ‚Faktizität' ist, bezeichnet ‚factuality' das, was bei Heidegger ‚Tatsächlichkeit' heißt – eine in Bezug auf Haraway auf den ersten Blick vielleicht irrelevant klingende Referenz, hätte sie sich während ihres Studiums nicht intensiv mit Heidegger auseinandergesetzt (vgl. Haraway/Goodeve 1999: 21-23 u. 114).

Für Heidegger kann Faktizität dem Nichtmenschlichem nicht zukommen, sondern bezeichnet die spezifische Vollzugsweise des menschlichen Lebens, das Dasein:

„Und doch ist die ‚Tatsächlichkeit' der Tatsache des eigenen Daseins ontologisch grundverschieden vom tatsächlichen Vorkommen einer Gesteinsart. Die Tatsächlichkeit des Faktums Dasein, als welches jeweilig jedes Dasein ist, nennen wir seine *Faktizität*." (Heidegger 1967: 56, Herv. i.O.)

„Dasein existiert faktisch" (Heidegger 1967: 179 u. 181). Daneben sind Arten des Seienden vorhanden, denen bloß ‚Tatsächlichkeit' zukommt, und die Heidegger als Abgrenzung zum Dasein dienen: „Die Person ist kein Ding, keine Substanz, kein Gegenstand." (Heidegger 1967: 47) ‚Faktisch' bedeutet „nicht naturwirklich, nicht kausal-bestimmt, und nicht dingwirklich" (Heidegger 1995: 9) – Heidegger konstituiert die Faktizität des Daseins über die wesenhafte Unterscheidung zur Tatsächlichkeit und reproduziert damit innerhalb seiner Ontologie genau jene Dichotomisierung, zu der sich Haraway kritisch verhält. [14]

Indem Haraway nun die Begriffe der ‚ars' und der heideggerschen ‚Tatsächlichkeit' verschränkt, folgt sie ihrer Strategie, Gegensätze aufeinander zu beziehen, um sie in ihrer tradierten Bedeutung zu unterlaufen. Artefaktualität mag zwar kein besonders hübscher Terminus sein, allerdings stellt er eine adäquatere Übersetzung Haraways dar. Die Begrifflichkeit ist außerdem relevant, da Haraway sie zur Bezeichnung ihres eigenen Standpunkts benutzt, den sie ‚differentiellen/oppositionellen Artefaktualismus' (vgl. Haraway 1992: 298, dt.: Haraway 1995a: 16) nennt. Von ihm aus wendet sie sich der „Biopolitics of Artifactual Re-

---

14 „Faktizität ist nicht die Tatsächlichkeit des factum brutum eines Vorhandenen, sondern ein in die Existenz aufgenommener, wenngleich zunächst abgedrängter Seinscharakter des Daseins." (Heidegger 1967: 135, Herv. im Orig.)

production" (Haraway 1992: 295) und der „artifactuality of nature" (ebd.: 299) zu:

„Eine erste Bedeutung [der Redeweise ‚Artefaktualität von Natur', T.W.] liegt darin, daß für uns Natur, als Faktum wie als Fiktion, *gemacht* ist. Wenn Organismen natürliche Gegenstände sind, dann müssen wir uns bewußt sein, daß Organismen nicht geboren werden; vielmehr werden sie in weltverändernden technowissenschaftlichen Praktiken durch bestimmte kollektive AkteurInnen zu bestimmten Zeiten an bestimmten Orten hergestellt." (Haraway 1995a: 14, Herv. i.O.)

Die Rede von der Artefaktualität zielt somit darauf, die technowissenschaftliche Neuerfindung von Natur zu denken. Auf den Gegenstand dieses Aufsatzes, die Andrologie, bezogen heißt das, dass sich in der Andrologie exemplarisch die Artefaktualität des Männerkörpers und der biologischen Zweigeschlechtlichkeit zeigt.

4 Dezentrierungen, Rezentrierungen: Ein neues (Re-)Produktionsverhältnis

> „[I]n postmodernism, capital has fallen in love with difference." (Adele E. Clarke 1995: 146)

Seit einigen Jahren ist der Männerkörper en vogue und wird u.a. in Literatur, Massenmedien, Popkultur und eben auch der Biomedizin „[...] gespiegelt, bestaunt und begutachtet [...]. Der diskursiv produzierte Konnex von Weiblichkeit und Körperlichkeit/Materialität auf der einen Seite und von Männlichkeit, Immaterialität und Monopolisierung der Sprache auf der anderen Seite scheint damit aufgebrochen" (Köhler 2004: 118). Aber hat dies wirklich den „Effekt, dass die Privilegierung des Männlichen als gestalterische Form hinfällig wird" (ebd.)? Kann in diesem Zusammenhang die Etablierung der Andrologie als Anzeichen für die Erosion von Hierarchien innerhalb der Geschlechterkonstellationen interpretiert werden (vgl. Meuser i.E.)? Oder ist sie nicht vielmehr auch als Modernisierung männlicher Hegemonie zu lesen?

„Vom 18. bis zur Mitte des 20. Jahrhunderts waren die großen historischen Konstruktionen von Gender, Rasse und Klasse in die organisch markierten Körper der Frau, des Kolonisierten oder Versklavten und des Arbeiters eingelassen. Die BewohnerInnen dieser markierten Körper symbolisierten das Andere des fiktiven rationalen Selbst eines kohärenten, universalen und daher unmarkierten Gattungssubjekts der Menschheit. Der markierte organische Körper stellte einen entscheidenden Ort kultureller und politischer Auseinandersetzungen dar." (Haraway 1995c: 172f.)

Mit diesem Muster wird innerhalb der Andrologie – wenn auch nicht notwendig in anderen Bereichen der Biomedizin – gebrochen. Der Männerkörper wird geschlechtlich markiert und mithin zumindest ansatzweise dem Frauenkörper insoweit gleichgestellt, als er nicht mehr als der allgemein-menschliche Körper, sondern wie jener als ein besonderer Körper erforscht und behandelt wird. Die Etablierung der Andrologie und die Dezentrierung des Männerkörpers verweisen auf die forcierte Transformation westlicher Geschlechterkonstellationen während der vergangenen Jahrzehnte. ‚Mannsein' scheint – zumindest in einigen Kontexten – nichts fraglos Gegebenes mehr zu sein. Männlichkeiten und Praktiken von Männern sind hinterfragbarer, verhandelbarer und begründungsbedürftiger geworden. Zuvor war ein andrologisches Projekt nicht erfolgreich formulierbar und weder in die Biomedizin noch in andere Bereiche des Gesundheitssystems und der Gesellschaft kommunizierbar.

Es stehen nicht mehr nur die klassisch ‚anderen' Körper unter besonderer Beobachtung, sondern mit der Einbeziehung vielfältiger Differenzen menschlicher Körper in das Feld der Biomedizin wird auch ihr Normkörper tendenziell untergraben (vgl. Oudshoorn 1996: 162-167). Dies hängt nicht nur mit der Transformation der Geschlechterkonstellationen zusammen, sondern verweist u.a. auch auf die ästhetische ‚Optimierung' von Körpern (z.B. durch Diät- und Fitnessdiskurse), das Aufkommen neuer Gesundheitsnormen (z.B. funktional/dysfunktional) – und nicht zuletzt auf die Eroberung neuer Märkte durch ÄrztInnen und Pharmaindustrie: „To industry, the recognition of diversity among users indicated a variety of new markets" (Oudshoorn 1996: 163).

Mit Blick auf die Generierung von Männerkörpern durch die Andrologie lässt sich jedoch konstatieren, dass sich die Prozesse der vergangenen Jahrzehnte nicht nur als Dezentrierungen begreifen lassen, sondern dass auch Rezentrierungen stattfinden: Klar erkennbar ist die Instrumentalisierung hegemonialer Konzepte von Zweigeschlechtlichkeit und Männerkörpern, um andrologische Anwendungsbereiche zu gestalten. So greift die Andrologie kulturell idealisierte Aspekte von Männlichkeit auf (z.B. Medikalisierung von Erektionsstörungen), setzt bestimmte Vorstellungen von Geschlecht wortlos voraus (z.B. Heterosexualität) und stellt neue Normierungen von Männerkörpern auf (z.B. in Bezug auf Alterung und Reproduktion). Vergleichbares lässt sich bezüglich der Gynäkologie und ihrer Generierung von Frauenkörpern durch die Medikalisierung von Menstruationszyklus, Menopause, sexuellen Funktionsstörungen, Pubertät, Schwangerschaft oder Geburt sagen.

Analog zur Dezentrierung/Rezentrierung von Männerkörpern kann die Denaturalisierung/Renaturalisierung ihrer Grundlage, der Zweigeschlechtlichkeit beschrieben werden. Was bedeutet eine solche Rede von der Gleichzeitigkeit der De- und Renaturalisierung von Zweigeschlechtlichkeit? Von der Denaturalisierung von Zweigeschlechtlichkeit lässt sich sprechen, insofern Körper für die aktuellen Biowissenschaften keine ‚natürlichen Organismen' mehr sind, in denen sich z.b. ein eindeutiger Sitz eines eindeutigen Geschlechts finden ließe, sondern sie fragmentarisch, systemisch und prozessual funktionieren.

„Körper werden demnach nicht geboren; sie werden gemacht. Ebenso wie Zeichen, Kontext und Zeit sind Körper im späten 20. Jahrhundert vollständig denaturalisiert. Anders als die Körper der Romantik bilden sie sich nicht aus internen Harmonieprinzipien und werden auch nicht wie im Realismus und Modernismus entdeckt." (Haraway 1995c: 170)

Biowissenschaften und Biomedizin erlauben es, in solcher Weise in körperliche Prozesse zu intervenieren, dass körperliches Geschlecht tendenziell fungibel wird: Es lassen sich beispielsweise durch Hormontherapien und chirurgische Eingriffe Markierungen der Geschlechtsposition grundlegend ändern, was Transsexualität ermöglicht und Transgender unterstützen kann. Aber auch der Statuswechsel innerhalb einer Genusgruppe wird verfügbar gemacht, indem z.B. neue Reproduktionstechnologien wie ICSI bislang unfruchtbaren Männern ‚genetische Vaterschaft' stiften. Damit verschieben sich nicht nur Repräsentationen und werden nicht nur neuartige Normierungen hervorgebracht. Vielmehr werden normgerechte Körper auf biotechnologische und bislang ungekannte Weise materiell ins Leben gerufen. Das Verhältnis von Norm und Wirklichkeit wird neu strukturiert: Entsprachen bislang Männerkörper nicht unbedingt der hegemonialen Norm – ein Tatbestand, mit dem ausgefeilte Rechtfertigungs- und Dethematisierungspraktiken einhergingen –, stellt das Feld der Andrologie neue Weisen zur Verfügung, Männerkörper den herrschenden Verhältnissen adäquat zu materialisieren. Unfruchtbarkeit und Erektionsschwierigkeiten, um bei den gewählten Beispielen zu bleiben, werden für viele Männer zur Option, der alternativ die Applikation medizinischer Angebote gegenüber steht. Männerkörper materialisieren sich weiterhin anders als Frauenkörper und *sind* damit anders! Die Existenz der komplementären Felder von Gynäkologie und Andrologie kann biologische Geschlechterdifferenz naturalisieren und als institutioneller ‚Anker' individueller wie kollektiver Geschlechterpraktiken fungieren.

„Während die Technowissenschaften auf der epistemologischen und ontologischen Ebene eher zunehmend ein konstruktivistisches Grundverständnis umsetzen, insofern konstruktivistische Methodologien angewendet und posthumanistische Annahmen über Natur, Körper etc. gemacht werden, werden zu Legitimationszwecken als auch für das Promoten der eigenen Forschung fleißig weiterhin Rhetoriken des Natürlichen inszeniert." (Weber 2003b: 206)

Es sind nicht nur legitimierende ‚Rhetoriken', die die Renaturalisierung vorantreiben. Die Artefaktualität von biologischem Geschlecht im technowissenschaftlichen Apparat der körperlichen Produktion lässt naturhafte Zweigeschlechtlichkeit nicht verschwinden. Vielmehr findet im Modus der Denaturalisierung eine Renaturalisierung von Zweigeschlechtlichkeit statt, gleichsam eine Renaturalisierung *durch* Denaturalisierung. Die tendenziell symmetrische Medikalisierung von Geschlechtskörpern durch Gynäkologie und Andrologie operiert im technowissenschaftlich reorganisierten Apparat der körperlichen Produktion. In dieser Symmetrie besteht ein wesentliches Moment der medizinischen Durchsetzung von Zweigeschlechtlichkeit. In einer historischen Konstellation, in der die Hegemonie innerhalb der Geschlechterkonstellationen stark umkämpft ist und Zweigeschlechtlichkeit wie Heteronormativität in ihrer prinzipiellen Instabilität offengelegt worden sind, ist der technowissenschaftliche Apparat der körperlichen Produktion das zentrale Feld materiell-semiotischer Auseinandersetzungen. Kann der andrologische Männerkörper vor diesem Szenario nicht als „[…] eine denaturierte Konstruktion erster Ordnung [verstanden werden, T.W.], die den Effekt eines vollkommenen naturalistischen Realismus erzeugt" (Haraway 1995c: S. 187)?

Literatur

Bührmann, Andrea (1995): Das authentische Geschlecht. Die Sexualitätsdebatte der Neuen Frauenbewegung und die Foucaultsche Machtanalyse, Münster.

Bührmann, Andrea (1998): Die Normalisierung der Geschlechter in Geschlechterdispositiven. In: Bublitz, Hannelore (Hg.), Das Geschlecht der Moderne – Genealogie und Archäologie der Geschlechterdifferenz, Frankfurt a.M./New York, S. 71-94.

Bundesärztekammer (2003): (Muster-)Weiterbildungsordnung gemäß Beschluss. 106. Deutscher Ärztetag 2003 in Köln, Köln.

Clarke, Adele E. (1995): Modernity, Postmodernity, and Reproductive Processes ca. 1890-1990 or ‚Mommy, Where Do Cyborgs Come From Anyway?' In: Hables Gray, Chris; Figueroa-Sarriera, Heidi J.; Mentor, Steven (Hg.), The Cyborg Handbook, New York/London, S. 139-155.

Gildemeister, Regine / Wetterer, Angelika (1992): Wie Geschlechter gemacht werden. Die soziale Konstuktion der Zweigeschlechtlichkeit und ihre Reifizierung in der Frauenforschung. In: Knapp, Gudrun-Axeli; Wetterer, Angelika (Hg.), TraditionenBrüche. Entwicklungen feministischer Theorie, Freiburg i.Brsg., S. 201-254.

Haraway, Donna J. (1982): Rasse, Klasse, Geschlecht als Objekte der Wissenschaft. Eine marxistisch-feministische Darstellung der sozialen Konstruktion der produktiven Natur und einige politische Konsequenzen, Das Argument 132, S. 200-213.

Haraway, Donna J. (1992): The Promises of Monsters: A Regenerative Politics for Inappropriate/d Others. In: Grossberg, Lawrence; Nelson, Cary;

Treichler, Paula A. (Hg.), Cultural Studies, New York/London, S. 295-337.

Haraway, Donna J. (1995a): Monströse Versprechen. Eine Erneuerungspolitik für un/an/geeignete Andere. In: dies., Monströse Versprechen. Coyote-Geschichten zu Feminismus und Technowissenschaft, Hamburg/Berlin, S. 11-80.

Haraway, Donna J. (1995b): Ein Manifest für Cyborgs. Feminismus im Streit mit den Technowissenschaften. In: dies., Die Neuerfindung der Natur. Primaten, Cyborgs und Frauen, Frankfurt a.M./New York, S. 33-72.

Haraway, Donna J. (1995c): Die Biopolitik postmoderner Körper. Konstitutionen des Selbst im Diskurs des Immunsystems. In: dies., Die Neuerfindung der Natur. Primaten, Cyborgs und Frauen, Frankfurt a.M./New York, S. 160-199.

Haraway, Donna J. (1996a): Situiertes Wissen. Die Wissenschaftsfrage im Feminismus und das Privileg einer partialen Perspektive. In: Scheich, Elvira (Hg.), Vermittelte Weiblichkeit. Feministische Wissenschafts- und Gesellschaftstheorie, Hamburg, S. 217-248.

Haraway, Donna J. (1996b): Anspruchsloser_Zeuge@Zweites_Jahrtausend.-FrauMann© trifft OncoMouse™. Leviathan und die vier Jots: Die Tatsachen verdrehen. In: Scheich, Elvira (Hg.), Vermittelte Weiblichkeit. Feministische Wissenschafts- und Gesellschaftstheorie, Hamburg, S. 347-389.

Haraway, Donna J. / Goodeve, Thyrza Nichols (1999): How Like a Leaf: An Interview with Thyrza Nichols Goodeve, New York/London.

Haraway, Donna J. / Markussen, Randi / Olesen, Finn / Lykke, Nina (2003): Interview with Donna Haraway. In: Ihde, Don; Selinger, Evan (Hg.), Chasing Technoscience: Matrix for Materiality, Bloomington, Indianapolis, S. 47-57.

Heidegger, Martin (1967 [1927]): Sein und Zeit, 11. Aufl., Tübingen.

Heidegger, Martin (1995 [1920/21]): Einleitung in die Phänomenologie der Religion. In: Gesamtausgabe Abt. 2 Vorlesungen Bd. 60. Phänomenologie des religiösen Lebens, Frankfurt a.M., S. 1-156.

Hirschauer, Stefan (1993): Die soziale Konstruktion der Transsexualität. Über die Medizin und den Geschlechtswechsel, Frankfurt a.M.

Huhtaniemi, Ilpo (1999): Message from the International Society of Andrology: Current Challenges of Andrology, Asian Journal of Andrology 1(1+2), S. 3-5.

Isidori, Aldo (2001): Storia dell'andrologia moderna, Medicina nei Secoli 13, S. 255-268.

Janich, Peter / Weingarten, Peter (1999): Wissenschaftstheorie der Biologie. Methodische Wissenschaftstheorie und die Begründung der Wissenschaften, München.

King, Katie (1991): Bibliography and a Feminist Apparatus of Literary Production, TEXT 5: Transactions of the Society for Textual Scholarship, S. 91-103.

Köhler, Sigrid G. (2004): De-Gendering Materiality. Zu Materialitätsdiskursen und ihrer Rhetorik – und zu materiell-semiotischen Flecken und Agenten. In: dies.; Metzler, Jan Christian; Wagner-Egelhaaf, Martina (Hg.), Prima Materia. Beiträge zur transdisziplinären Materialitätsdebatte, Königstein i.Ts., S. 117-146.

Krafft-Ebing, Richard von (1886): Psychopathia sexualis. Eine klinisch-forensische Studie, Stuttgart.

Krause, Walter (1996): Andrologie – mehr als eine Behandlung männlicher Infertilität, Fortschritte der Medizin 114(34), S. 463-464.

Laqueur, Thomas (1992): Auf den Leib geschrieben. Die Inszenierung der Geschlechter von der Antike bis Freud, Frankfurt a.M./New York.

Ludwig, Gerd / Weidner, Wolfgang (1999): Reproduktionsmedizin und Andrologie, Der Urologe [A] 38, S. 562.

Maurer, Margarete (2002): Sexualdimorphismus, Geschlechtskonstruktion und Hirnforschung. In: Pasero, Ursula; Gottburgsen, Anja (Hg.), Wie natürlich ist Geschlecht? Gender und die Konstruktion von Natur und Technik, Wiesbaden, S. 65-108.

Metz-Becker, Marita (1997): Der verwaltete Körper: Die Medikalisierung schwangerer Frauen in den Gebärhäusern des frühen 19. Jahrhunderts, Frankfurt a.M./New York.

Meuser, Michael (i.E.): Frauenkörper – Männerkörper. Somatische Kulturen der Geschlechterdifferenz. In: Schroer, Markus (Hg.), Soziologie des Körpers, Frankfurt a.M.

Moscucci, Ornella (1990): The Science of Woman. Gynaecology and Gender in England, 1800-1929, Cambridge.

Nieschlag, Eberhard (1997): Andrology at the End of the Twentieth Century: From Spermatology to Male Reproductive Health. Inaugural Address at the VIth International Congress of Andrology, Salzburg, 25 May 1997, International Journal of Andrology 20, S. 129-131.

Nieschlag, Eberhard / Behre, Hermann M. (2000): Vorwort zur 2. Auflage. In: dies. (Hg.), Andrologie. Grundlagen und Klinik der reproduktiven Gesundheit des Mannes, 2. Aufl., Berlin u.a., S. V.

Oudshoorn, Nelly (1994): Beyond the Natural Body: An Archeology of Sex Hormones, London/New York.

Oudshoorn, Nelly (1996): The Decline of the One-Size-Fits-All Paradigm, or, how Reproductive Scientists Try to Cope with Postmodernity. In: Lykke, Nina; Braidotti, Rosi (Hg.), Between Monsters, Goddesses and Cyborgs. Feminist Confrontations with Science, Medicine and Cyberspace, London, S. 153-172.

Oudshoorn, Nelly (2002a): „Astronauts in the sperm world": Die Neuverhandlung männlicher Identitäten in Diskursen über Verhütungsmittel für Männer. In: Pasero, Ursula; Gottburgsen, Anja (Hg.), Wie natürlich ist Geschlecht? Gender und die Konstruktion von Natur und Technik, Wiesbaden, S. 109-125.

Oudshoorn, Nelly (2002b): Jenseits des natürlichen Körpers. Die Macht bestehender Strukturen bei der Herstellung der „hormonalen" Frau. In: Duden, Barbara; Noeres, Dorothee (Hg.), Auf den Spuren des Körpers in einer technogenen Welt. Opladen, S. 257-278.

Roberts, Celia (2002): ‚A Matter of Embodied Fact': Sex Hormones and the History of Bodies, Feminist Theory 3(1), S. 7-26.

Sarasin, Philipp / Tanner, Jakob (1998): Einleitung. In: dies. (Hg.), Physiologie und industrielle Gesellschaft. Studien zur Verwissenschaftlichung des Körpers im 19. und 20. Jahrhundert, Frankfurt a.M., S. 12-43.

Schiebinger, Londa (1993): Schöne Geister. Frauen in den Anfängen der modernen Wissenschaft, Stuttgart.

Schiebinger, Londa (1995): Am Busen der Natur. Erkenntnis und Geschlecht in den Anfängen der Wissenschaft, Stuttgart.

Schill, Wolf-Bernhard (2004): Andrology Today. Vortrag zur III. Reunión Anual de la Sociedad de Andrología y Gametología de Chile, Universidad de la Frontera, Temuco, Chile, 15.-16. Januar 2004 (unveröffentl. Manuskript).

Schirren, Carl (1967): Zur geschichtlichen Entwicklung der Andrologie, Der Internist 8, S. 1-2.

Schmersahl, Katrin (1998): Medizin und Geschlecht: Zur Konstruktion der Kategorie Geschlecht im medizinischen Diskurs des 19. Jahrhunderts, Opladen.

Villa, Paula-Irene (1999): Sexy Bodies. Eine soziologische Reise durch den Geschlechtskörper, Opladen.

Weber, Jutta (2003a): Umkämpfte Bedeutungen. Naturkonzepte im Zeitalter der Technoscience, Frankfurt a.M./New York.

Weber, Jutta (2003b): Hybride Technologien. Technowissenschaftsforschung als transdisziplinäre Übersetzungspolitik. In: Knapp, Gudrun-Axeli; Wetterer, Angelika (Hg.), Achsen der Differenz. Gesellschaftstheorie und feministische Kritik II, Münster, S. 198-226.

Wöllmann, Torsten (2004): Andrologie und Macht: Die medizinische Neuerfindung des Männerkörpers. In: Lenz, Ilse; Mense, Lisa; Ullrich, Charlotte (Hg.), Reflexive Körper? Zur Modernisierung von Sexualität und Reproduktion, Opladen, S. 255-279.

Esoterische Verkörperungen – Die breiten Schwellen zwischen Wissen und Glauben

MARIA OSIETZKI

Die kulturellen Ordnungen des Wissens aufzuklären, gehört zu den am-
bitionierten Zielen einer gesellschaftlichen Selbstreflexion, durch die
gegenwärtig eine Orientierung im postmodernen Wandel gesucht wird.
Dabei geht es darum, sich ein Bild von den Repräsentationsweisen zu
machen, mit denen die Wahrnehmungen der Welt kognitiv und seman-
tisch geordnet sowie Wertsetzungen und Sinnstiftungen begründet werden. Zu den epistemologischen Voraussetzungen dessen gehört die
Überzeugung, dass die Repräsentationen der Welt wie auch die Identitäten der Subjekte das Ergebnis kultureller Konstruktionen sind, die einem
historischen Wandel unterliegen.[1]

Mit dem Bestreben, kollektive wie auch subjektive Wissensordnungen
als historisch gewachsene Denkmodelle der Realität zu charakterisieren,
kann die Absicht zur erkenntnistheoretischen Dekonstruktion von gesellschaftlich normierenden Deutungsmustern und selbstverständlich
gewordenen kulturellen Werten einhergehen.[2] Zur Folge hat dies allerdings, dass es prinzipiell möglich scheint, kulturelle Ordnungen des
Wissens zu reorganisieren. Da sie einen entscheidenden Zugang zur
Macht verschaffen, sind die Instrumente der Re-Repräsentation der Realität umstritten wie umkämpft.[3] Dies gilt besonders für die Gegenwart, in
der sich allmählich aufgrund der Ergebnisse der Gehirnforschung, der
Kognitionswissenschaften sowie der unter Mitwirkung der Kulturwissenschaften sich formierenden Bewusstseinsforschung abzeichnet, künf-

---

1 Einen wertvollen Überblick über den Einfluss des Konstruktivismus auf die Wis-
   senschaftsgeschichte gibt Mario Biagioli (1999).
2 Wegweisend war in diesem Zusammenhang Jean-Francois Lyotard (1999).
3 Besonders instruktiv sind hierzu die Beiträge von Donna Haraway (1995).

tig möglicherweise gezielt auf die Repräsentationsweisen der Gesellschaft Einfluss nehmen zu können.

Symptomatisch hierfür ist, dass derzeit neue Qualitäten der Technisierung auftauchen, die nicht mehr auf die Aneignung natürlicher und biologischer Ressourcen beschränkt bleibt. Zunehmend relevant werden interventionistische Organisations-, Verfahrens- und Prozesssteuerungen, die mental wirksam sind und somit gleichsam die „Software" postmoderner Gesellschaften betreffen. An die Seite der zur bürgerlichen Gesellschaft gehörigen Biopolitik, die beispielsweise im 19. Jahrhundert die lebendigen Körper in technisierten Begriffen der Mechanik und Thermodynamik beschrieb[4], tritt ab dem späten 20. Jahrhundert eine computerisierte Psychopolitik, die sich, gestützt auf die Ergebnisse der Neuro- und Kognitionswissenschaften, zu einer Bewusstseinstechnologie entwickelt.[5]

Zu den öffentlich populären Ergebnissen dieser Entwicklung gehört eine Innovation in der Psychologie, die als „Neurolinguistisches Programmieren" (NLP) bekannt geworden ist.[6] Es handelt sich dabei um eine strategische Kurzzeittherapie, die, von Richard Bandler und John Grinder entwickelt, seit Ende der 1970er Jahre nicht nur mit dem Anspruch auftritt, das Rüstzeug zu bieten, ein effektiverer Therapeut zu werden. Die Methoden, die Bandler und Grinder in ihren Büchern beschreiben und in Seminaren lehren, bieten sich als jederzeit von jedermann nutzbare Techniken zur Steigerung des seelischen Wohlbefindens an. Ihr Ziel ist, Einsichten in die Repräsentationsweisen der eigenen Realität zu vermitteln, um anschließend das Programm der eigenen Repräsentationsprozesse in wünschbarer Weise verändern zu können.[7]

Mit diesem Anspruch scheint NLP gleichsam den Nerv der konstruktivistischen Modernisierung der postmodernen Gesellschaften getroffen zu haben. Denn diese Kurzzeittherapie stellt nicht nur das Thema der Repräsentationsweisen und ihrer Modifikation ins Zentrum der Aufmerksamkeit. Sie behandelt es auch unter Berücksichtigung gehirnphysiologischer wie linguistischer Erkenntnisse und vermag hierdurch ein interdisziplinär begründetes Beispiel für eine Theorie des Bewusstseins zu bieten, die in ihren Beschreibungen die Anleitungen zu seiner strategischen Veränderung psychischer Prozesse bereithält.

---

4   Vgl. hierzu den Sammelband von Philipp Sarasin und Jakob Tanner (1998).
5   Vgl. Maar/Pöppel/Christaller (1996) und auch den Sammelband von Weber/Bath (2003).
6   Die beiden ersten 1975 und 1976 in den USA erstmals erschienenen Werke zum NLP sind in deutscher Übersetzung Bandler/Grinder (1981) und Bandler/Grinder (1982).
7   In dieser Weise rezipieren die grundlegenden Werke von Bandler und Grinder auch die Autoren, die NLP popularisieren. Hier eine Auswahl aus der Vielzahl der Bücher: Grinder (2003), Kohlmey (2001), Kraft (2000), Schmidt-Tanger (1999).

Da NLP epistemologisch auf konstruktivistischen Voraussetzungen beruht, ist an dieser Theorie beispielhaft zu sondieren, wie in der gegenwärtigen Kultur die Perspektiven der kulturellen Ordnung des Wissens über Repräsentationsweisen ausgelotet werden. Darüber hinaus setzt sich dieser Beitrag zum Ziel, die Lösungswege auszuleuchten, die im NLP für die Probleme einer konstruktivistischen Kultur angeboten werden. Sie bestehen einerseits in der zentralen Frage nach den materiellen und körperlichen Grenzen der sprachlichen und symbolischen Konstruktion von Bedeutungen. Andererseits beziehen sie sich auf die Schwierigkeit, Kriterien für die Wahl kultureller Ordnungssysteme von Bedeutungen zu formulieren und dabei die ethischen Grenzen abzustecken. Welche Konstruktionen des Selbst und der Realität oder welche Repräsentationsweisen einer Gesellschaft dienlich, ihrer gedeihlichen Entwicklung zuträglich und mit einem „guten Leben" vereinbar sind, lässt sich auf der Basis einer konstruktivistischen Epistemologie nicht klären.[8] Der Relativismus, der zum Konstruktivismus gehört, geht mit einer prinzipiellen Wählbarkeit der Deutungsmodelle einher und wirft deshalb die Frage ihrer Begründbarkeit auf.[9]

Für dieses Problem bietet NLP eine Lösung, die darzustellen Auskünfte über die Heilsversprechen und Erlösungssehnsüchte postmoderner Gesellschaften zu geben verspricht. Einerseits schließt diese Kurzzeittherapie sich den gehirnphysiologischen und kognitionswissenschaftlichen Forschungstrends an. Andererseits ist sie in ihren Methoden und in ihrem Menschenbild an die spirituelle Bewegung und die Wellness-Kultur anschlussfähig. Hierdurch stellt sich die Frage, ob die Bewusstseinsforschung auf dem Wege, neues unbekanntes Terrain zu erschließen, Ressourcen mobilisiert, die bisher in der Seele des westlichen Menschen verborgen schienen, oder ob diese Sphäre diskursiv geschaffen wird, um den Prozess einer Technisierung aufrecht zu erhalten, der in kapitalistischen Gesellschaften Fiktionen marktfähig macht.

Die Struktur der Magie

Vor etwa dreißig Jahren begannen John Grinder, zu dieser Zeit Anfang der 1970er Jahre Assistenzprofessor für Linguistik an der University of California in Santa Cruz, und Richard Bandler, der dort, von der Mathematik und Informatik kommend, Psychologie studierte, mit ihren Untersuchungen, die zur Begründung des NLP führten. Ihr Ziel war, die

---

8 Wegweisend für diese Frage war beispielsweise im Kontext der Geschlechterforschung Sandra Harding: Sie stellte die Frage nach den Bedingungen „besseren Wissens" (vgl. Harding 1986). Michel Foucault wandte sich am Ende seines Lebens der antiken Frage nach der Sorge um sich und einer neuen Lebensqualität zu. Instruktiv hierzu Wilhelm Schmid (1991).
9 Zu diesen Debatten siehe beispielsweise Thomas Metzinger (1999)

Muster im Denken, Sprechen und Handeln dreier Spitzentherapeuten zu untersuchen: Fritz Perls, der ein innovativer Psychotherapeut und Begründer der Therapierichtung war, die als Gestalttherapie bekannt ist; Virginia Satir, die in ihrer Zeit erfolgreichste Familientherapeutin, die selbst schwierigste Familienbeziehungen zu regeln verstand; Milton H. Erickson, der weltbekannte Therapeut, der mit dem Einsatz der Hypnose seine legendären Erfolge erzielte.

Am Beginn der Entwicklung des NLP stand die Bewunderung für die Erfolge dieser dynamischen Psychotherapeuten, die sich, zwar unterwiesen durch eine ausufernde psychotherapeutische Literatur, in ihren Sitzungen letztlich auf ihre Intuition verließen. Bandler und Grinder verglichen sie deshalb mit therapeutischen Hexern, die aufgrund ihrer unerklärbaren Erfolge „vom Mantel des Zauberers umhüllt" würden (vgl. Bandler/Grinder 1994: 17). Durch eine Geschichte am Beginn ihres ersten Buches verdeutlichten sie, was sie unter Magie verstanden. Es sei die Fähigkeit, die Repräsentationssysteme seiner Mitmenschen zu verstehen und zu modifizieren (ebd.: 17-19). Welcher Methoden sich dabei die „therapeutischen Hexer" bedienten, sei ihnen freilich selbst nicht klar. Sie glauben, „aus dem Bauch heraus" zu therapieren, so erklärten die Begründer des NLP. Gleichzeitig gehöre zum Ziel der Therapie in der Regel die Erwartung, ein bewusstes Verständnis, eine Einsicht in die Probleme der Klienten zu finden.

„Die Therapeuten sind also eine Gruppe von Menschen, die das, was sie tun, ohne Wissen darüber tun, wie es funktioniert und gleichzeitig glauben, der einzige Weg, im Leben wirklich weiter zu kommen, bestehe darin, volles Bewusstsein darüber zu erlangen, wie die Dinge funktionieren." (Bandler/Grinder 1988: 22)

Aus diesem Widerspruch, der sich als charakteristisches Merkmal moderner Gesellschaften überhaupt auffassen ließe, behaupten die Begründer des NLP herauszuführen. Sie nahmen sich vor, die intuitiven Handlungsmodi zu erkunden, in Regeln zu fassen und so lernbar zu machen. Ihrer Magie eine Struktur zu geben, war die Absicht von Bandler und Grinder, die diesen Prozess in die Computerfachsprache übersetzten und ihn „modeling" nannten. Bandler hatte als Informatiker Erfahrungen mit dem Modellieren gewonnen. Computern beizubringen, komplexe Probleme zu lösen, schien ungleich schwerer, als Psychotherapeuten bei der Lösung psychischer Probleme zu beobachten. Und so führte er gemeinsam mit Grinder den Prozess des Modellierens in die Psychologie ein. Gemeinsam suchten sie nach den Repräsentationssystemen, derer sich erfolgreiche Therapeuten bedienten.

Dieser Aufgabe widmeten sich allerdings nicht allein die Begründer des NLP. Die Intention, durchschlagende Erfolge namhafter Therapeuten zu systematisieren, lag der Begründung unterschiedlicher Ansätze strategischer Kurzzeittherapien zugrunde. Die ersten Schritte in diese Richtung unternahm eine Forschungsgruppe des Mental Research Institute (MRI) in Palo Alto um die Mitte der 1970er Jahre. Dort wurde eine konstruktivistische Perspektive mit den technischen Beiträgen der Hypnosetherapie von Milton H. Erickson verknüpft, um dessen individuelle Kompetenz, die mehr als Kunst oder Magie denn als durchsichtige Praxis erschien, in ein universell zugängliches psychotherapeutisches Instrumentarium zu überführen.[10]

In den folgenden Jahren setzten sich noch andere Forscher oder Forschergruppen ähnliche Ziele. NLP allerdings avancierte zur erfolgreichsten Kurzzeittherapie der Gegenwart. Sie propagierte, dem Klienten zu helfen, seine Modelle der Welt zu verändern, damit er sich wandeln kann (vgl. Bandler/Grinder 1994a: 207). Wenn sich seine Modelle verändern, so wandeln sich auch seine Wahrnehmungen und sein Verhalten, so behaupten Bandler und Grinder. Immer wieder betonten sie, dass die „Landkarte", die sie als Metapher für die menschlichen Repräsentationen der Realität einführten, nicht das „Gebiet" sei (vgl. Bandler/Grinder 1994: 198 ff.).

Während sie sich mit dieser Annahme vollständig auf den Boden der konstruktivistischen Wissensordnung stellten, fügten sie dieser eine Methode hinzu, die „Landkarte" gezielt zu modifizieren. Zu diesem Zweck begannen sie, zunächst die neurologischen, sozialen und individuellen Einschränkungen zu thematisieren, die den menschlichen Blick auf die Welt bestimmen und trüben. Bandler und Grinder führten in ihrem ersten Buch aus, dass Menschen etwa durch ihre physiologische Ausstattung in ihrer optischen, akustischen und taktilen Wahrnehmung eingeschränkt seien. Weitere Einschränkungen seien durch die sozialen Gemeinschaften bedingt, die sich auf spezifische Deutungsweisen der Welt einigen. Individuelle Einschränkungen führten die Autoren auf die persönliche Geschichte eines Subjekts zurück, das sich durch eine je individuelle „Landkarte" auszeichne.

Da im persönlichen Repräsentationsmodus die psychischen Probleme eines Subjekts zu finden seien, bemühten sich Bandler und Grinder zunächst, sich hierzu einen Zugang zu verschaffen. Zu diesem Zweck setzten sie sich zum Ziel, die „Landkarte" der besagten erfolgreichen Therapeuten zu finden, die offensichtlich auf ihrer Fähigkeit beruhte, sich einen Einblick in die individuellen Einschränkungen der „Landkarten" ihrer Klienten zu verschaffen. Die Absicht dabei war, einen Weg zu finden, wie deren Welt- und Selbstwahrnehmung durch eine Erweiterung ihrer „Landkarten" zu verändern sei. Es ging darum, deren Repräsentationen „in einer Weise auszudehnen und zu bereichern, die das Leben der Klienten reichhaltiger und lebenswerter macht" (ebd.: 40).

---

10 Zu diesen Zusammenhängen siehe Watzlawick/Nardone (1999).

Hierzu bedienten sich Bandler und Grinder zunächst der Transformationsgrammatik. Denn sie gingen davon aus, dass sich die Oberflächenstruktur sprachlicher Äußerungen von der Tiefenstruktur der Sprache unterscheide. Während diese eine Wohlgeformtheit aufweise, zeigten die Aussagen der Klienten Generalisierungen, Tilgungen und Verzerrungen, aus denen sich ihre individuell eingeschränkten, Probleme schürenden Repräsentationsmodalitäten erschließen lassen, so argumentierten Bandler und Grinder in ihrem ersten Buch.

Zu den charakteristischen Methoden des NLP zählten seine Begründer überdies, Subjekte entlang ihrer bevorzugten Repräsentationssysteme zu typisieren. Die sensorischen Kanäle des Outputs wie Inputs beim Therapeuten und Klienten zu berücksichtigen, führte in den Methoden des NLP zur Ergänzung der linguistischen Dimension um neurologische Zusammenhänge. Dabei gingen Bandler und Grinder davon aus, dass der Körper in seinen sensuellen Reaktionen Funktionen des Gehirns repräsentiere, das durch die Lebensgeschichte einer Person gelernt habe, Erfahrungen zur Grundlage der Organisation weiterer Wahrnehmungen zu machen. Um auf diesen Prozess Einfluss zu gewinnen, empfahlen sie in einem ersten Schritt, Menschen in visuelle, auditive, kinästhetische Typen zu klassifizieren, während ihrer Ansicht nach der Geruchs- und der Geschmackssinn für die Erstellung der „Landkarten" weniger bedeutsam sei. Ob sich Menschen in der Welt eher visuell, auditiv oder gefühlsmäßig orientieren, dies zu erkennen erhoben die Autoren zum Universalschlüssel, der dem Therapeuten den entscheidenden Zugang zur Psyche verschaffe und ihm gleichsam den Code anzeige, mit dem er sowohl das Vertrauen des Klienten gewinnen als auch die Transformation und Ausweitung seiner Repräsentationssysteme erreichen kann.

Eindrucksvoll schildern die Begründer des NLP, wie sich der Therapeut in seinen Äußerungen dem bevorzugten Repräsentationssystem des Klienten anpassen könne, um sein Vertrauen zu gewinnen und sich ihm verständlich zu machen. Wenn ein Klient seine Erfahrungen kinästhetisch organisiert, „wird es ihm leichter fallen, sowohl unsere Kommunikation zu verstehen als auch zu wissen (in diesem Fall zu fühlen), dass wir ihn verstehen, wenn wir mit kinästhetischen Prädikaten kommunizieren" (Bandler/Grinder 1994: 22). Andererseits führe es zu Missverständnissen, wenn der Therapeut ein visuelles Repräsentationssystem bevorzugt und seinem Klienten nahe zu legen versucht, seine Situation zu „zeichnen", ihm Alternativen „zeigt" und ihn auffordert, sich anders zu „sehen", während der auditiv geprägte Klient betont, ihn nicht zu „verstehen" und ihn bittet, seine Aussagen „deutlicher" zu artikulieren. Nur wenn ein Therapeut in seiner eigenen Repräsentation nicht eingeschränkt sei, könne er dem Klienten helfen, seine Repräsentationsmodalitäten auszuweiten, um damit die Kommunikationsbasis mit anderen Menschen zu erweitern.

„Typischerweise beklagen sich kinästhetische Typen, dass auditive und visuelle unsensibel seien. Visuelle Typen beklagen sich, das auditive ihnen keine Aufmerksamkeit entgegenbringen, weil sie während der Unterhaltung keinen Blickkontakt aufnehmen. Auditive beklagen sich, dass kinästhetische nicht zuhören etc." (Bandler/Grinder 1994: 25)

Missverständnisse seien die Folge, die sich ausräumen lassen, wenn ein Klient auf die Einschränkungen hingewiesen werde, durch die sich seine eigenen und die Repräsentationssysteme seiner Umgebung auszeichnen. Wenn ihm geholfen werde, seine eigenen Repräsentationsweisen zu erweitern, so habe er den entscheidenden Schritt zur Lösung psychischer Probleme getan.

Es handelt sich um eine eigenwillige Deutung der „Landkarten", die Bandler und Grinder in ihrer sensualistisch-linguistischen Vorstellung von Repräsentationen bieten. Denn sie vereinfacht radikal, was gemeinhin für überaus komplex gehalten wird. Reduktionistisch scheint, wenn es heißt, psychische Probleme resultierten aus eingeschränkten Repräsentationsmodalitäten. Im Gegenzug zu behaupten, psychisches Wohlbefinden lasse sich durch eine Flexibilisierung der Repräsentationsweisen erlangen, wirkt ebenso verkürzt. Eben diese Vereinfachung mag es freilich sein, die NLP in einer konstruktivistischen Kultur so populär macht, da es deren epistemologische Prämissen aufnimmt, ihnen aber die Magie ihrer Undurchsichtigkeit nimmt. Während die Fachwelt der Kultur- und Sprachwissenschaftler, der Neurologen und Psychologen sowie der Kognitionswissenschaftler über der Komplexität der menschlichen gehirnphysiologisch gelenkten sinnlichen wie sprachlichen Repräsentationsweisen brüten, bieten die Begründer des NLP ein Überraschungsei. Sein Inhalt zeigt ein Schema, das die Unterschiede der individuellen „Landkarten" auf wenige handhabbare Kriterien ihrer Vergleichbarkeit herunter bricht. Durch eine solche „Normalisierung" erweist sich NLP als eine reduktionistische Technologie, deren Botschaft, durch die Ausweitung von Repräsentationsweisen zu Erfolg und Glück zu verhelfen, sich als eine Prämisse erweist, die von einem Bild des sich in der Welt der Repräsentationen souverän bewegenden Menschen ausgeht. Der Spekulation bleibt überlassen, es als mediengerechtes Subjekt zu interpretieren, das weder in der Offenheit seiner Sinne noch in der Anapassungsfähigkeit an die Repräsentationsmodalitäten der Umwelt eingeschränkt ist.

Reframing der Subjekte

Während die Begründer des NLP in ihren ersten beiden Büchern therapeutische Interessen verfolgten, entwickelten sie auf der Basis ihrer Forschungsergebnisse in den darauffolgenden Jahren eine ihrer Terminologie nach „humane Technologie", die sich als universelle Methode empfahl, eine bewusst gewählte persönliche Veränderung hin zu mehr Glück und Wohlbefinden einzuleiten (vgl. Bandler 1995: 21f.). In einem 1987 veröffentlichten Buch empörte sich Bandler, das neueste diagnostische und statistische Handbuch, das von Psychiatern und Psychologen benutzt werde, enthalte zwar auf mehr als 450 Seiten Beschreibungen darüber, welche Störungen ein Mensch haben kann, aber nicht eine einzige Seite über Gesundheit (vgl. ebd.: 26f.). Sie zu erhalten und NLP in den Dienst eines Wohlbefindens zu stellen, das jedem erreichbar sei, war das Ziel, das Bandler und Grinder bei der weiteren Ausarbeitung der Kurzzeittherapie zur probaten Methode der Wellness-Kultur verfolgten. Obwohl sie weiterhin propagierten, durch NLP seien Phobien in wenigen Stunden zu beseitigen, legten sie den Akzent ihrer Empfehlungen auch auf die Veränderbarkeit von Eigenschaften und Verhaltensweisen, die das subjektive Wohlbefinden eines „normalen" Individuums störten. Eine Folge dessen war, dass sich NLP gegenwärtig nicht allein im psychotherapeutischen Umfeld, sondern auch im Bereich des Coachings und der Lebensberatung größter Beliebtheit erfreut.

Im NLP geht es nicht um die Frage, *was* ein Mensch seelisch-geistig durchlebt. Vielmehr zielen die Methoden dieser Kurzzeittherapie auf das *Wie* der Repräsentation von Wahrnehmungen und Erfahrungen. Nicht mehr die Inhalte seelisch-geistigen Erlebens stehen im Vordergrund, sondern die Prozesse der Verarbeitung von Erfahrungen, die zu transformieren NLP als kulturell probate Methode der Subjektmodellierung empfiehlt. Wie auf die mentalen Steuerungsprozesse Einfluss zu nehmen sei, demonstrieren Bandler und Grinder in ihren Seminaren, in denen sie Tausende von Therapeuten und Therapeutinnen, Lebensberatern und Lebensberaterinnen mit den Methoden des NLP und vor allem mit dessen Potentialen des „Reframings" vertraut machen.

Bei solchen Gelegenheiten wird dem Auditorium beispielsweise vorgeführt, wie Emotionen zu transformieren seien. Eine Teilnehmerin, die sich für eine Demonstration zur Verfügung stellt, wird auf das Podium gebeten und aufgefordert, sich an eine unangenehme Erfahrung zu erinnern, die allerdings nicht inhaltlich expliziert wird. Vielmehr soll sie einzig und allein kundtun, ob sich die Erinnerung an die unangenehme Erfahrung als Bild, als auditive Szene oder als Gefühl einstellt. Da sich in diesem konkreten Fall die emotional belastende Situation aus ihrer Vergangenheit visuell zeigte, empfehlen die Seminarleiter, das Bild in der Vorstellung heller oder dunkler werden zu lassen und dabei die eigenen Gefühle zu beobachten. Als Resultat erhalten sie die Mitteilung, dass sich bei dieser „Bildbearbeitung" die mit der unangenehmen Erfahrung verbundene Emotion wandelt. Durch eine Aufhellung des Bildes wird sie entlastet, durch eine Verdunklung wird das Gefühl schwerer und düsterer.

In einem zweiten Schritt fordert der Therapeut die Probandin auf, sie möge zu dem belastenden Bild in ihrer Vorstellung ein weiteres kleines, unten rechts platziertes dunkles Bild hinzunehmen, das eine wünschbare Situation abbildet, die an die Stelle der unerfreulichen Erfahrung treten solle. Dann folgt die Aufforderung, die beiden Bilder sekundenschnell zu wechseln und das dunkle kleine Bild ins Zentrum zu setzen und es aufzuhellen. Dieses Verfahren soll mehrmals wiederholt werden. Nach dem Abschluss der Prozedur (vgl. ebd.: 26f.) erklärt die Probandin, die ehemals als belastend empfundene Erfahrung sei gefühlsmäßig neutralisiert. Ein ähnlicher Effekt sei vor allem bei auditiv veranlagten Menschen zu erreichen, so fügen die Seminarleiter dieser Demonstration ergänzend hinzu, wenn eine belastende Erinnerung mit dem Auftritt einer Zirkuskapelle kommentiert werde (ebd.: 48). Wenn dieses als „Reframing" bezeichnete Verfahren mehrmals wiederholt würde, so sei das Belastende, das an eine unangenehme Erfahrung geknüpft sei, beseitigt.

„Wie viele haben jemals die Möglichkeit in Betracht gezogen, die Helligkeit eines inneren Bildes absichtlich zu verändern, um sich anders zu fühlen?" (ebd.: 35) fragen Bandler und Grinder und fordern dazu auf, die eigenen Submodalitäten zu modifizieren und hierdurch die eigenen Denkmuster oder die eigene Gefühlswelt zu verwandeln. „Submodalitäten sind buchstäblich die Weise, in der das Gehirn unser Erleben sortiert und kodiert" (ebd.: 14). Sie können mithin direkt benutzt werden, um Denkmuster und Reaktionen auf das eigene Erleben zu transformieren, so begründen Bandler und Grinder ihre Methode.

Ihr liegt die Annahme zugrunde, dass Probleme von Menschen sich dadurch beheben lassen, dass sie eine Wahlmöglichkeit haben, auf Erfahrungen und Situationen verändert reagieren zu können.

„Es ist herauszufinden, welches Wahrnehmungssystem jemand im Wachzustand benutzt. Manche Menschen benutzen alle. Im Stress etwa der Therapie gibt es in der Regel nur eines. Ziel ist das Verschränken von Wahrnehmungssystemen, woraus sich dann andere Verhaltensweisen entwickeln können." (Grinder/Bandler 1988: 71)

Im Zentrum des NLP stehen die Anleitungen, Verbindungen zwischen der visuellen, auditiven und kinästhetischen Ebene herzustellen. „Das Ganze beruht auf Synästhesien" (ebd.: 166), so heißt es. Wenn die Helligkeit eines Bildes verändert werde, ändere sich auch das daran geknüpfte Gefühl. Die Verbindungen zwischen den sensuellen Repräsentationssystemen sind es mithin, die im NLP genutzt werden, um das Erleben zu verändern.

Im NLP wird der Mensch als gehirnphysiologisch gesteuerter Filter der durch die fünf Sinne vermittelten Wahrnehmungen gedeutet, wobei der Filter entlang von Deutungsmustern funktioniert, die dann, sprachlich geordnet, die Gedanken, Handlungen und Verhaltensweisen lenken.

Generell gehen Kurzzeittherapien davon aus, die Beseitigung einer psychischen Störung werde durch eine Unterbrechung der Wechselwirkungen zwischen Individuum und Wirklichkeit möglich, wenn eine Situation einer neuartigen Betrachtungsweise unterworfen und die ihr zugehörigen Wahrnehmungen und Erfahrungen verändert werden.[11] Aus dem methodischen Vorrat hierzu bevorzugter Techniken entnahmen Bandler und Grinder, was bereits Virginia Satir empfahl, wenn sie initiierte, „zurückzugehen und alles mit neuen Augen zu sehen" (Grinder/Bandler 1988: 262).

Während die Metaphorik, die in einer solchen Umschreibung einer psychotherapeutischen Anleitung steckt, nur anzudeuten vermag, in welche Richtung sie zielt, gibt ihr NLP eine klare Struktur. Es lehrt „spezifische, einfache Prinzipien [...] um ihr eigenes Gehirn zu steuern" (Bandler 1995: 14). Allerdings zielt NLP nicht darauf ab, gleichsam die „Daten" einer persönlichen Geschichte und mithin ihren Inhalt zu verändern. Ziel ist, das „Programm" umzuschreiben, mit dem eine Person ihre Vergangenheit, Gegenwart und Zukunft kognitiv und emotional organisiert.

Zu den entscheidenden Merkmalen des Subjekts zählte in der bürgerlichen Gesellschaft seine Geschichte, die als Ansammlung subjektiver Erfahrungen die Individualität prägte. Die Identität eines Menschen schien unlösbar mit seiner Geschichte verbunden, aus der sich sein persönliches Profil ergab. Während die Langzeittherapien in der Regel bei der Bearbeitung psychischer Probleme an der Geschichte einer Person ansetzten, ignorieren die Methoden des NLP weitgehend deren Inhalte. „Jeder ist in der Lage, sich so zu ändern, wie er es sich vorstellt", heißt es in einem der Bücher von Bandler und Grinder (vgl. Grinder/Bandler 1988: 43). Die Geschichte eines Menschen sei ein konstruierter Mythos, der sich beliebig umschreiben lasse. Die überkommenen Erinnerungen an die Vergangenheit seien durch eine konstruierte Geschichte zu ersetzen. Problematische Erfahrungen, konfliktreiche Emotionen und belastende Vorstellungen aus der Vergangenheit seien durch eine Transformation der subjektiven Repräsentationsmodelle zu entlasten, so lautet das Versprechen des NLP, dessen Begründer propagieren, man könne damit „Frösche in Prinzen verwandeln".[12]

Durch die Annahme der Konstruiertheit subjektiver Befindlichkeiten entspricht NLP der epochalen Zäsur im postmodernen Bild des Menschen, dessen Entwicklungsfähigkeit allerdings in Abkehr von allen kulturpessimistischen Befürchtungen in einer Terminologie märchenhaft-magischer Perspektiven umschrieben wird. Fast hat es den Anschein, als solle im Horizont dessen dem Vorwurf begegnet werden, NLP führe zu

---

11 Reichlich Beispiele bringen hierfür die Beiträge in Watzlawick/Nardone (1999).
12 Der amerikanische Titel heißt „Frogs into Princes" und wird heute noch im NLP-Store von Richard Bandler in limitierter Zahl verkauft.

einer weiteren technischen Aneignung des Menschen. Obwohl die psychotechnischen Methoden dieser Kurzzeittherapie mediengerechten Denkmodellen der Programmierung und der Bildbearbeitung entsprechen, so beharren ihre Begründer darauf, dass der Impuls hierzu jeweils vom Subjekt selbst ausgehe. Etwaigen Ängsten, es sei durch NLP zu manipulieren, setzten sie das Argument entgegen, dass sich viele Menschen mit Antibiotika voll stopfen oder sich mit Kosmetika verändern. Manipulation, so ist ihren Aussagen zu entnehmen, gehöre zur Normalität, über die auch die interventionistische Therapie des NLP nicht hinausgehe. Sie allerdings verspreche gangbare Wege zu mehr Glück und Wohlbefinden (vgl. Bandler 1995: 21f.). „Schlechte Erfahrungen sollten nicht als Panoramafilm in unserem Leben ablaufen und gute als bloße Schnappschüsse", so erklären Bandler und Grinder das Ziel ihrer Methoden und verbinden damit den Appell: „Wir sind für unsere Gefühle selbst verantwortlich" (ebd.: 38).

Die mediale „Wahrheit" des Körpers

Trotz ihrer konstruktivistischen Prämissen beziehen sich die Methoden des NLP auf einen Bereich des Subjekts, das gleichsam als „Gralshüter" seiner Entwicklung erscheint: das Unbewusste. Jedes Individuum könne zwar auch bewusst wählen, wie es sich verändern wolle. NLP bietet allerdings auch Methoden, das Unbewusste zur Hilfe zu nehmen, um entweder Auskünfte über die Probleme eines Individuums zu erhalten oder sich die wünschenswerte Richtung seiner Entwicklung anzeigen zu lassen. Das entscheidende Medium für die Übermittlung der entsprechenden Botschaften ist der Körper, der die Botschaften des Unbewussten übermittelt.

Im NLP werden Körpersignale als verlässliche Indikatoren angesehen, an denen sich sprachliche Äußerungen auf ihren Wahrheitsgehalt überprüfen lassen. Da sich zwischen der primären und der sekundären Repräsentation zwangsläufig ein Informationsverlust aufgrund der Einschaltung des Bewusstseins und der Sprache ereigne, empfehlen die Begründer des NLP, den Signalen des Körpers zu vertrauen. Zwar sei die Sprache das Gedächtnis der Kultur, doch da sie im Bunde mit dem Bewusstsein stehe, seien verbale Aussagen an körperlichen Reaktionen zu überprüfen. Denn häufig treffe der Therapeut auf eine Inkongruenz, die etwa zum Ausdruck komme, wenn jemand auf die Frage, wie er sich fühle, antworte: „ganz gut" und dabei seufze und den Kopf senke.

Die Begründer des NLP gehen davon aus, dass sich jeder Mensch durch Repräsentationssysteme charakterisieren lasse, die durch ein simples Verfahren der Beobachtung seiner sensorischen Signale zu bestimmen seien. An den Bewegungen der Augen sei abzulesen, ob auf eine Frage etwa visuell, auditiv oder kinästhetisch geantwortet werde. An einem Beispiel illustriert Bandler die Funktionsweise dieser Organisiertheit, die einen Zugang zur therapeutischen Arbeit mit den Submodalitäten erlaube und gleichzeitig Einblicke in Inkongruenzen biete. Er fordert einen Seminarteilnehmer auf, „Eva" zu buchstabieren. Die Augen richten sich nach oben links, das heißt, er visualisiert eine erinnerte Vorstellung des Worts und überprüfe dann gefühlsmäßig, ob sie stimmt, durch ein Wandern der Augen nach unten rechts. Dann fordert Bandler ihn auf, das „v" durch ein „f" zu ersetzen und registriert als Folge ein leichtes Zucken in der Mitte des Rumpfes, mithin einen Wechsel von Gefühlen. Die Unstimmigkeit des Worts wurde registriert und führte zum Ergebnis „falsch". Visualisiert wurde daraufhin „Efeu" mit der entsprechenden Bewegung der Augen (vgl. Bandler/Grinder 1988: 46).

Es gibt eine Vielzahl von Beispielen, die Bandler und Grinder geben, um den Wert von nonverbalen Botschaften zu illustrieren. So fragten sie beispielsweise eine Frau, welche Schaltung ihr Auto habe und registrierten, dass sich die Muskulatur des Fußes spannte und dann ihre Augen signalisierten, dass sie sich bildhaft an die Schaltung ihres Wagens erinnerte. Diese Reaktionen zeigte sie noch bevor sie verbal antwortete (vgl. ebd.: 65). Nicht nur die Bewegungen der Augen erlauben im NLP Rückschlüsse auf die Situation des Klienten. Auch der Wechsel der Hautfarbe, die Veränderung der Muskelspannung, die Rhythmen des Atems oder Bewegungen von Körperteilen gelten als Kanäle, durch die sich die aktuelle Befindlichkeit einer Person artikuliere.

Die Begründer des NLP postulieren, dass der Körper in seinen Regungen kongruent sei, da er gehirnphysiologisch gesteuert auf die Umwelt wie auch auf seine eigenen Erfahrungen reagiere. Er könne aber auch genutzt werden, um das Gehirn zu instruieren, wie es Gefühle, Bilder und auditive Reize zu organisieren habe. Bandler und Grinder propagieren, dass durch Interventionen, die direkt auf den Körper einwirken, die Arbeitsweise des Gehirns direkt zu beeinflussen sei. Hierzu wird der Körper nicht nur als Signalsystem und als Übermittler von Informationen genutzt, sondern auch als Anker. Wie Bandler und Grinder konstatieren, sind wir allerorten von solchen Ankern umgeben. Wenn etwa jemand über eine Schiefertafel kratzt, entstehen sofort eine Vielzahl von Gefühlen oder Bildern aus der Schulzeit.

Ein solcher Reaktionszusammenhang sei in der Therapie produktiv zu nutzen. Dies illustrieren die Begründer des NLP beispielsweise an einer problematischen Ehesituation von Klienten, in der die Ehefrau voller Kritik an ihrem Mann war. In der Therapie wurde sie darin unterwiesen, sich gute Erinnerungen ihrer gemeinsamen Vergangenheit vorzustellen und dabei die Handflächen aufeinander zu legen und das gute Gefühl zu halten. Dann sollte sie sich ein Verhalten ihres Mannes in der Vorstellung ansehen, das sie früher störte und dann die Handflächen aufeinanderlegen. Diesen Prozess begleitete der Therapeut mit der Bemerkung, in ihren Handflächen berge sie die Fähigkeit, an einem Menschen all die Eigenschaften zu schätzen und zu genießen, die ihn einzigartig und individuell machten (vgl. Grinder/Bandler 1988: 176).

Solche Methoden modifizieren grundlegend den Entwurf des idealtypischen Subjekts der westlichen Welt. Gehörte zu ihm die klare Hegemonie des Geistes und des Bewusstseins über den Körper, so empfehlen die Begründer des NLP, das Bewusstsein beiseite zu lassen, es sei „der beschränkteste und am wenigsten verlässliche Teil der Persönlichkeit" (ebd.: 238). Den Körper installieren sie hingegen als entscheidenden Ort für die Initiierung persönlicher Veränderungen, die auf der Basis seiner sensuellen Auskünfte eingeleitet und durch körperliche Ankerung fixiert werden.

Die Signale des Körpers, deren Auskunft im NLP eine höhere Genauigkeit zugeschrieben wird als verbalen Aussagen, stehen für eine „Wahrheit", die sich von dem universalistischen Wahrheitsbegriff der bürgerlichen Gesellschaften grundsätzlich unterscheidet. Sie installierten den Körper als Sensor, der im Rahmen einer objektivistischen Epistemologie lediglich die Daten für eine geistige Erkenntnisleistung zu liefern hatte. Im Unterschied dazu nutzen die Begründer des NLP den Körper als Medium, das über den subjektiv wahren Bezug eines Menschen zu sich selbst und zur Welt Auskunft zu geben hat. Während der Körper im bürgerlichen Zeitalter essentialistisch mit den Attributen einer biologischen Materialität bedacht wurde, dient er im NLP als Informationsquelle, in der die Daten des Subjekts zuverlässiger gespeichert sind als in seinem Bewusstsein. Hatte seit der Aufklärung der Geist das Materielle und Körperliche adäquat zu erfassen, so repräsentiert im NLP der Körper den geistig-seelischen Zustand des Subjekts.

Der Zutritt zum „Zauberland"

Die Medizin akzeptiere inzwischen, dass sich die Menschen selbst krank machen und viele Symptome psychosomatische Ursachen haben. Von einer engen Verbindung zwischen Körper und Seele werde inzwischen selbstverständlich ausgegangen, ohne allerdings den Körper als Kommunikationssystem seelischer Dispositionen in aller Konsequenz ernst zu nehmen, dies konstatieren die Protagonisten von NLP. Sie propagieren, den Körper nicht nur als Ort der Manifestation psychischer Leiden, sondern als Medium individueller Veränderungspotentiale zu nutzen. Sie empfehlen, ihn als Kommunikator der Instanz im Subjekt anzusehen, die persönlichen Veränderungen aus seinem Innersten heraus die Richtung anzeigt. Sie begreifen das Unbewusste als den Kern der Persönlichkeit, der aus der Tiefe der Seele als Lehrmeister des Therapeuten anzurufen ist. Gesucht wird in der Therapie die Kommunikation mit dem Unbewussten, das als weise, ja geradezu als allwissend betrachtet wird (vgl. ebd.: 181).

Die hierzu nötigen Informationen verschaffen sich die NLP-Therapeuten gerne, indem sie den Klienten in Trance versetzen. Denn dabei werde das Bewusstsein ausgeschaltet und die Kommunikation mit dem Unbewussten qua Körpersignale intensiviert. In einem der NLP-Bücher wird eine solche Prozedur geschildert (vgl. Bandler/Grinder 1988: Kap. 3). Dick, der Klient, wollte sich von einem zwanghaften Verhalten befreien. Der Therapeut sprach daraufhin direkt das Unbewusste an und beteuerte, dass er keine Änderung herbeiführen werde, bevor nicht der Teil von Dick, der für das Verhalten verantwortlich ist, durch eine Alternative zufriedengestellt wäre. Dann suchte der Therapeut nach dem körperlichen Merkmal, das im Zusammenhang mit der Thematisierung des besagten zwanghaften Musters auftrat. Dieses körperliche Signal wurde nun als Kommunikator benutzt. Es handelte sich um ein Pochen in der Magengegend. Der Therapeut forderte, dass es sich verstärke, wenn das Unbewusste mit ja und dass es sich abschwäche, wenn es mit nein antworten wolle.

Im nächsten Schritt fragte er Dick, ob das Unbewusste ihn wissen lassen wolle, was es mit dem zwanghaften Verhalten für Dick tue. Daraufhin lächelte Dick breit, er erhielt das vereinbarte Signal für „Ja" und in sein Bewusstsein trat die Information über die Absicht des Unbewussten. Daraufhin bedankte sich der Therapeut bei diesem für die Kooperationsbereitschaft. In einem nächsten Schritt wurde der kreative Teil von Dick aufgefordert, Verhaltensweisen auszusuchen, die einen entsprechenden Effekt bewirken. Nachdem er ein körperliches Ja-Signal erhielt, wandte sich der Therapeut an den Teil des Unbewussten, der für das zwanghafte Verhalten verantwortlich war und fragte, ob es bereit wäre, eine der neuen Verhaltensweisen als adäquate Lösung anzunehmen. Wie Dick körperlich erfuhr, nahm es den Vorschlag an. In einem letzten Schritt folgte die so genannte „ökologische Überprüfung", die im NLP eine zentrale Funktion hat. Sie hat sicherzustellen, ob es einen Teil im Unbewussten gebe, der gegen das neue Verhalten Einwände erhebe. Wenn ein Körpersignal „Ja" bedeutete, dann musste die Prozedur wiederholt werden; wenn es ein „Nein" gab, dann war das neue Verhalten gleichsam in den Handlungsmodus der Person integriert.

Trotz der konstruktivistischen Visionen einer Umprogrammierbarkeit des Menschen, beruht NLP auf der Annahme einer im Individuum tätigen Instanz, die seine Kongruenz herstellt und gleichzeitig Potentiale zur Veränderung anbietet, die gleichsam in den Tiefen des Subjekts begründet liegen und über sein Wohl wachen. Es wird mit einer Weisheit des Unbewussten gerechnet, die den Weg zur Optimierung einer Persönlichkeit besser anzuzeigen weiß als das bewusste Subjekt oder der Therapeut.

Die Richtung einer gedeihlichen Entwicklung des Subjekts lasse sich besonders in Trancezuständen feststellen, so betonen Bandler und Grinder. In einer solchen Situation seien die Menschen wesentlich scharfsinniger und kritischer als sonst. „Es ist sehr schwierig, jemanden in Trance dazu zu bewegen, etwas zu tun, was nicht gut und sinnvoll für ihn ist" (Grinder/Bandler 1988: 48). Die Begründer des NLP gehen davon aus, dass es jenseits der konstruierten Glaubenssysteme und der Modelle, die sich Klienten und Therapeuten machen, Instanzen im Menschen gibt, die klüger und weitsichtiger sind als er selbst.

In dieser Annahme mag teilweise begründet liegen, dass NLP für die spirituelle Bewegung anschlussfähig wird. Denn auch sie propagiert ein „höheres Selbst", das Auskunft über den probaten Weg der Entwicklung eines Subjekts zu geben vermag. Es scheint kaum ein Unterschied zu bestehen, ob in der spirituellen Bewegung vom „geistigen Führer" gesprochen wird oder ob im NLP für die therapeutische Situation der Rat erteilt wird, direkt zum „Chef" zu gehen, womit das Unbewusste und sein Potential gemeint wird, die Wege einer günstigen Veränderung einer Person zu steuern (vgl. ebd.: 135).

Auch in einigen Verfahrensweisen korrespondiert NLP mit Praktiken, die in spirituellen Seminaren gepflegt oder in der Wellness-Literatur als Weg zum Wohlbefinden propagiert werden. Hierzu gehört etwa die Arbeit mit bildhaften Vorstellungen, mit einem auditiven Input sowie mit kinästhetischen Zuständen, die initiiert werden, um in einer Person die Offenheit für Botschaften des „höheren Selbst" zu schaffen. NLP und die Esoterik weisen Ähnlichkeiten auf, da es in beiden Bewegungen darum geht, veränderte Bewusstseinszustände etwa mit dem Mittel der Versenkung herbeizuführen. Vor allem in dem Buch „Therapie in Trance" dient eine geschaffene Unabhängigkeit von gegenwärtigen Raum-Zeit Koordinaten der Öffnung für eine veränderte Wahrnehmung, die zu den erklärten Zielen vieler gegenwärtig populärer spiritueller Richtungen zählt.

Wie diese, so propagieren auch die Protagonisten des NLP, dass jeder Mensch für sein eigenes Leben, für sein Glück und Erfolg selbst verantwortlich sei. Denn jeder konstruiere sich sein Selbstbild wie seine Weltsicht selbst. Während allerdings in der esoterischen Szene die Übernahme einer entsprechenden Selbst-Verantwortung mit Seminarangeboten in Aussicht gestellt wird, in denen interessierte Menschen eher nach dem Verfahren des trial and error auf die Suche nach ihrer persönlichen Umprogrammierung geschickt werden, bietet NLP eine theoretisch scheinbar konsistente und methodisch gesicherte Anleitung, der „Magie" in der subjektiven Transformation eine Struktur zu geben.

Diese Perspektive kann möglicherweise erklären, weshalb die Methoden des NLP in der Esoterikbewegung großen Anklang finden. Es scheint so, als handle es sich um korrespondierende Bewegungen. Wenn im NLP mit Visualisierungen gearbeitet wird, die beispielsweise das subjektive Erleben sprichwörtlich aufhellen, so weist eine solche Methode durchaus eine Analogie zu der spirituellen „Lichtarbeit" auf.[13] Indem im NLP Bilder von Wünschbarkeiten eingesetzt werden, so ähnelt die dabei angewandte Strategie den Methoden, die Bärbel Mohrs Anweisungen für Bestellungen im Universum zu einem Bestseller machten (vgl. Mohr 2003). Allerdings bietet NLP theoretische Erklärungen, die durch ihre gehirnphysiologischen Bezüge bestechen.

Nicht zu entscheiden ist, ob es sich im NLP um eine Spiritualisierung der therapeutischen Interventionen handelt, oder ob die Methoden der Kurzzeittherapie zu einer Technisierung des Unbewussten führen. Vermutlich korrelieren diese beiden Entwicklungen in einer Beschäftigung mit Repräsentationsprozessen, deren Magie strukturiert und gleichzeitig mit einem Fluchtpunkt ausgestattet wird, der die Psycho-Technisierung der Repräsentationsmodi mit einer Ressource ausstattet. Es handelt sich dabei um eine terra incognita, die durch die Schaffung neuer „Landkarten" zu erkunden ist.

Epistemologische Rationalisierung des Irrationalen

Die Begründer von NLP argumentieren an mehreren Stellen, dass sie nicht wissen, wie die Dinge „wirklich sind". Sie operieren vielmehr mit Glaubenssystemen und bekennen sich zu „Täuschungen" und „Lügen". Gerechtfertigt scheint ihnen dies alles, da stets Modelle konstruiert würden, ihnen allerdings gehe es darum, nützliche Konstruktionen anzubieten. „Wir nennen uns Modellbauer", so konstatieren sie und ergänzen: „Wir bieten nicht die Wahrheit, sondern Dinge, die nützlich sind [...]" (Grinder/Bandler 1988: 23).

Ob sie sich theoretisch und praktisch auf ein tatsächlich vorhandenes Gebiet beziehen oder mit ihren „Landkarten" reine Fiktionen schaffen, gehört nicht zu den Fragen, die Bandler und Grinder beunruhigen. So betonen sie etwa, nicht zu wissen, ob das Unbewusste tatsächlich existiert oder während der Therapie geschaffen wird. „Ich erbitte es und erhalte es" (Bandler/Grinder 1988: 183), so lautet ihr Kommentar, der sich kurzerhand der Problematik der konstruktivistischen Kultur entledigt, die gegenwärtig noch nach den Grenzen der Bedeutungskonstruktion fragt. Während diese Perspektive in der Dichotomie befangen ist, die im Sinne des aufgeklärten bürgerlichen Zeitalters den Geist von der Materie, die Technik vom Körper und die Sprache von der Realität unterscheidet, wirkt NLP auf eine neuartige Wissensordnung hin. Sie eröffnet im Unterschied zum objektivistischen Zeitalter eine subjektivistische

---

13 Lichtfokus heißt die Zeitschrift für Lichtarbeiter.

Epistemologie, deren Magie die Ressourcen der Zukunft zu liefern scheint.

Auf die Frage hin, ob die bemerkenswerten Erfolge des NLP selbst bei neurologischen Schäden als „Wunderheilung" zu bezeichnen seien, findet sich die Antwort: „Ich weiß es nicht" (ebd.: 234). Weiter heißt es:

„Vielleicht stimmt in Wirklichkeit *alles* nicht. Ich weiß es nicht. Die Wunderheiler stellen ebenfalls einen Kontext her, in dem die logische Reaktion ist, dass man sich ändert, und sie beherrschen ihre Arbeit viel besser als so mancher Therapeut. Oft arbeiten sie erfolgreicher als unsere Studenten, denn sie haben zunächst sich selbst von dem, was sie tun, überzeugt. Deswegen sind sie in ihrer Arbeit viel kongruenter." (Bandler/Grinder 1988: 234)

An der Kurzzeittherapie des NLP fällt neben ihrer besonderen Beachtung der Repräsentationsweisen auf, dass für ihre Praxis die Kongruenz[14] von zentraler Bedeutung ist. Sie gilt als Zauberstab einer überzeugenden Persönlichkeit, deren Magie in der Vertrauens- und Glaubwürdigkeit liege. Ein erfolgreicher Therapeut müsse in sich selbst kongruent und von seinen Maßnahmen vollkommen und uneingeschränkt überzeugt sein. Wenn er in seinem Verhalten Inkongruenzen aufweise, so gefährde er den Erfolg der Therapie. Entscheidend hierfür sei auch die Kongruenz zum Klienten. Denn das, was der Therapeut sagt und das, was der Klient mit seinen Sinnen in einer konkreten Situation fühlt, sei die Voraussetzung für eine Glaubwürdigkeit, die für den Erfolg der therapeutischen Interventionen das entscheidende Vertrauensverhältnis bilde.

Selbstverständlich wird vom Therapeuten erwartet, dass er während der Therapie seine Submodalitäten denen des Klienten anpasst und auch darauf achtet, in seinen Äußerungen die Erlebnisdimensionen des Klienten zu erfassen, wenn er ihn etwa in die Trance führen will. Behauptet er etwa, der Patient sei entspannt, da er auf einem weichen Stuhl sitze, dieser aber tatsächlich hart sei, so zerstöre er die Bedingung, in der sich der Klient auf den Therapeuten vertrauensvoll einlasse. Verliere der Therapeut durch einen solchen Fehlgriff in der Repräsentation der Umstände, die den Klienten umgeben, seine Glaubwürdigkeit, so könne die Therapie nicht zum Erfolg führen.

Dem Therapeuten wird geraten, dass er in seinem ganzen Verhalten sowohl die realen Umstände des Klienten wie dessen Repräsentationsweisen angemessen repräsentiere. Diese Fähigkeit gilt allerdings im NLP generell als Bedingung einer erfolgreichen Kommunikation, die an die Kongruenz der Repräsentationsmodi gebunden wird. Strategisch die Sympathie für die eigene Person zu steigern, gehört ebenso zu den Empfehlungen des NLP wie die Aussicht, in zwischenmenschlichen Bezie-

---

14 Behandelt wird dieser Aspekt vor allem in Grinder/Bandler 1988: 17 ff. u. Kap 2.

hungen durch die Berücksichtigung der Repräsentationsweisen des Partners das Zusammenleben harmonisch zu gestalten. Kongruenz ist hierfür das Zauberwort, das solche irrationalen Faktoren wie Akzeptanz, Glaubwürdigkeit und Vertrauenswürdigkeit von den Repräsentationsmodalitäten einer kommunikativen Situation abhängig, sie damit einer rationalen Erklärung und damit auch einem strategischen Einsatz zugänglich macht.

In den Medien, in den Politikwissenschaften wie auch in der Ökonomie gewinnt das Thema Glaubwürdigkeit an Bedeutung. Reagiert wird hiermit nicht nur auf die Vervielfältigung der Repräsentationsmodi und auf ihren Verlust an Verlässlichkeit. Dem Vertrauen und der Glaubwürdigkeit wird gegenwärtig auch deshalb eine entscheidende Bedeutung zuerkannt, da für eine Gesellschaft, die beginnt, ihre Transaktionskosten zu berechnen, die Ethik des Vertrauens und der Glaubwürdigkeit sich als billiger erweist, als alle geschäftlichen und organisatorischen Beziehungen juristisch kontrollieren und formal regeln zu wollen. Die Neue Institutionenökonomik behandelt beispielsweise ausführlich den Faktor der Glaubwürdigkeit[15], die in der Postmoderne das magische Netz zu bieten scheint, den sozialen Verhältnissen den nötigen Halt zu geben.

Paradox scheint, dass dieser Halt von einem äußerst nebulösen Phänomen erwartet wird. Zwar gehört es in die Reichweite der Bewusstseinsforschung. Doch zu einer Aufklärung dessen, was Glaubwürdigkeit begründet, hat sie noch nicht gefunden. NLP hat zwar im Konzept der Kongruenz eine Annäherung gesucht, seine Begründer aber konzedieren, dass es noch weitere paranormale Erscheinungsformen dessen zu entdecken gebe. In der Umschreibung ihrer explorativen Bemühungen betonen sie: „Zur Zeit hat das Wort ‚übersinnlich' in der Psychologie dieselbe Bedeutung wie das Wort ‚lebensfähig' in der Medizin" (Bandler/Grinder 1988: 277).

Diese Analogie verweist auf Unerklärtes, das die Technisierung stets zu ihrer Fortschreibung voraussetzte. Seit der reduktionistischen Aneignung des Lebendigen durch die Molekularbiologie und die Gentechnologie wird diese Funktion dem „mind" oder dem Bewusstsein zugewiesen. Dabei wird, wie überhaupt in den Bewegungen, die gegenwärtig im weitesten Sinne dem Human Ressource Management zuzuordnen sind, neben den Anweisungen zur Umprogrammierung des Menschen auf die Potentiale eines autonomen Selbst verwiesen (vgl. Weiskopf 2003), die freilich in Bereiche hineinragen, die sicherzustellen haben, dass sich die Technisierung fortschreiben kann, dabei aber stets noch Bereiche vorfindet, die ihr als Ressource dienen.

In einem Beitrag, der einen jüngst erschienenen Sammelband über Menschenregierungskünste einleitet, heißt es:

---

15 Siehe hierzu Richter/Furubotn (1999).

„Das Hervorbrechen des Lebendigen und sein unterschwelliges Brodeln mani-
festieren sich in einer ‚konstitutiven Verrücktheit‘, die verhindert, dass sich
die ‚Systeme‘ reibungslos reproduzieren. Sie *beinhalten* ein Moment, das ihnen fremd ist, ein Element, das zugleich notwendiger Bestandteil ist und erst
das ‚Funktionieren‘ ermöglicht – zugleich aber auch verunmöglicht.“ (Weiskopf 2003a: 18)[16]

Auch in der bürgerlichen Gesellschaft galt es als selbstverständlich, eine
Sphäre im Subjekt anzunehmen, die kreative Prozesse freisetzte. Max
Weber bekannte sich beispielsweise 1919 in seinem Vortrag „Wissenschaft als Beruf“ zum „Einfall“, als er auf die Quelle des Schöpferischen
der wissenschaftlichen Arbeit einging. „[...] er kommt, wenn es ihm,
nicht, wenn es uns beliebt“ (Weber 1922: 532), so betonte er, ohne allerdings näher auszuführen, woher „Eingebungen“ kommen. Heute steht
die Sphäre, aus der Kreativität hervorbricht und die zu einer Reorganisation von Denkmodellen führen kann, im Zentrum des wissenschaftlichen
Interesses an Repräsentationsweisen. Sie mit der Metapher des Lebendigen zu bezeichnen, ist nach wie vor üblich, obwohl es sich im Kontext
der Bewusstseinsforschung im Begriff des Paranormalen zu manifestie-
ren scheint.

Dabei geht es nicht nur wie generell im Human Ressource Management darum, „to tame the intrinsically nomadic forces of reality“ (Weiskopf 2003: 19). Das Nomadenhafte wird im NLP um Dimensionen er-
weitert, die bis ins Magische hineinreichen. Therapeuten geben die Begründer des NLP beispielsweise den Rat: „Sie müssen mit ihrem ganzen
Verhalten verbal und nonverbal vermitteln, dass alles so eintreten wird,
wie sie es sagen – und es wird eintreten“ (Grinder/Bandler 1988: 110).
Man müsse den Leuten Selbsttäuschungen schaffen, die sinnvoller seien,
als die, die sie schon haben, so betonen sie. Denn Bandler und Grinder
sind davon überzeugt, dass Glaubenssysteme die Welt regieren, aber
manchmal schlecht für die Menschen seien.

Entsprechend beklagen sie, dass in unserer Kultur das Potential, das
im Placebo-Effekt stecke, nicht systematisch genutzt werde. „Uns geht
es nicht darum, was ‚wahr‘ ist oder nicht, sondern darum, welches Glau-
benssystem nützlich ist, um als Kommunikator aus ihm heraus zu operieren“ (Bandler/Grinder 1988: 202), so betonen sie und überantworten
damit die Wissensgesellschaft dem Triebsand ihrer Glaubenssysteme,
die sie in der Wissensordnung des NLP verabsolutieren.

Dass die Erforschung des Placebo-Effektes vermutlich Antworten auf
die radikalkonstruktivistische Frage verspricht, wie wir wissen, was wir
zu glauben wissen[17], zeichnete sich auf einer vor wenigen Jahren am

---

16 Vgl. auch ebd.: S. 9-33.
17 Im Untertitel seines Buches stellt Watzlawick diese Frage (vgl. Watzlawick
    1997).

MIT in Cambridge veranstalteten Konferenz ab. „Placebos are the ghosts, that haunt our house of biomedical objectivity, the creatures that rise up from the dark and expose the paradoxes and fissures in our own self-created definitions of the real and active factors in treatment" (Harrington 1997:1), so heißt es in einem Beitrag, der die epistemologische Auseinandersetzung mit dem Effekt des Placebo als Ausweg aus dem „unspezifischen Rauschen" empfiehlt, das diesen Bereich umgibt. Auf diesem Wege sei zu lernen, was es heißt, eine Wissenschaft zu schaffen, die differenziert und komplex genug ist, um allem gerecht zu werden, das zum Menschsein gehört (ebd.: 8). Den Blick darauf zu erweitern, verspricht die gegenwärtig avisierte Bewusstseinsforschung, die NLP um einige Perspektiven bereichert. Auf der breiten Schwelle zwischen Wissen und Glauben wird dabei eine Wissensordnung ausgehandelt, die den Raum zwischen psyche und soma, auf dem sich die Verkörperung und Verwirklichung der künftigen technischen und psychopolitischen Realität entscheidet, durch neue Landkarten zur Besiedelung freigibt.

Literatur

Bandler, Richard (1995): Veränderung des subjektiven Erlebens. Fortgeschrittene Methoden des NLP, Paderborn.

Bandler, Richard / Grinder, John (1988): Neue Wege der Kurzzeit-Therapie. Neurolinguistische Programme, Paderborn.

Bandler, Richard / Grinder, John (1994): Metasprache und Psychotherapie. Struktur der Magie I. (8. Aufl.), Paderborn (Orig. 1981)

Bandler, Richard / Grinder, John (1994a): Kommunikation und Veränderung. Die Struktur der Magie II. (6. Aufl.), Paderborn (Orig. 1982)

Biagioli, Mario (Hg., 1999): The Science Studies Reader, New York.

Grinder, John / Bandler, Richard (1988): Therapie in Trance. Hypnose: Kommunikation mit dem Unbewussten (3. Aufl.), hg. von Connirae Andreas, Stuttgart.

Grinder, Michael (2003): NLP für Lehrer: ein praxisorientiertes Arbeitsbuch, Kirchzarten.

Haraway, Donna (1995): Die Neuerfindung der Natur. Primaten, Cyborgs und Frauen, Frankfurt a.M./New York.

Harding, Sandra (1986): The Science Question in Feminism, Ithaca.

Harrington, Anne (1997): Introduction. In: dies. (Hg.), The Placebo Effect. In Interdisciplinary Exploration, Cambridge, Mass., S. 1.

Kraft, Peter B. (2000): NLP-Handbuch für Anwender: NLP aus der Praxis für die Praxis, Paderborn.

Kohlmey, Caroline (2001): NLP in der sozialen Arbeit: ein Praxis-Handbuch, Paderborn.

Lyotard, Jean-Francois (1999): Das postmoderne Wissen, hg. von Peter Engelmann, Wien.

Maar, Christa / Pöppel, Ernst / Christaller, Thomas (Hg, 1996): Die Technik auf dem Weg zur Seele. Forschungen an der Schnittstelle Gehirn/Computer, Reinbek.

Metzinger, Thomas (1999): Willensfreiheit, transparente Selbstmodellierung und Anthropologiefolgenabschätzung. In: Meyer-Krahmer, Frieder; Lange, Siegfried (Hg.), Geisteswissenschaften und Innovationen, Heidelberg, S. 120ff.

Mohr, Bärbel (2003): Bestellungen beim Universum. Ein Handbuch zur Wunscherfüllung (18. Aufl.), Düsseldorf, (Orig. 1998).

Richter, Rudolf / Furubotn, Erik G. (1999): Neue Institutionenökonomik, Tübingen.

Sarasin, Philipp / Tanner, Jakob (Hg., 1998): Physiologie und industrielle Gesellschaft. Studien zur Verwissenschaftlichung des Körpers im 19. und 20. Jahrhundert, Frankfurt a.M.

Schmid, Wilhelm (1991): Auf der Suche nach einer neuen Lebenskunst. Die Frage nach dem Grund und die Neubegründung der Ethik bei Foucault, Frankfurt a.M.

Schmidt-Tanger, Martina (1999): Veränderungscoaching: kompetent verändern; NLP im Changemanagement, im Einzel- und Teamcoaching (2. Aufl.), Paderborn.

Watzlawick, Paul (Hg, 1997).: Die erfundene Wirklichkeit. Wie wissen wir, was wir zu wissen glauben? Beiträge zum Konstruktivismus (9. Aufl.), München/Zürich.

Watzlawick, Paul / Nardone, Giorgio (Hg., 1999): Kurzzeittherapie und Wirklichkeit, München/Zürich.

Weber, Jutta / Bath, Corinna (Hg., 2003): Turbulente Körper, soziale Maschinen. Feministische Studien zur Technowissenschaftskultur, Opladen.

Weber, Max (1922): Wissenschaft als Beruf. In: ders.: Gesammelte Aufsätze zur Wissenschaftslehre, Tübingen, S. 524-555.

Weiskopf, Richard (2003): Management, Organisation, Poststrukturalismus. In: ders. (Hg.), Menschen-Regierungskünste, Opladen, S. 9-33.

Weiskopf, Richard (Hg., 2003a): Menschen-Regierungskünste. Anwendungen poststrukturalistischer Analyse auf Management und Organisation, Opladen.

Posthumanist Performativity: Toward an Understanding of How Matter Comes to Matter

KAREN BARAD

> „Where did we ever get the strange idea that nature – as opposed to culture – is ahistorical and timeless? We are far too impressed by our own cleverness and self-consciousness. [...] We need to stop telling ourselves the same old anthropocentric bedtime stories." (Steve Shaviro 1997)

Language has been granted too much power. The linguistic turn, the semiotic turn, the interpretative turn, the cultural turn: it seems that at every turn lately every „thing" – even materiality – is turned into a matter of language or some other form of cultural representation. The ubiquitous puns on „matter" do not, alas, mark a rethinking of the key concepts (materiality and signification) and the relationship between them. Rather, it seems to be symptomatic of the extent to which matters of „fact" (so to speak) have been replaced with matters of signification (no scare quotes here). Language matters. Discourse matters. Culture matters. There is an important sense in which the only thing that does not seem to matter anymore is matter.

What compels the belief that we have a direct access to cultural representations and their content that we lack toward the things represented? How did language come to be more trustworthy than matter? Why are language and culture granted their own agency and historicity while matter is figured as passive and immutable, or at best inherits a potential for change derivatively from language and culture? How does one even go about inquiring after the material conditions that have led us to such a brute reversal of naturalist beliefs when materiality itself is always already figured within a linguistic domain as its condition of possibility?

It is hard to deny that the power of language has been substantial. One might argue too substantial, or perhaps more to the point, too substantializing. Neither an exaggerated faith in the power of language nor the expressed concern that language is being granted too much power is a novel apprehension specifically attached to the early twenty-first century. For example, during the nineteenth century Nietzsche warned against the mistaken tendency to take grammar too seriously: allowing linguistic structure to shape or determine our understanding of the world, believing that the subject and predicate structure of language reflects a prior ontological reality of substance and attribute. The belief that grammatical categories reflect the underlying structure of the world is a continuing seductive habit of mind worth questioning. Indeed, the representationalist belief in the power of words to mirror preexisting phenomena is the metaphysical substrate that supports social constructivist, as well as traditional realist, beliefs. Significantly, social constructivism has been the object of intense scrutiny within both feminist and science studies circles where considerable and informed dissatisfaction has been voiced.[1]

A *performative* understanding of discursive practices challenges the representationalist belief in the power of words to represent preexisting things. Performativity, properly construed, is not an invitation to turn everything (including material bodies) into words; on the contrary, performativity is precisely a contestation of the excessive power granted to language to determine what is real. Hence, in ironic contrast to the misconception that would equate performativity with a form of linguistic monism that takes language to be the stuff of reality, performativity is actually a contestation of the unexamined habits of mind that grant language and other forms of representation more power in determining our ontologies than they deserve.[2]

The move toward performative alternatives to representationalism shifts the focus from questions of correspondence between descriptions and reality (e.g., do they mirror nature or culture?) to matters of practices/doings/actions. I would argue that these approaches also bring to the forefront important questions of ontology, materiality, and agency, while

---

I would like to thank Sandra Harding and Kate Norberg for their patient solicitation of this article. Thanks also to Joe Rouse for his helpful comments, ongoing support, and encouragement, and for the inspiration of his work.

1   Dissatisfaction surfaces in the literature in the 1980s. See, e.g., Donna Haraway's „Gender for a Marxist Dictionary: The Sexual Politics of a Word" (originally published 1987) and „Situated Knowledges: The Science Question in Feminism and the Privilege of Partial Perspective" (originally published 1988); both reprinted in Haraway 1991. See also Butler 1989.

2   This is not to dismiss the valid concern that certain specific performative accounts grant too much power to language. Rather, the point is that this is not an inherent feature of performativity but an ironic malady.

social constructivist approaches get caught up in the geometrical optics of reflection where, much like the infinite play of images between two facing mirrors, the epistemological gets bounced back and forth, but nothing more is seen. Moving away from the representationalist trap of geometrical optics, I shift the focus to physical optics, to questions of diffraction rather than reflection. Diffractively reading the insights of feminist and queer theory and science studies approaches through one another entails thinking the „social" and the „scientific" together in an illuminating way. What often appears as separate entities (and separate sets of concerns) with sharp edges does not actually entail a relation of absolute exteriority at all. Like the diffraction patterns illuminating the indefinite nature of boundaries – displaying shadows in „light" regions and bright spots in „dark" regions – the relation of the social and the scientific is a relation of „exteriority within". This is not a static relationality but a doing – the enactment of boundaries – that always entails constitutive exclusions and therefore requisite questions of accountability.[3] My aim is to contribute to efforts to sharpen the theoretical tool of performativity for science studies and feminist and queer theory endeavors alike, and to promote their mutual consideration. In this article, I offer an elaboration of performativity – a materialist, naturalist, and posthumanist elaboration – that allows matter its due as an active participant in the world's becoming, in its ongoing „intra-activity".[4] It is vitally important that we understand how matter matters.

From representationalism to performativity

> „People represent. That is part of what it is to be a person.
> [...] Not *homo faber*, I say, but *homo depictor*."
> (Ian Hacking 1983: 144, 132)

Liberal social theories and theories of scientific knowledge alike owe much to the idea that the world is composed of individuals – presumed to

---

3 Haraway proposes the notion of diffraction as a metaphor for rethinking the geometry and optics of relationality: „[F]eminist theorist Trinh Minh-ha [...] was looking for a way to figure ‚difference' as a ‚critical difference within', and not as special taxonomic marks grounding difference as apartheid. [...] Diffraction does not produce ‚the same' displaced, as reflection and refraction do. Diffraction is a mapping of interference, not of replication, reflection, or reproduction. A diffraction pattern does not map where differences appear, but rather maps where the *effects* of differences appear" (Haraway 1992: 300). Haraway (1997) promotes the notion of diffraction to a fourth semiotic category. Inspired by her suggestions for usefully deploying this rich and fascinating physical phenomenon to think about differences that matter, I further elaborate the notion of diffraction as a mutated critical tool of analysis (though not as a fourth semiotic category) in my forthcoming book (Barad forthcoming).

4 See Rouse 2002 on rethinking naturalism. The neologism *intra-activity* is defined below.

exist before the law, or the discovery of the law – awaiting/inviting rep-resentation. The idea that beings exist as individuals with inherent attrib-utes, anterior to their representation, is a metaphysical presupposition that underlies the belief in political, linguistic, and epistemological forms of representationalism. Or, to put the point the other way around, repre-sentationalism is the belief in the ontological distinction between repre-sentations and that which they purport to represent; in particular, that which is represented is held to be independent of all practices of repre-senting. That is, there are assumed to be two distinct and independent kinds of entities – representations and entities to be represented. The sys-tem of representation is sometimes explicitly theorized in terms of a tri-partite arrangement. For example, in addition to knowledge (i.e., repre-sentations), on the one hand, and the known (i.e., that which is purport-edly represented), on the other, the existence of a knower (i.e., someone who does the representing) is sometimes made explicit. When this hap-pens it becomes clear that representations serve a mediating function be-tween independently existing entities. This taken-for-granted ontological gap generates questions of the accuracy of representations. For example, does scientific knowledge accurately represent an independently existing reality? Does language accurately represent its referent? Does a given political representative, legal counsel, or piece of legislation accurately represent the interests of the people allegedly represented?

Representationalism has received significant challenge from feminists, poststructuralists, postcolonial critics, and queer theorists. The names of Michel Foucault and Judith Butler are frequently associated with such questioning. Butler sums up the problematics of political representation-alism as follows:

„Foucault points out that juridical systems of power *produce* the subjects they subsequently come to represent. Juridical notions of power appear to regulate political life in purely negative terms. [...] But the subjects regulated by such structures are, by virtue of being subjected to them, formed, defined, and re-produced in accordance with the requirements of those structures. If this analy-sis is right, then the juridical formation of language and politics that represents women as ‚the subject' of feminism is itself a discursive formation and effect of a given version of representationalist politics. And the feminist subject turns out to be discursively constituted by the very political system that is supposed to facilitate its emancipation." (Butler 1990: 2)

In an attempt to remedy this difficulty, critical social theorists struggle to formulate understandings of the possibilities for political intervention that go beyond the framework of representationalism.

The fact that representationalism has come under suspicion in the domain of science studies is less well known but of no less significance. Critical examination of representationalism did not emerge until the study of science shifted its focus from the nature and production of scientific knowledge to the study of the detailed dynamics of the actual practice of science. This significant shift is one way to coarsely characterize the difference in emphasis between separate multiple disciplinary studies of science (e.g., history of science, philosophy of science, sociology of science) and science studies. This is not to say that all science studies approaches are critical of representationalism; many such studies accept representationalism unquestioningly. For example, there are countless studies on the nature of scientific representations (including how scientists produce them, interpret them, and otherwise make use of them) that take for granted the underlying philosophical viewpoint that gives way to this focus – namely, representationalism. On the other hand, there has been a concerted effort by some science studies researchers to move beyond representationalism.

Ian Hacking's *Representing and Intervening* (1983) brought the question of the limitations of representationalist thinking about the nature of science to the forefront. The most sustained and thoroughgoing critique of representationalism in philosophy of science and science studies is to be found in the work of philosopher of science Joseph Rouse. Rouse has taken the lead in interrogating the constraints that representationalist thinking places on theorizing the nature of scientific practices.[5] For example, while the hackneyed debate between scientific realism and social constructivism moved frictionlessly from philosophy of science to science studies, Rouse (1996) has pointed out that these adversarial positions have more in common than their proponents acknowledge. Indeed, they share representationalist assumptions that foster such endless debates: both scientific realists and social constructivists believe that scientific knowledge (in its multiple representational forms such as theoretical concepts, graphs, particle tracks, photographic images) mediates our access to the material world; where they differ is on the question of referent, whether scientific knowledge represents things in the world as they really are (i.e., „Nature") or „objects" that are the product of social activities (i.e., „Culture"), but both groups subscribe to representationalism.

Representationalism is so deeply entrenched within Western culture that it has taken on a commonsense appeal. It seems inescapable, if not

---

5   Rouse begins his interrogation of representationalism in *Knowledge and Power* (1987). He examines how a representationalist understanding of knowledge gets in the way of understanding the nature of the relationship between power and knowledge. He continues his critique of representationalism and the development of an alternative understanding of the nature of scientific practices in *Engaging Science* (1996). Rouse proposes that we understand science practice as ongoing patterns of situated activity, an idea that is then further elaborated in *How Scientific Practices Matter* (2002).

downright natural. But representationalism (like „nature itself", not merely our representations of it!) has a history. Hacking traces the philosophical problem of representations to the Democritean dream of atoms and the void. According to Hacking's anthropological philosophy, representations were unproblematic prior to Democritus: „the word ‚real‘ first meant just unqualified likeness" (Rouse 1996: 142). With Democritus's atomic theory emerges the possibility of a gap between representations and represented – „appearance" makes its first appearance. Is the table a solid mass made of wood or an aggregate of discrete entities moving in the void? Atomism poses the question of which representation is real. The problem of realism in philosophy is a product of the atomistic worldview.

Rouse identifies representationalism as a Cartesian by-product – a particularly inconspicuous consequence of the Cartesian division between „internal" and „external" that breaks along the line of the knowing subject. Rouse brings to light the asymmetrical faith in word over world that underlines the nature of Cartesian doubt:

„I want to encourage doubt about [the] presumption that representations (that is, their meaning or content) are more accessible to us than the things they supposedly represent. If there is no magic language through which we can unerringly reach out directly to its referents, why should we think there is nevertheless a language that magically enables us to reach out directly to its sense or representational content? The presumption that we can know what we mean, or what our verbal performances say, more readily than we can know the objects those sayings are about is a Cartesian legacy, a linguistic variation on Descartes' insistence that we have a direct and privileged access to the contents of our thoughts that we lack towards the ‚external‘ world." (Rouse 1996: 209)

In other words, the asymmetrical faith in our access to representations over things is a contingent fact of history and not a logical necessity; that is, it is simply a Cartesian habit of mind. It takes a healthy skepticism toward Cartesian doubt to be able to begin to see an alternative.[6]

Indeed, it is possible to develop coherent philosophical positions that deny that there are representations on the one hand and ontologically separate entities awaiting representation on the other. A performative understanding, which shifts the focus from linguistic representations to discursive practices, is one such alternative. In particular, the search for alternatives to social constructivism has prompted performative ap-

---

6   The allure of representationalism may make it difficult to imagine alternatives. I discuss performative alternatives below, but these are not the only ones. A concrete historical example may be helpful at this juncture. Foucault points out that in sixteenth-century Europe, language was not thought of as a medium; rather, it was simply „one of the figurations of the world" (Foucault 1970: 56), an idea that reverberates in a mutated form in the posthumanist performative account that I offer.

proaches in feminist and queer studies, as well as in science studies. Judith Butler's name is most often associated with the term *performativity* in feminist and queer theory circles. And while Andrew Pickering has been one of the very few science studies scholars to take ownership of this term, there is surely a sense in which science studies theorists such as Donna Haraway, Bruno Latour, and Joseph Rouse also propound performative understandings of the nature of scientific practices.[7] Indeed, *performativity* has become a ubiquitous term in literary studies, theater studies, and the nascent interdisciplinary area of performance studies, prompting the question as to whether all performances are performative.[8] In this article, I propose a specifically posthumanist notion of performativity – one that incorporates important material and discursive, social and scientific, human and nonhuman, and natural and cultural factors. A posthumanist account calls into question the givenness of the differential categories of „human" and „nonhuman", examining the practices through which these differential boundaries are stabilized and destabi-

---

7   Andrew Pickering (1995) explicitly eschews the representationalist idiom in favor of a performative idiom. It is important to note, however, that Pickering's notion of performativity would not be recognizable as such to poststructuralists, despite their shared embrace of *performativity* as a remedy to representationalism, and despite their shared rejection of humanism. Pickering's appropriation of the term does not include any acknowledgement of its politically important – arguably inherently queer – genealogy (see Sedgwick 1993) or why it has been and continues to be important to contemporary critical theorists, especially feminist and queer studies scholars/activists. Indeed, he evacuates its important political historicity along with many of its crucial insights. In particular, Pickering ignores important discursive dimensions, including questions of meaning, intelligibility, significance, identity formation, and power, which are central to poststructuralist invocations of „performativity". And he takes for granted the humanist notion of agency as a *property* of individual entities (such as humans, but also weather systems, scallops, and stereos), which poststructuralists problematize. On the other hand, poststructuralist approaches fail to take account of „nonhuman agency", which is a central focus of Pickering's account. See Barad (forthcoming) for a more detailed discussion.

8   The notion of performativity has a distinguished career in philosophy that most of these multiple and various engagements acknowledge. Performativity's lineage is generally traced to the British philosopher J. L. Austin's interest in speech acts, particularly the relationship between saying and doing. Jacques Derrida is usually cited next as offering important poststructuralist amendments. Butler elaborates Derrida's notion of performativity through Foucault's understanding of the productive effects of regulatory power in theorizing the notion of identity performatively. Butler introduces her notion of gender performativity in *Gender Trouble*, where she proposes that we understand gender not as a thing or a set of free-floating attributes, not as an essence – but rather as a „doing": „gender is itself a kind of becoming or activity [...] gender ought not to be conceived as a noun or a substantial thing or a static cultural marker, but rather as an incessant and repeated action of some sort" (Butler 1990: 112). In *Bodies That Matter* (1993) Butler argues for a linkage between gender performativity and the materialization of sexed bodies. Eve Kosofsky Sedgwick (1993) argues that performativity's genealogy is inherently queer.

lized.[9] Donna Haraway's scholarly opus – from primates to cyborgs to companion species – epitomizes this point.

If performativity is linked not only to the formation of the subject but also to the production of the matter of bodies, as Butler's account of „materialization" and Haraway's notion of „materialized refiguration" suggest, then it is all the more important that we understand the nature of this production.[10] Foucault's analytic of power links discursive practices to the materiality of the body. However, his account is constrained by several important factors that severely limit the potential of his analysis and Butler's performative elaboration, thereby forestalling an understanding of precisely *how* discursive practices produce material bodies.

If Foucault, in queering Marx, positions the body as the locus of productive forces, the site where the large-scale organization of power links up with local practices, then it would seem that any robust theory of the materialization of bodies would necessarily take account of *how the body's materiality* – for example, its anatomy and physiology – *and other material forces actively matter to the processes of materialization.* Indeed, as Foucault makes crystal clear in the last chapter of *The History of Sexuality* (vol. 1), he is not out to deny the relevance of the physical body but, on the contrary, to

„[...] show how the deployments of power are directly connected to the body – to bodies, functions, physiological processes, sensations, and pleasures; far from the body having to be effaced, what is needed is to make it visible through an analysis in which the biological and the historical are not consecutive to one another [...] but are bound together in an increasingly complex fashion in accordance with the development of the modern technologies of power that take life as their objective. Hence, I do not envision a „history of mentalities" that would take account of bodies only through the manner in which they have been perceived and given meaning and value; but a ‚history of bodies' and the manner in which what is most material and most vital in them has been invested." (Foucault 1980a: 151-152)

---

9   This notion of posthumanism differs from Pickering's idiosyncratic assignment of a „*posthumanist* space [as] a space in which the human actors are still there but now inextricably entangled with the nonhuman, no longer at the center of the action calling the shots" (Pickering 1995: 26). However, the decentering of the human is but one element of posthumanism. (Note that Pickering's notion of „entanglement" is explicitly epistemological, not ontological. What is at issue for him in dubbing his account „posthumanist" is the fact that it is attentive to the mutual accommodation, or responsiveness, of human and nonhuman agents.)

10 It could be argued that „materialized refiguration" is an *enterprised up* (Haraway's term) version of „materialization", while the notion of „materialization" hints at a richer account of the former. Indeed, it is possible to read my posthumanist performative account along these lines, as a diffractive elaboration of Butler's and Haraway's crucial insights.

On the other hand, Foucault does not tell us in what way the biological and the historical are „bound together" such that one is not consecutive to the other. What is it about the materiality of bodies that makes it susceptible to the enactment of biological and historical forces simultaneously? To what degree does the matter of bodies have its own historicity? Are social forces the only ones susceptible to change? Are not biological forces in some sense always already historical ones? Could it be that there is some important sense in which historical forces are always already biological? What would it mean to even ask such a question given the strong social constructivist undercurrent in certain interdisciplinary circles in the early twenty-first century? For all Foucault's emphasis on the political anatomy of disciplinary power, he too fails to offer an account of the body's historicity in which its very materiality plays an *active* role in the workings of power. This implicit reinscription of matter's passivity is a mark of extant elements of representationalism that haunt his largely postrepresentationalist account.[11] This deficiency is importantly related to his failure to theorize the relationship between „discursive" and „nondiscursive" practices. As materialist feminist theorist Rosemary Hennessey insists in offering her critique of Foucault, „a rigorous materialist theory of the body cannot stop with the assertion that the body is always discursively constructed. It also needs to explain how the discursive construction of the body is related to nondiscursive practices in ways that vary widely from one social formation to another" (Hennessey 1993: 46).

Crucial to understanding the workings of power is an understanding of the nature of power in the fullness of its materiality. To restrict power's productivity to the limited domain of the „social", for example, or to figure matter as merely an end product rather than an active factor in further materializations, is to cheat matter out of the fullness of its capacity. How might we understand not only how human bodily contours are constituted through psychic processes but how even the very atoms that make up the biological body come to matter and, more generally, how matter makes itself felt? It is difficult to imagine how psychic and sociohistorical forces alone could account for the production of matter. Surely it is the case – even when the focus is restricted to the materiality of „human" bodies – that there are „natural", not merely „social", forces that matter. Indeed, there is a host of material-discursive forces – including ones that get labeled „social", „cultural", „psychic", „economic", „natural", „physical", „biological", „geopolitical", and „geological" – that may be important to particular (entangled) processes of materialization. If we follow disciplinary habits of tracing disciplinary-defined causes through to the corresponding disciplinary-defined effects, we will

---

11 See also Butler 1989.

miss all the crucial intra-actions among these forces that fly in the face of any specific set of disciplinary concerns.[12]

What is needed is a robust account of the materialization of *all* bodies – „human" and „nonhuman" – and the material-discursive practices by which their differential constitutions are marked. This will require an understanding of the nature of the relationship between discursive practices and material phenomena, an accounting of „nonhuman" as well as „human" forms of agency, and an understanding of the precise causal nature of productive practices that takes account of the fullness of matter's implication in its ongoing historicity. My contribution toward the development of such an understanding is based on a philosophical account that I have been calling „agential realism". Agential realism is an account of technoscientific and other practices that takes feminist, anti-racist, poststructuralist, queer, Marxist, science studies, and scientific insights seriously, building specifically on important insights from Niels Bohr, Judith Butler, Michel Foucault, Donna Haraway, Vicki Kirby, Joseph Rouse, and others.[13] It is clearly not possible to fully explicate these ideas here. My more limited goal in this article is to use the notion of performativity as a diffraction grating for reading important insights from feminist and queer studies and science studies through one another while simultaneously proposing a materialist and posthumanist reworking of the notion of performativity. This entails a reworking of the familiar notions of discursive practices, materialization, agency, and causality, among others.

I begin by issuing a direct challenge to the metaphysical underpinnings of representationalism, proposing an agential realist ontology as an alternative. In the following section I offer a posthumanist performative reformulation of the notion of discursive practices and materiality and theorize a specific causal relationship between them. In the final section I discuss the agential realist conceptions of causality and agency that are vital to understanding the productive nature of material-discursive practices, including technoscientific ones.

---

12 The conjunctive term material-discursive and other agential realist terms like intra-action are defined below.

13 This essay outlines issues I developed in earlier publications including Barad 1996, 1998a, 1998b, 2001b, and in my forthcoming book.

Toward a performative metaphysics

> „As long as we stick to things and words we can believe that we are speaking of what we see, that we see what we are speaking of, and that the two are linked." (Gilles Deleuze 1988: 65)

> „„Words and things' is the entirely serious title of a problem." (Michel Foucault 1972: 49)

Representationalism separates the world into the ontologically disjoint domains of words and things, leaving itself with the dilemma of their linkage such that knowledge is possible. If words are untethered from the material world, how do representations gain a foothold? If we no longer believe that the world is teeming with inherent resemblances whose signatures are inscribed on the face of the world, things already emblazoned with signs, words lying in wait like so many pebbles of sand on a beach there to be discovered, but rather that the knowing subject is enmeshed in a thick web of representations such that the mind cannot see its way to objects that are now forever out of reach and all that is visible is the sticky problem of humanity's own captivity within language, then it begins to become apparent that representationalism is a prisoner of the problematic metaphysics it postulates. Like the frustrated would-be runner in Zeno's paradox, representationalism never seems to be able to get any closer to solving the problem it poses because it is caught in the impossibility of stepping outward from its metaphysical starting place. Perhaps it would be better to begin with a different starting point, a different metaphysics.[14]

Thingification – the turning of relations into „things", „entities", „relata" – infects much of the way we understand the world and our relationship to it.[15] Why do we think that the existence of relations requires relata? Does the persistent distrust of nature, materiality, and the body that pervades much of contemporary theorizing and a sizable amount of

---

14 It is no secret that *metaphysics* has been a term of opprobrium through most of the twentieth century. This positivist legacy lives on even in the heart of its detractors. Poststructuralists are simply the newest signatories of its death warrant. Yet, however strong one's dislike of metaphysics, it will not abide by any death sentence, and so it is ignored at one's peril. Indeed, new „experimental metaphysics" research is taking place in physics laboratories in the United States and abroad, calling into question the common belief that there is an inherent boundary between the „physical" and the „metaphysical" (see Barad forthcoming). This fact should not be too surprising to those of us who remember that the term *metaphysics* does not have some highbrow origins in the history of philosophy but, rather, originally referred to the writings of Aristotle that came after his writings on physics, in the arrangement made by Andronicus of Rhodes about three centuries after Aristotle's death.

15 *Relata* are would-be antecedent components of relations. According to metaphysical atomism, individual relata always preexist any relations that may hold between them.

the history of Western thought feed off of this cultural proclivity? In this section, I present a relational ontology that rejects the metaphysics of relata, of „words" and „things". On an agential realist account, it is once again possible to acknowledge nature, the body, and materiality in the fullness of their becoming without resorting to the optics of transparency or opacity, the geometries of absolute exteriority or interiority, and the theoretization of the human as either pure cause or pure effect while at the same time remaining resolutely accountable for the role „we" play in the intertwined practices of knowing and becoming.

The postulation of individually determinate entities with inherent properties is the hallmark of atomistic metaphysics. Atomism hails from Democritus.[16] According to Democritus the properties of all things derive from the properties of the smallest unit – atoms (the „uncuttable" or „inseparable"). Liberal social theories and scientific theories alike owe much to the idea that the world is composed of individuals with separately attributable properties. An entangled web of scientific, social, ethical, and political practices, and our understanding of them, hinges on the various/differential instantiations of this presupposition. Much hangs in the balance in contesting its seeming inevitability.

Physicist Niels Bohr won the Nobel Prize for his quantum model of the atom, which marks the beginning of his seminal contributions to the development of the quantum theory.[17] Bohr's philosophy-physics (the two were inseparable for him) poses a radical challenge not only to Newtonian physics but also to Cartesian epistemology and its representationalist triadic structure of words, knowers, and things. Crucially, in a stunning reversal of his intellectual forefather's schema, Bohr rejects the atomistic metaphysics that takes „things" as ontologically basic entities. For Bohr, things do not have inherently determinate boundaries or properties, and words do not have inherently determinate meanings. Bohr also calls into question the related Cartesian belief in the inherent distinction between subject and object, and knower and known.

It might be said that the epistemological framework that Bohr develops rejects both the transparency of language and the transparency of

---

16   Atomism is said to have originated with Leucippus and was further elaborated by Democritus, devotee of democracy, who also explored its anthropological and ethical implications. Democritus's atomic theory is often identified as the most mature pre-Socratic philosophy, directly influencing Plato and Epicurus, who transmitted it into the early modern period. Atomic theory is also said to form the cornerstone of modern science.

17   Niels Bohr (1885 – 1962), a contemporary of Einstein, was one of the founders of quantum physics and also the most widely accepted interpretation of the quantum theory, which goes by the name of the Copenhagen interpretation (after the home of Bohr's internationally acclaimed physics institute that bears his name). On my reading of Bohr's philosophy-physics, Bohr can be understood as proposing a protoperformative account of scientific practices.

measurement; however, even more fundamentally, it rejects the presupposition that language and measurement perform mediating functions. Language does not represent states of affairs, and measurements do not represent measurement-independent states of being. Bohr develops his epistemological framework without giving in to the despair of nihilism or the sticky web of relativism. With brilliance and finesse, Bohr finds a way to hold on to the possibility of objective knowledge while the grand structures of Newtonian physics and representationalism begin to crumble.

Bohr's break with Newton, Descartes, and Democritus is not based in „mere idle philosophical reflection" but on new empirical findings in the domain of atomic physics that came to light during the first quarter of the twentieth century. Bohr's struggle to provide a theoretical understanding of these findings resulted in his radical proposal that an entirely new epistemological framework is required. Unfortunately, Bohr does not explore crucial ontological dimensions of his insights but rather focuses on their epistemological import. I have mined his writings for his implicit ontological views and have elaborated on them in the development of an agential realist ontology. In this section, I present a quick overview of important aspects of Bohr's account and move on to an explication of an agential realist ontology. This relational ontology is the basis for my posthumanist performative account of the production of material bodies. This account refuses the representationalist fixation on „words" and „things" and the problematic of their relationality, advocating instead *a causal relationship between specific exclusionary practices embodied as specific material configurations of the world* (i.e., discursive practices/ (con)figurations rather than „words") *and specific material phenomena* (i.e., relations rather than „things"). This causal relationship between the apparatuses of bodily production and the phenomena produced is one of „agential intra-action". The details follow.

According to Bohr, *theoretical concepts* (e.g., „position" and „momentum") are not ideational in character but rather *are specific physical arrangements.*[18] For example, the notion of „position" cannot be presumed to be a well-defined abstract concept, nor can it be presumed to be an inherent attribute of independently existing objects. Rather, „position" only has meaning when a rigid apparatus with fixed parts is used (e.g., a ruler is nailed to a fixed table in the laboratory, thereby establishing a fixed frame of reference for specifying „position"). And furthermore, any measurement of „position" using this apparatus cannot be attributed to some abstract independently existing „object" but rather is a property

18 Bohr argues on the basis of this single crucial insight, together with the empirical finding of an inherent discontinuity in measurement „intra-actions", that one must reject the presumed inherent separability of observer and observed, knower and known. See Barad 1996, forthcoming.

of the *phenomenon* – the inseparability of „observed object" and „agencies of observation". Similarly, „momentum" is only meaningful as a material arrangement involving movable parts. Hence, the simultaneous indeterminacy of „position" and „momentum" (what is commonly referred to as the Heisenberg uncertainty principle) is a straightforward matter of the material exclusion of „position" and „momentum" arrangements (one requiring fixed parts and the complementary arrangement requiring movable parts).[19]

Therefore, according to Bohr, the primary epistemological unit is not independent objects with inherent boundaries and properties but rather *phenomena*. On my agential realist elaboration, phenomena do not merely mark the epistemological inseparability of „observer" and „observed"; rather, *phenomena are the ontological inseparability of agentially intra-acting „components"*. That is, phenomena are ontologically primitive relations – relations without preexisting relata.[20] The notion of *intra-action* (in contrast to the usual „interaction", which presumes the prior existence of independent entities/relata) represents a profound conceptual shift. It is through specific agential intra-actions that the boundaries and properties of the „components" of phenomena become determinate and that particular embodied concepts become meaningful. A specific intra-action (involving a specific material configuration of the „apparatus of observation") enacts an *agential cut* (in contrast to the Cartesian cut – an inherent distinction – between subject and object) effecting a separation between „subject" and „object". That is, the agential cut enacts a *local* resolution *within* the phenomenon of the inherent ontological indeterminacy. In other words, relata do not preexist relations; rather, relata-within-phenomena emerge through specific intra-actions. Crucially then, intra-actions enact *agential separability* – the local condition of *exteriority-within-phenomena*. The notion of agential separability is of fundamental importance, for in the absence of a classical ontological condition of exteriority between observer and observed it provides the condition for the possibility of objectivity. Moreover, the agential cut enacts a local causal structure among „components" of a phenomenon in the marking of the „measuring agencies" („effect") by the „measured object" („cause"). Hence, *the notion of intra-actions constitutes a reworking of the traditional notion of causality.*[21]

---

19   The so-called uncertainty principle in quantum physics is not a matter of „uncertainty" at all but rather of indeterminacy. See Barad 1995, 1996, forthcoming.

20   That is, relations are not secondarily derived from independently existing „relata", but rather the mutual ontological dependence of „relata" – the relation – is the ontological primitive. As discussed below, relata only exist *within* phenomena as a result of specific intra-actions (i.e., there are no independent relata, only relata-within-relations).

21   A concrete example may be helpful. When light passes through a two-slit diffraction grating and forms a diffraction pattern it is said to exhibit wavelike behavior. But there is also evidence that light exhibits particlelike characteristics, called

In my further elaboration of this agential realist ontology, I argue that phenomena are not the mere result of laboratory exercises engineered by human subjects. Nor can the apparatuses that produce phenomena be understood as observational devices or mere laboratory instruments. Although space constraints do not allow an in-depth discussion of the agential realist understanding of the nature of apparatuses, since apparatuses play such a crucial, indeed constitutive, role in the production of phenomena, I present an overview of the agential realist theoretization of apparatuses before moving on to the question of the nature of phenomena. The proposed elaboration enables an exploration of the implications of the agential realist ontology beyond those specific to understanding the nature of scientific practices. In fact, agential realism offers an understanding of the nature of material-discursive practices, such as those very practices through which different distinctions get drawn, including those between the „social" and the „scientific".[22]

Apparatuses are not inscription devices, scientific instruments set in place before the action happens, or machines that mediate the dialectic of resistance and accommodation. They are neither neutral probes of the natural world nor structures that deterministically impose some particular outcome. In my further elaboration of Bohr's insights, apparatuses are not mere static arrangements *in* the world, but rather *apparatuses are dynamic (re)configurings of the world, specific agential practices/intra-actions/performances through which specific exclusionary boundaries are enacted.* Apparatuses have no inherent „outside" boundary. This indeterminacy of the „outside" boundary represents the impossibility of closure – the ongoing intra-activity in the iterative reconfiguring of the apparatus of bodily production. Apparatuses are open-ended practices.

---

photons. If one wanted to test this hypothesis, the diffraction apparatus could be modified in such a way as to allow a determination of which slit a given photon passes through (since particles only go through a single slit at a time). The result of running this experiment is that the diffraction pattern is destroyed! Classically, these two results together seem contradictory – frustrating efforts to specify the true ontological nature of light. Bohr resolves this wave-particle duality paradox as follows: the objective referent is not some abstract, independently existing entity but rather the phenomenon of light intra-acting with the apparatus. The first apparatus gives determinate meaning to the notion of „wave", while the second provides determinate meaning to the notion of „particle". The notions of „wave" and „particle" do not refer to inherent characteristics of an object that precedes its intra-action. *There are no such independently existing objects with inherent characteristics.* The two different apparatuses effect different cuts, that is, draw different distinctions delineating the „measured object" from the „measuring instrument". In other words, they differ in their local material resolutions of the inherent ontological indeterminacy. There is no conflict because the two different results mark different intra-actions. See Barad 1996, forthcoming for more details.

22 This elaboration is not based on an analogical extrapolation. Rather, I argue that such anthropocentric restrictions to laboratory investigations are not justified and indeed defy the logic of Bohr's own insights. See Barad forthcoming.

Importantly, apparatuses are themselves phenomena. For example, as scientists are well aware, apparatuses are not preformed interchangeable objects that sit atop a shelf waiting to serve a particular purpose. Apparatuses are constituted through particular practices that are perpetually open to rearrangements, rearticulations, and other reworkings. This is part of the creativity and difficulty of doing science: getting the instrumentation to work in a particular way for a particular purpose (which is always open to the possibility of being changed during the experiment as different insights are gained). Furthermore, any particular apparatus is always in the process of intra-acting with other apparatuses, and the enfolding of locally stabilized phenomena (which may be traded across laboratories, cultures, or geopolitical spaces only to find themselves differently materializing) into subsequent iterations of particular practices constitutes important shifts in the particular apparatus in question and therefore in the nature of the intra-actions that result in the production of new phenomena, and so on. Boundaries do not sit still.

With this background we can now return to the question of the nature of phenomena. Phenomena are produced through agential intra-actions of multiple apparatuses of bodily production. Agential intra-actions are specific causal material enactments that may or may not involve „humans". Indeed, it is through such practices that the differential boundaries between „humans" and „nonhumans", „culture" and „nature", the „social" and the „scientific" are constituted. Phenomena are constitutive of reality. Reality is not composed of things-in-themselves or things-behind-phenomena but „things"-in-phenomena.[23] The world *is* intra-activity in its differential mattering. It is through specific intra-actions that a differential sense of being is enacted in the ongoing ebb and flow of agency. That is, it is through specific intra-actions that phenomena come to matter – in both senses of the word. The world is a dynamic process of intra-activity in the ongoing reconfiguring of locally determinate causal structures with determinate boundaries, properties, meanings, and patterns of marks on bodies. This ongoing flow of agency through which „part" of the world makes itself differentially intelligible to another „part" of the world and through which local causal structures, boundaries, and properties are stabilized and destabilized does not take place in space and time but in the making of spacetime itself. The world is an ongoing open process of mattering through which „mattering" itself acquires meaning and form in the realization of different agential possibilities. Temporality and spatiality emerge in this processual historicity.

---

23 Because phenomena constitute the ontological primitives, it makes no sense to talk about independently existing things as somehow behind or as the causes of phenomena. In essence, there are no noumena, only phenomena. Agential realist phenomena are neither Kant's phenomena nor the phenomenologist's phenomena.

Relations of exteriority, connectivity, and exclusion are reconfigured. The changing topologies of the world entail an ongoing reworking of the very nature of dynamics.

In summary, the universe is agential intra-activity in its becoming. The primary ontological units are not „things" but phenomena dynamic topological reconfigurings / entanglements / relationalities / (re)articulations. And the primary semantic units are not „words" but material-discursive practices through which boundaries are constituted. This dynamism *is* agency. Agency is not an attribute but the ongoing reconfigurings of the world. On the basis of this performative metaphysics, in the next section I propose a posthumanist refiguration of the nature of materiality and discursivity and the relationship between them, and a posthumanist account of performativity.

A posthumanist account of material-discursive practices

Discursive practices are often confused with linguistic expression, and meaning is often thought to be a property of words. Hence, discursive practices and meanings are said to be peculiarly human phenomena. But if this were true, how would it be possible to take account of the boundary-making practices by which the differential constitution of „humans" and „nonhumans" are enacted? It would be one thing if the notion of constitution were to be understood in purely epistemic terms, but it is entirely unsatisfactory when questions of ontology are on the table. If „humans" refers to phenomena, not independent entities with inherent properties but rather beings in their differential becoming, particular material (re)configurings of the world with shifting boundaries and properties that stabilize and destabilize along with specific material changes in what it means to be human, then the notion of discursivity cannot be founded on an inherent distinction between humans and nonhumans. In this section, I propose a posthumanist account of discursive practices. I also outline a concordant reworking of the notion of materiality and hint at an agential realist approach to understanding the relationship between discursive practices and material phenomena.

Meaning is not a property of individual words or groups of words. Meaning is neither intralinguistically conferred nor extralinguistically referenced. Semantic contentfulness is not achieved through the thoughts or performances of individual agents but rather through particular discursive practices. With the inspiration of Bohr's insights, it would also be tempting to add the following agential realist points: meaning is not ideational but rather specific material (re)configurings of the world, and semantic indeterminacy, like ontological indeterminacy, is only locally resolvable through specific intra-actions. But before proceeding, it is probably worth taking a moment to dispel some misconceptions about the nature of discursive practices.

Discourse is not a synonym for language.[24] Discourse does not refer to linguistic or signifying systems, grammars, speech acts, or conversations. To think of discourse as mere spoken or written words forming descriptive statements is to enact the mistake of representationalist thinking. Discourse is not what is said; it is that which constrains and enables what can be said. Discursive practices define what counts as meaningful statements. Statements are not the mere utterances of the originating consciousness of a unified subject; rather, statements and subjects emerge from a field of possibilities. This field of possibilities is not static or singular but rather is a dynamic and contingent multiplicity.

According to Foucault, discursive practices are the local sociohistorical material conditions that enable and constrain disciplinary knowledge practices such as speaking, writing, thinking, calculating, measuring, filtering, and concentrating. Discursive practices produce, rather than merely describe, the „subjects" and „objects" of knowledge practices. On Foucault's account these „conditions" are immanent and historical rather than transcendental or phenomenological. That is, they are not conditions in the sense of transcendental, ahistorical, cross-cultural, abstract laws defining the possibilities of experience (Kant), but rather they are actual historically situated social conditions.

Foucault's account of discursive practices has some provocative resonances (and some fruitful dissonances) with Bohr's account of apparatuses and the role they play in the material production of bodies and meanings. For Bohr, apparatuses are particular physical arrangements that give meaning to certain concepts to the exclusion of others; they are the local physical conditions that enable and constrain knowledge practices such as conceptualizing and measuring; they are productive of (and part of) the phenomena produced; they enact a local cut that produces „objects" of particular knowledge practices within the particular phenomena produced. On the basis of his profound insight that „concepts" (which are actual physical arrangements) and „things" do not have determinate boundaries, properties, or meanings apart from their mutual intra-actions, Bohr offers a new epistemological framework that calls into question the dualisms of object/subject, knower/known, nature/culture, and word/world.

Bohr's insight that concepts are not ideational but rather are actual physical arrangements is clearly an insistence on the materiality of meaning making that goes beyond what is usually meant by the frequently

---

24 I am concerned here with the Foucauldian notion of discourse (discursive practices), not formalist and empirical approaches stemming from Anglo-American linguistics, sociolinguistics, and sociology.

heard contemporary refrain that writing and talking are material practices. Nor is Bohr merely claiming that discourse is „supported" or „sustained" by material practices, as Foucault seems to suggest (though the nature of this „support" is not specified), or that nondiscursive (background) practices determine discursive practices, as some existential-pragmatic philosophers purport.[25] Rather, Bohr's point entails a much more intimate relationship between concepts and materiality. In order to better understand the nature of this relationship, it is important to shift the focus from linguistic concepts to discursive practices.

On an agential realist elaboration of Bohr's theoretical framework, apparatuses are not static arrangements in the world that embody particular concepts to the exclusion of others; rather, apparatuses are specific material practices through which local semantic and ontological determinacy are intra-actively enacted. That is, apparatuses are the exclusionary practices of mattering through which intelligibility and materiality are constituted. Apparatuses are material (re)configurings/discursive practices that produce material phenomena in their discursively differentiated becoming. A phenomenon is a dynamic relationality that is locally determinate in its matter and meaning as mutually determined (within a particular phenomenon) through specific causal intra-actions. Outside of particular agential intra-actions, „words" and „things" are indeterminate. Hence, the notions of materiality and discursivity must be reworked in a way that acknowledges their mutual entailment. In particular, on an agential realist account, both materiality and discursive practices are rethought in terms of intra-activity.

On an agential realist account, discursive practices are specific material (re)configurings of the world through which local determinations of boundaries, properties, and meanings are differentially enacted. That is, discursive practices are ongoing agential intra-actions of the world through which local determinacy is enacted within the phenomena produced. Discursive practices are causal intra-actions – they enact local causal structures through which one „component" (the „effect") of the phenomenon is marked by another „component" (the „cause") in their differential articulation. Meaning is not a property of individual words or groups of words but an ongoing performance of the world in its differen-

---

25 Foucault makes a distinction between „discursive" and „nondiscursive" practices, where the latter category is reduced to social institutional practices: „The term ‚institution' is generally applied to every kind of more-or-less constrained behaviour, everything that functions in a society as a system of constraint and that isn't utterance, in short, *all the field of the non-discursive social, is an institution*" (Foucault 1980b: 197-198; my italics). This specific social science demarcation is not particularly illuminating in the case of agential realism's posthumanist account, which is not limited to the realm of the social. In fact, it makes no sense to speak of the „nondiscursive" unless one is willing to jettison the notion of causality in its intra-active conception.

tial intelligibility. In its causal intra-activity, „part" of the world becomes determinately bounded and propertied in its emergent intelligibility to another „part" of the world. Discursive practices are boundary-making practices that have no finality in the ongoing dynamics of agential intra-activity.

Discursive practices are not speech acts, linguistic representations, or even linguistic performances, bearing some unspecified relationship to material practices. Discursive practices are not anthropomorphic place-holders for the projected agency of individual subjects, culture, or language. Indeed, they are not human-based practices. On the contrary, agential realism's posthumanist account of discursive practices does not fix the boundary between „human" and „nonhuman" before the analysis ever gets off the ground but rather enables (indeed demands) a genealogical analysis of the discursive emergence of the „human". „Human bodies" and „human subjects" do not preexist as such; nor are they mere end products. „Humans" are neither pure cause nor pure effect but part of the world in its open-ended becoming.

Matter, like meaning, is not an individually articulated or static entity. Matter is not little bits of nature, or a blank slate, surface, or site passively awaiting signification; nor is it an uncontested ground for scientific, feminist, or Marxist theories. Matter is not a support, location, referent, or source of sustainability for discourse. Matter is not immutable or passive. It does not require the mark of an external force like culture or history to complete it. Matter is always already an ongoing historicity.[26]

On an agential realist account, matter does not refer to a fixed substance; rather, matter is substance in its intra-active becoming – not a thing, but a doing, a congealing of agency. Matter is a stabilizing and destabilizing process of iterative intra-activity. Phenomena – the smallest material

---

26 In her critique of constructivism within feminist theory Judith Butler puts forward an account of materialization that seeks to acknowledge these important points. Reworking the notion of matter as a process of materialization brings to the fore the importance of recognizing matter in its historicity and directly challenges representationalism's construal of matter as a passive blank site awaiting the active inscription of culture and the representationalist positioning of the relationship between materiality and discourse as one of absolute exteriority. Unfortunately, however, Butler's theory ultimately reinscribes matter as a passive product of discursive practices rather than as an active agent participating in the very process of materialization. This deficiency is symptomatic of an incomplete assessment of important causal factors and an incomplete reworking of „causality" in understanding the nature of discursive practices (and material phenomena) in their productivity. Furthermore, Butler's theory of materiality is limited to an account of the materialization of human bodies or, more accurately, to the construction of the contours of the human body. Agential realism's relational ontology enables a further reworking of the notion of materialization that acknowledges the existence of important linkages between discursive practices and material phenomena without the anthropocentric limitations of Butler's theory.

units (relational „atoms") – come to matter through this process of ongoing intra-activity. That is, matter refers to the materiality/materialization of phenomena, not to an inherent fixed property of abstract independently existing objects of Newtonian physics (the modernist realization of the Democritean dream of atoms and the void).

Matter is not simply „a kind of citationality" (Butler 1993: 15), the surface effect of human bodies, or the end product of linguistic or discursive acts. Material constraints and exclusions and the material dimensions of regulatory practices are important factors in the process of materialization. The dynamics of intra-activity entails matter as an *active* „agent" in its ongoing materialization.

Boundary-making practices, that is, discursive practices, are fully implicated in the dynamics of intra-activity through which phenomena come to matter. In other words, materiality is discursive (i.e., material phenomena are inseparable from the apparatuses of bodily production: matter emerges out of and includes as part of its being the ongoing reconfiguring of boundaries), just as discursive practices are always already material (i.e., they are ongoing material (re)configurings of the world). Discursive practices and material phenomena do not stand in a relationship of externality to one another; rather, the material and the discursive are mutually implicated in the dynamics of intra-activity. But nor are they reducible to one another. The relationship between the material and the discursive is one of mutual entailment. Neither is articulated/articulable in the absence of the other; matter and meaning are mutually articulated. Neither discursive practices nor material phenomena are ontologically or epistemologically prior. Neither can be explained in terms of the other. Neither has privileged status in determining the other.

Apparatuses of bodily production and the phenomena they produce are material-discursive in nature. Material-discursive practices are specific iterative enactments – agential intra-actions – through which matter is differentially engaged and articulated (in the emergence of boundaries and meanings), reconfiguring the material-discursive field of possibilities in the iterative dynamics of intra-activity that is agency. Intra-actions are causally constraining nondeterministic enactments through which matter-in-the-process-of-becoming is sedimented out and enfolded in further materializations.[27]

Material conditions matter, not because they „support" particular discourses that are the actual generative factors in the formation of bodies but rather because *matter comes to matter* through the iterative intra-activity of the world in its becoming. The point is not merely that there are important material factors in addition to discursive ones; rather, the issue is the conjoined material-discursive nature of constraints, condi-

---

27 The nature of causal intra-actions is discussed further in the next section.

tions, and practices. The fact that material and discursive constraints and exclusions are intertwined points to the limited validity of analyses that attempt to determine individual effects of material or discursive factors.[28] Furthermore, the conceptualization of materiality offered by agential realism makes it possible to take account of material constraints and conditions once again without reinscribing traditional empiricist assumptions concerning the transparent or immediate given-ness of the world and without falling into the analytical stalemate that simply calls for a recognition of our mediated access to the world and then rests its case. The ubiquitous pronouncements proclaiming that experience or the material world is „mediated" have offered precious little guidance about how to proceed. The notion of mediation has for too long stood in the way of a more thoroughgoing accounting of the empirical world. The reconceptualization of materiality offered here makes it possible to take the empirical world seriously once again, but this time with the understanding that the objective referent is phenomena, not the seeming „immediately given-ness" of the world.

All bodies, not merely „human" bodies, come to matter through the world's iterative intra-activity – its performativity. This is true not only of the surface or contours of the body but also of the body in the fullness of its physicality, including the very „atoms" of its being. Bodies are not objects with inherent boundaries and properties; they are material-discursive phenomena. „Human" bodies are not inherently different from „nonhuman" ones. What constitutes the „human" (and the „nonhuman") is not a fixed or pregiven notion, but nor is it a free-floating ideality. What is at issue is not some ill-defined process by which human-based linguistic practices (materially supported in some unspecified way) manage to produce substantive bodies/bodily substances but rather a material dynamics of intra-activity: material apparatuses produce material phenomena through specific causal intra-actions, where „material" is always already material-discursive – *that is what it means to matter*. Theories that focus exclusively on the materialization of „human" bodies miss the crucial point that the very practices by which the differential boundaries of the „human" and the „nonhuman" are drawn are always already implicated in particular materializations. The differential constitution of the „human" („nonhuman") is always accompanied by particular exclusions and always open to contestation. This is a result of the nondeterministic causal nature of agential intra-actions, a crucial point that I take up in the next section.

---

28 See Barad 1998b, 2001a, 2001b, forthcoming for examples.

The nature of production and the production of nature: Agency and causality

What is the nature of causality on this account? What possibilities exist for agency, for intervening in the world's becoming? Where do the is-sues of responsibility and accountability enter in?

Agential intra-actions are causal enactments. Recall that an agential cut effects a local separability of different „component parts" of the phe-nomenon, one of which („the cause") expresses itself in effecting and marking the other („the effect"). In a scientific context this process is known as a „measurement". (Indeed, the notion of „measurement" is nothing more or less than a causal intra-action.)[29] Whether it is thought of as a „measurement", or as part of the universe making itself intelligi-ble to another part in its ongoing differentiating intelligibility and materi-alization, is a matter of preference.[30] Either way, what is important about causal intra-actions is the fact that marks are left on bodies. Objectivity means being accountable to marks on bodies.

This causal structure differs in important respects from the common choices of absolute exteriority and absolute interiority and of determin-ism and free will. In the case of the geometry of absolute exteriority, the claim that cultural practices produce material bodies starts with the metaphysical presumption of the ontological distinction of the former set from the latter. The inscription model of constructivism is of this kind: culture is figured as an external force acting on passive nature. There is an ambiguity in this model as to whether nature exists in any prediscur-sive form prior to its marking by culture. If there is such an antecedent entity then its very existence marks the inherent limit of constructivism. In this case, the rhetoric should be softened to more accurately reflect the fact that the force of culture „shapes" or „inscribes" nature but does not materially *produce* it. On the other hand, if there is no preexistent nature, then it behooves those who advocate such a theory to explain how it is that culture can materially produce that from which it is allegedly onto-logically distinct, namely nature. What is the mechanism of this produc-tion? The other usual alternative is also not attractive: the geometry of absolute interiority amounts to a reduction of the effect to its cause, or in this case nature to culture, or matter to language, which amounts to one form or another of idealism.

---

29 I am grateful to Joe Rouse for putting this point so elegantly (private conversa-tion). Rouse (2002) suggests that *measurement* need not be a term about labora-tory operations, that before answering whether or not something is a measurement a prior question must be considered, namely, What constitutes a measurement of what?

30 Intelligibility is not a human-based affair. It is a matter of differential articulations and differential responsiveness/engagement. Vicki Kirby (1997) makes a similar point.

Agential separability presents an alternative to these unsatisfactory options.[31] It postulates a sense of „exteriority within", one that rejects the
previous geometries and opens up a much larger space that is more ap-
propriately thought of as a changing topology.[32] More specifically, *agential separability* is a matter of *exteriority within (material-discursive)
phenomena*. Hence, no priority is given to either materiality or discursivity.[33] There is no geometrical relation of absolute exteriority between a
„causal apparatus" and a „body effected", nor an idealistic collapse of the
two, but rather an ongoing topological dynamics that enfolds the spacetime manifold upon itself, a result of the fact that the apparatuses of bodily production (which are themselves phenomena) are (also) part of the
phenomena they produce. Matter plays an active, indeed agential, role in
its iterative materialization, but this is not the only reason that the space
of agency is much larger than that postulated in many other critical social
theories.[34] Intra-actions always entail particular exclusions, and exclusions foreclose any possibility of determinism, providing the condition of
an open future.[35] Therefore, intra-actions are constraining but not determining. That is, intra-activity is neither a matter of strict determinism nor
unconstrained freedom. The future is radically open at every turn. This
open sense of futurity does not depend on the clash or collision of cultural demands; rather, it is inherent in the nature of intra-activity – even

---

31 Butler also rejects both of these options, proposing an alternative that she calls the
   „constitutive outside". The „constitutive outside" is an exteriority *within language* – it is the „that which" to which language is impelled to respond in the repeated attempt to capture the persistent loss or absence of that which cannot be
   captured. It is this persistent demand for, and inevitable failure of, language to re-
   solve that demand that opens up a space for resignification – a form of agency –
   within the terms of that reiteration. But the fact that language itself is an enclosure
   that contains the constitutive outside amounts to an unfortunate reinscription of
   matter as subservient to the play of language and displays a commitment to an un-
   acceptable anthropocentrism, reducing the possibilities for agency to resignification.
32 Geometry is concerned with shapes and sizes (this is true even of the non-
   Euclidean varieties, such as geometries built on curved surfaces like spheres
   rather than on flat planes), whereas topology investigates questions of connectivity and boundaries. Although spatiality is often thought of geometrically, particularly in terms of the characteristics of enclosures (like size and shape), this is
   only one way of thinking about space. Topological features of manifolds can be
   extremely important. For example, two points that seem far apart geometrically
   may, given a particular connectivity of the spatial manifold, actually be proximate
   to one another (as, e.g., in the case of cosmological objects called „wormholes").
33 In contrast to Butler's „constitutive outside", for example.
34 For example, the space of agency is much larger than that postulated by Butler's
   or Louis Althusser's theories. There is more to agency than the possibilities of linguistic resignification, and the circumvention of deterministic outcome does not
   require a clash of apparatuses/discursive demands (i.e., overdetermination).
35 This is true at the atomic level as well. Indeed, as Bohr emphasizes, the mutual
   exclusivity of „position" and „momentum" is what makes the notion of causality
   in quantum physics profoundly different from the determinist sense of causality
   of classical Newtonian physics.

when apparatuses are primarily reinforcing, agency is not foreclosed. Hence, the notion of intra-actions reformulates the traditional notion of causality and opens up a space, indeed a relatively large space, for material-discursive forms of agency.

A posthumanist formulation of performativity makes evident the importance of taking account of „human", „nonhuman", and „cyborgian" forms of agency (indeed all such material-discursive forms). This is both possible and necessary because agency is a matter of changes in the apparatuses of bodily production, and such changes take place through various intra-actions, some of which remake the boundaries that delineate the differential constitution of the „human". Holding the category „human" fixed excludes an entire range of possibilities in advance, eliding important dimensions of the workings of power.

On an agential realist account, agency is cut loose from its traditional humanist orbit. Agency is not aligned with human intentionality or subjectivity. Nor does it merely entail resignification or other specific kinds of moves within a social geometry of antihumanism. Agency is a matter of intra-acting; it is an enactment, not something that someone or something has. Agency cannot be designated as an attribute of „subjects" or „objects" (as they do not preexist as such). Agency is not an attribute whatsoever – it is „doing"/„being" in its intra-activity. Agency is the enactment of iterative changes to particular practices through the dynamics of intra-activity. Agency is about the possibilities and accountability entailed in reconfiguring material-discursive apparatuses of bodily production, including the boundary articulations and exclusions that are marked by those practices in the enactment of a causal structure. Particular possibilities for acting exist at every moment, and these changing possibilities entail a responsibility to intervene in the world's becoming, to contest and rework what matters and what is excluded from mattering.

Conclusions

Feminist studies, queer studies, science studies, cultural studies, and critical social theory scholars are among those who struggle with the difficulty of coming to terms with the weightiness of the world. On the one hand, there is an expressed desire to recognize and reclaim matter and its kindred reviled Others exiled from the familiar and comforting domains of culture, mind, and history, not simply to altruistically advocate on behalf of the subaltern but in the hopes of finding a way to account for our own finitude. Can we identify the limits and constraints, if not the grounds, of discourse-knowledge in its productivity? But despite its substance, in the end, according to many contemporary attempts at its salvation, it is not matter that reels in the unruliness of infinite possibilities; rather, it is the very existence of finitude that gets defined as matter.

Caught once again looking at mirrors, it is either the face of transcendence or our own image. It is as if there are no alternative ways to conceptualize matter: the only options seem to be the naïveté of empiricism or the same old narcissistic bedtime stories.

I have proposed a posthumanist materialist account of performativity that challenges the positioning of materiality as either a given or a mere effect of human agency. On an agential realist account, materiality is an active factor in processes of materialization. Nature is neither a passive surface awaiting the mark of culture nor the end product of cultural performances. The belief that nature is mute and immutable and that all prospects for significance and change reside in culture is a reinscription of the nature/culture dualism that feminists have actively contested. Nor, similarly, can a human/nonhuman distinction be hardwired into any theory that claims to take account of matter in the fullness of its historicity. Feminist science studies scholars in particular have emphasized that foundational inscriptions of the nature/culture dualism foreclose the understanding of how „nature" and „culture" are formed, an understanding that is crucial to both feminist and scientific analyses. They have also emphasized that the notion of „formation" in no way denies the material reality of either „nature" or „culture". Hence, any performative account worth its salt would be ill advised to incorporate such anthropocentric values in its foundations.

A crucial part of the performative account that I have proposed is a rethinking of the notions of discursive practices and material phenomena and the relationship between them. On an agential realist account, discursive practices are not human-based activities but rather specific material (re)configurings of the world through which local determinations of boundaries, properties, and meanings are differentially enacted. And matter is not a fixed essence; rather, matter is substance in its intra-active becoming – not a thing but a doing, a congealing of agency. And performativity is not understood as iterative citationality (Butler) but rather iterative intra-activity.

On an agential realist account of technoscientific practices, the „knower" does not stand in a relation of absolute externality to the natural world being investigated – there is no such exterior observational point.[36] It is therefore not absolute exteriority that is the condition of possibility for objectivity but rather agential separability – exteriority within phenomena.[37] „We" are not outside observers of the world. Nor are we simply located at particular places *in* the world; rather, we are part *of* the

---

36 Others have made this point as well, e.g., Haraway 1991; Kirby 1997; Rouse 2002; and Bohr.

37 The notion of agential separability, which is predicated on the agential realist notion of intra-actions, has far-reaching consequences. Indeed, it can be shown to play a critical role in the resolution of the „masurement problem" and other long-standing problems in quantum theory. See Barad forthcoming.

world in its ongoing intra-activity. This is a point Niels Bohr tried to get at in his insistence that our epistemology must take account of the fact that we are a part of that nature we seek to understand. Unfortunately, however, he cuts short important posthumanist implications of this insight in his ultimately humanist understanding of the „we". Vicki Kirby eloquently articulates this important posthumanist point:

„I'm trying to complicate the locatability of human identity as a here and now, an enclosed and finished product, a causal force upon Nature. Or even [...] as something within Nature. I don't want the human to be in Nature, as if Nature is a container. Identity is inherently unstable, differentiated, dispersed, and yet strangely coherent. If I say ‚this is Nature itself', an expression that usually denotes a prescriptive essentialism and that's why we avoid it, I've actually animated this ‚itself' and even suggested that ‚thinking' isn't the other of nature. Nature performs itself differently." (Vicki Kirby, private communication, 2002).[38]

The particular configuration that an apparatus takes is not an arbitrary construction of „our" choosing; nor is it the result of causally deterministic power structures. „Humans" do not simply assemble different apparatuses for satisfying particular knowledge projects but are themselves specific local parts of the world's ongoing reconfiguring. To the degree that laboratory manipulations, observational interventions, concepts, or other human practices have a role to play it is as part of the material configuration of the world in its intra-active becoming. „Humans" are part of the world-body space in its dynamic structuration.

There is an important sense in which practices of knowing cannot be fully claimed as human practices, not simply because we use nonhuman elements in our practices but because knowing is a matter of part of the world making itself intelligible to another part. Practices of knowing and being are not isolatable, but rather they are mutually implicated. We do not obtain knowledge by standing outside of the world; we know because „we" are *of* the world. We are part of the world in its differential becoming. The separation of epistemology from ontology is a reverberation of a metaphysics that assumes an inherent difference between human and nonhuman, subject and object, mind and body, matter and discourse. *Onto-epistem-ology* – the study of practices of knowing in being – is probably a better way to think about the kind of understandings that are needed to come to terms with how specific intra-actions matter.

---

38 Kirby's sustained interrogation of the tenacious nature/culture binary is unparalleled. See Kirby 1997 for a remarkable „materialist" (my description) reading of Derridean theory.

Bibliography

Barad, Karen (1995): A Feminist Approach to Teaching Quantum Physics. In: Rosser, Sue V. (Hg.), Teaching the Majority: Breaking the Gender Barrier in Science, Mathematics, and Engineering, New York, S. 43-75.

Barad, Karen (1996): Meeting the Universe Halfway: Realism and Social Constructivism without Contradiction. In: Nelson, Lynn Hankinson; Nelson, Jack (Hg.), Feminism, Science, and the Philosophy of Science, Dordrecht, S. 161-194.

Barad, Karen (1998a): Agential Realism: Feminist Interventions in Understanding Scientific Practices. In: Biagioli, Mario (Hg.), The Science Studies Reader, New York, S. 1-11.

Barad, Karen (1998b): Getting Real: Technoscientific Practices and the Materialization of Reality, In: differences, A Journal of Feminist Cultural Studies 10(2), S. 87-126.

Barad, Karen (2001a): Performing Culture/Performing Nature: Using the Piezoelectric Crystal of Ultrasound Technologies as a Transducer between Science Studies and Queer Theories. In: Lammar, Christina (Hg.), Digital Anatomy, S. 98-114. Vienna.

Barad, Karen (2001b): Re(con)figuring Space, Time, and Matter. In: DeKoven, Marianne (Hg.), Feminist Locations: Global and Local, Theory and Practice, New Brunswick, N.J., S. 75-109.

Barad, Karen (Forthcoming): Meeting the Universe Halfway.

Butler, Judith (1989): Foucault and the Paradox of Bodily Inscriptions, Journal of Philosophy 86(11), S. 601-607.

Butler, Judith (1990): Gender Trouble: Feminism and the Subversion of Identity, New York.

Butler, Judith (1993): Bodies That Matter: On the Discursive Limits of ‚Sex‘, New York.

Deleuze, Giles (1988): Foucault, Trans. Seán Hand, Minneapolis.

Foucault, Michel (1970): The Order of Things: An Archaeology of the Human Sciences, New York.

Foucault, Michel (1972): The Archaeology of Knowledge and the Discourse on Language, Trans. A. M. Sheridan Smith, New York.

Foucault, Michel (1980a): The History of Sexuality. Vol. 1. An Introduction, Trans. Robert Hurley, New York.

Foucault, Michel (1980b): Power/Knowledge: Selected Interviews and Other Writings, 1972-1977, Gordon, Colin (Hg.), New York.

Hacking, Ian (1983): Representing and Intervening: Introductory Topics in the Philosophy of Natural Science, Cambridge.

Haraway, Donna (1991): Simians, Cyborgs, and Women: The Reinvention of Nature, New York.

Haraway, Donna (1992): The Promises of Monsters: A Regenerative Politics for Inappropriate/d Others. In: Grossberg, Lawrence; Nelson, Cory; Treichler, Paula (Hg.), Cultural Studies, New York, S. 295-337.

Haraway, Donna (1997): Modest_Witness@Second_Millennium.Female Man _Meets_ OncoMouse: Feminism and Technoscience, New York.

Hennessey, Rosemary (1993): Materialist Feminism and the Politics of Discourse, New York.

Kirby, Vicki (1997): Telling Flesh: The Substance of the Corporeal, New York.

Pickering, Andrew (1995): The Mangle of Practice: Time, Agency, and Science, Chicago.

Rouse, Joseph (1987): Knowledge and Power: Toward a Political Philosophy of Science, Ithaca/N.Y.

Rouse, Joseph (1996): Engaging Science: How to Understand Its Practices Philosophically, Ithaca/N.Y.

Rouse, Joseph (2002): How Scientific Practices Matter: Reclaiming Philosophical Naturalism, Chicago.

Sedgwick, Eve Kosofsky (1993): Queer Performativity: Henry James's The Art of the Novel, GLQ 1(1), S. 1 – 16.

Shaviro, Steve (1997): Doom Patrols: A Theoretical Fiction about Postmodernism, New York; www.dhalgren.com/Doom

Der Abdruck dieses Textes erfolgt mit freundlicher Genehmigung der Autorin sowie des Verlags der Ersterscheinung. Original in: Signs. Journal of Women in Culture and Society, 2003, vol. 28, no. 3, University of Chicago.

Zu den Herausgeberinnen und den AutorInnen

Karen Barad ist Professorin der Women's Studies und Philosophie am Mount Holyoke College, USA. Sie studierte zunächst Physik und unterrichtet heute Philosophie, Physik, Feministische Theorie und Kritische Sozialtheorie. Ihre Forschungsschwerpunkte umfassen die Science Studies, Feministische Theorie, Philosophie der Physik, Poststrukturalistische Theorie und Quantenphysik. Ihr Buch ‚Meeting the Universe Halfway' erscheint demnächst bei Duke University Press. Ausgewählte Veröffentlichungen: „Posthumanist Performativity: Toward an Understanding of How Matter Comes to Matter", in: Signs, Journal of Women in Culture and Society, vol. 28, no. 3 (Spring 2003); „Re(con)-figuring Space, Time, and Matter", in: Feminist Locations: Global and Local, Theory and Practice, edited by Marianne DeKoven. New Brunswick: Rutgers University Press (2001); „Performing Culture/Performing Nature: Using the Piezoelectric Crystal of Ultrasound Technologies as a Transducer Between Science Studies and Queer Theories", in: Digital Anatomies, edited by Christina Lammar, Vienna: Turia & Kant (2001); „Reconceiving Scientific Literacy as Agential Literacy, or Learning How to Intra-act Responsibly Within the World", in: Doing Culture + Science, edited by Roddy Reid and Sharon Traweek, NY: Routledge Press (2001)

Corinna Bath ist Diplom-Mathematikerin und arbeitet seit April 2004 im bm:bwk-geförderten Forschungsprojekt „Sozialität mit Maschinen. Anthropomorphisierung und Vergeschlechtlichung in aktueller Agenten- und Robotikforschung" am Institut für Wissenschaftstheorie und Wissenschaftsforschung der Universität Wien. Sie war zuvor als Wissenschaftliche Mitarbeiterin der Arbeitsgruppe „Frauenforschung und Technik" im Studiengang Informatik und im Zentrum für feministische Studien der Universität Bremen tätig und promoviert über ‚Geschlechterkonstruktionen als Grenzziehungsarbeit zwischen Technischem und Sozialem' in der Informatik. Ausgewählte Veröffentlichungen: „Einschreibungen von Geschlecht: Lassen sich Informationstechnologien feministisch gestalten?" In: Weber, Jutta / Bath, Corinna (Hg.): Turbulente Körper, soziale Maschinen. Feministische Studien zur Technowissenschaftskultur. Leske & Budrich 2003, S. 75-98; „Genderforschung in der Informatik: 10 Jahre zurück – 10 Jahre voraus?" In: FifF-Kommunikation 3/2002, S. 41-46.

Yvonne Bauer, Dr. rer. pol., studierte Soziologie, Kulturwissenschaft und Gender Studies in Oldenburg und Berlin. Ihre Promotion in Soziologie befasst sich mit dem Einfluss von Technologien auf gesellschaftliche Körperkonzepte am Beispiel der Sexualität. Ihre Forschungsschwerpunkte sind industrielle und kybernetische Körperdiskurse, interdisziplinäre Wissenschaftsforschung, feministische Theorien und Technikkritik sowie Sexualforschung. Zwischen 1996 und 2001 war sie als Wissenschaftliche Mitarbeiterin am Institut für Soziologie an der Carl von Ossietzky-Universität in Oldenburg tätig. Derzeit arbeitet sie als Organisationsberaterin zur Modernisierung von Hochschulverwaltungen. Ausgewählte Veröffentlichungen: „Subjekt, Geschlecht und Handlungsfähigkeit. Überlegungen zur Subjektkonzeption bei Andrea Maihofer." In: ProFeTiN (Hg.), Subjekt und Erkenntnis. Einsichten in feministische Theoriebildungen, Leske & Budrich, Opladen 2000; „Sexualität – Körper – Geschlecht. Befreiungsdiskurse und neue Technologien", Leske & Budrich, Opladen 2003.

Bettina Bock von Wülfingen ist Diplom-Biologin und hat in Regensburg, Córdoba/Argentinien und Bremen Biologie, Philosophie und Politikwissenschaften studiert. Sie promoviert in Public Health an der Universität Bremen im Schwerpunkt Frauengesundheitsforschung. In 2004 war sie Marie-Curie-Fellow der Science & Technology Studies Unit der University of York/GB zu „Genetics and Society". Ihr Forschungsthema ist eine Diskursanalyse zur Zukunft bzw. Medikalisierung der menschlichen Zeugung. Weitere Arbeitsschwerpunkte sind (Natur-)Wissenschaftstheorie und Queer Theory zu den Themenfeldern Geschlechterkonzeptionen, Reproduktion und dem Gesundheitsbegriff. Ausgewählte Veröffentlichungen: „Verhüten – Überflüssig. Biomedizin und Bevölkerungskontrolle am Beispiel Norplant." Mössingen-Talheim: Talheimer-Verlag 2001; „Homogene Zeugung – Beschreibung eines Paradigmenwechsels in der Repromedizin." Erstveröffentlicht in: Heidel, Ulf; Micheler, Stefan; Tuider, Elisabeth (Hg.), Jenseits der Geschlechtergrenzen. Sexualitäten, Identitäten, Körper in Perspektiven von Queer Studies. Hamburg: Verlag Männerschwarm 2001, S. 253-274.

Maria Osietzki, PD Dr. phil., ist Wissenschafts- und Technikhistorikerin. Sie beschäftigt sich mit unterschiedlichen Kulturen des Wissens. Ausgewiesen ist sie etwa durch Studien zur Geschichte der Kernforschung, zur Kulturgeschichte der Energie und zur Geschlechtergeschichte der Elektrizität. Derzeit befasst sie sich mit holistischen Epistemologien des Körpers sowie mit den Darstellungsformen spiritueller Theorien und Praktiken und deren Rehabilitation in der Wellness-Kultur der Gegenwart. Ausgewählte Veröffentlichungen: „‚Energetische Selbstorganisation': Soziale Voraussetzungen, ökologische Begleiterscheinungen und technisch-naturwissenschaftliche Folgen der Thermodynamik." In: Bits und Bytes vom Apfel der Erkenntnis. Frauen – Technik – Männer. hrsg. von M. Ritter, Münster 1999, S. 33-46; „Das ‚Unbestimmte' des Lebendigen als Ressource wissenschaftlich-technischer Innovationen." In: Turbulente Körper, soziale Maschinen. Feministische Studien zur Technowissenschaftskultur. Hrsg. von Jutta Weber und Corinna Bath, Opladen 2003, S. 137-150; „Energie und Leben. Bürgerliche Kräfteökonomie und thermodynamische (Un-)Ordnung 1780 – 1950", Habilitationsschrift (im Erscheinen).

Luciana Parisi, PhD, ist Senior Lecturer für Digitale Medien und Course Tutor of the MA Cybernetic Culture an der School of Cultural and Innovation Studies, University of East London. Ihre Forschungsschwerpunkte sind die Evolution von Kommunikation, Biodigitale Technologien, Affektive Wahrnehmung und Nanopolitiken. Sie ist Mitglied der Cybernetic Culture Research Unit. Ihre Arbeiten wurde veröffentlicht in Tekhnema, Parallax, Ctheory und Anglistica. Ausgewählte Veröffentlichungen: „Abstract Sex. Philosophy, Biotechnology and the Mutations of Desire", London/New York 2004 (Continuum Press), als Teil der Reihe „Transversals: New Directions in Philosophy", hrsg. von Keith Ansell Pearson; „Heat-Death. Emergence and Control in Genetic Engineering and Artificial Life", 2000, von Luciana Parisi u. Tiziana Terranova, In: CTheory, Theory, Technology and Culture, Vol. 23, N. 1-2, Article 84[I] 05/10/00.

Angelika Saupe, Dr. phil., studierte Landschaftsplanung (Dipl. Ing.) an der TU Berlin und promovierte im Fachgebiet Soziologie an der Universität Bremen. Ihre wissenschaftlichen Schwerpunkte sind Gesellschafts- und Wissenschaftstheorie, politische Ökologie, feministische Naturwissenschafts- und Technikkritik sowie Techniksoziologie und feministische Wissenschaftsforschung. Im Jahr 2002 arbeitete sie als Wissenschaftsmanagerin am Philosophischen Institut der RWTH Aachen im ‚Interdisziplinären Netzwerk für Technikreflexion' (INTER AC) und bis März 2004 als Wissenschaftliche Mitarbeiterin im Interdisziplinären Forschungsschwerpunkt ‚Dynamik der Geschlechterkonstellationen' an der Universität Dortmund. Ausgewählte Veröffentlichungen: „Vergeschlechtlichte Technik – Über Geschichte und Struktur der feministischen Technikkritik." In: Bulletin, Nr. 25, hrsg. Vom Zentrum für interdisziplinäre Frauenforschung an der HU Berlin, Berlin 2003, S. 1-26; „Verlebendigung der Technik – Gen- und Reproduktionstechnologien in gesellschaftstheoretischer Perspektive." In: Knapp, Gudrun-Axeli / Wetterer, Angelika (Hg.), Achsen der Differenz. Gesellschaftstheorie und feministische Kritik II, Münster: Westfälisches Dampfboot 2003.

Jutta Weber, Dr. phil., Wissenschaftsphilosophin und -forscherin; ist derzeit wissenschaftliche Mitarbeiterin am Institut für Wissenschaftstheorie und Wissenschaftsforschung der Universität Wien im bm:bwk-geförderten Forschungsprojekt „Sozialität mit Maschinen. Anthropomorphisierung und Vergeschlechtlichung in aktueller Agenten- und Robotikforschung"; Dissertation an der Uni Bremen zu ‚Umkämpfte Bedeutungen: Naturkonzepte im Zeitalter der Technoscience', (Campus) 2003; Forschungsschwerpunkte: Wissenschaftsforschung an der Schnittstelle von Cyber- und Life Science; Erkennt-

nis-, Wissenschaftstheorie; Cultural Studies of (Techno-)Science sowie Natur-
philosophie. Ausgewählte Veröffentlichungen: „Performing post/trans/techno/
queer. Pluralisierung als Selbst- und Machttechnologie." In: Caroline Rosen-
thal / Therese Frey Steffen / Anke Vaeth (Hg.), Gender Studies: Standorte –
Zukunftsräume. Königshausen & Neumann 2004; „Turbulente Körper, soziale
Maschinen. Feministische Studien zur Technowissenschaftskultur", hrsg. zus.
mit Corinna Bath. Opladen: Leske & Budrich 2003; „Hybride Technologien:
TechnoWissenschaftsforschung als transdisziplinäre Erkenntnispolitik." In:
Gudrun-Axeli Knapp / Angelika Wetterer (Hg.): Achsen der Differenz. Gesellschaftstheorie und feministische Kritik II, Münster: Westfälisches Dampf-
boot 2003.

Torsten Wöllmann studierte Geschichtswissenschaft, Sozialwissenschaft,
Biologie und Pädagogik an der Ruhr-Universität Bochum, arbeitete 2000 bis
2002 im Fach Soziologie der Universität Essen und am Essener Kolleg für
Geschlechterforschung und ist seit August 2002 Mitglied des Forschungs-
schwerpunkts ‚Dynamik der Geschlechterkonstellationen' an der Universität
Dortmund. Seine Arbeitsschwerpunkte sind Geschichte und Soziologie der
Geschlechterverhältnisse, Gesellschaftstheorie und Wissenschaftsforschung.
Gegenwärtig arbeitet er an seiner Promotion zur ‚diskursiven Konstruktion des
Männerkörpers' (mit Stipendium der Heinrich-Böll-Stiftung). Ausgewählte
Veröffentlichung: „Andrologie und Macht: Die medizinische Neuerfindung
des Männerkörpers." In: Ilse Lenz / Lisa Mense / Charlotte Ullrich (Hg.) 2004,
Reflexive Körper? Zur Modernisierung von Sexualität und Reproduktion,
Opladen, S. 255-279.

Titel zum Thema Körper/Leib:

Gabriele Alex,
Sabine Klocke-Daffa (Hg.)
Sex and the Body
Ethnologische Perspektiven zu
Sex, Geschlechtlichkeit und
Körper
Juni 2005, ca. 160 Seiten,
kart., ca. 14,00 €,
ISBN: 3-89942-282-1

Claudia Franziska Bruner
KörperSpuren
Zur Dekonstruktion von Körper
und Behinderung in bio-
grafischen Erzählungen von
Frauen
Mai 2005, ca. 260 Seiten,
kart., ca. 26,80 €,
ISBN: 3-89942-298-8

Christa Brüstle, Nadia Ghattas,
Clemens Risi,
Sabine Schouten (Hg.)
Aus dem Takt
Rhythmus in Kunst, Kultur und
Natur
Mai 2005, ca. 330 Seiten,
kart., ca. 28,00 €,
ISBN: 3-89942-292-9

Corinna Bath, Yvonne Bauer,
Bettina Bock von Wülfingen,
Angelika Saupe,
Jutta Weber (Hg.)
Materialität denken
Studien zur technologischen
Verkörperung –
Hybride Artefakte, posthumane
Körper
April 2005, 222 Seiten,
kart., 23,80 €,
ISBN: 3-89942-336-4

Michael Cowan,
Kai Marcel Sicks (Hg.)
Leibhaftige Moderne
Körper in Kunst und
Massenmedien 1918 bis 1933
März 2005, 384 Seiten,
kart., ca. 50 Abb., 27,80 €,
ISBN: 3-89942-288-0

Jan Weisser
**Behinderung, Ungleichheit
und Bildung**
Eine Theorie der Behinderung
März 2005, 114 Seiten,
kart., 12,80 €,
ISBN: 3-89942-297-X

Mirjam Schaub,
Stefanie Wenner (Hg.)
Körper-Kräfte
Diskurse der Macht über den
Körper
2004, 190 Seiten,
kart., 23,80 €,
ISBN: 3-89942-212-0

Leseproben und weitere Informationen finden Sie unter:
www.transcript-verlag.de

Titel zum Thema Körper/Leib:

Monika Fikus,
Volker Schürmann (Hg.)
Die Sprache der Bewegung
Sportwissenschaft als
Kulturwissenschaft
2004, 142 Seiten,
kart., 14,80 €,
ISBN: 3-89942-261-9

Robert Gugutzer
Soziologie des Körpers
2004, 218 Seiten,
kart., 14,80 €,
ISBN: 3-89942-244-9

Gabriele Klein (Hg.)
Bewegung
Sozial- und kultur-
wissenschaftliche Konzepte
2004, 306 Seiten,
kart., 26,80 €,
ISBN: 3-89942-199-X

Gunter Gebauer, Thomas
Alkemeyer, Bernhard Boschert,
Uwe Flick, Robert Schmidt
Treue zum Stil
Die aufgeführte Gesellschaft
2004, 148 Seiten,
kart., 12,80 €,
ISBN: 3-89942-205-8

Karl-Heinrich Bette
X-treme
Zur Soziologie des Abenteuer-
und Risikosports
2004, 158 Seiten,
kart., 14,80 €,
ISBN: 3-89942-204-X

Eva Erdmann (Hg.)
Der komische Körper
Szenen – Figuren – Formen
2003, 326 Seiten,
kart., zahlr. SW-Abb., 25,80 €,
ISBN: 3-89942-164-7

Leseproben und weitere Informationen finden Sie unter:
www.transcript-verlag.de